財 政 部 規 划 教 材

iFinD金融数据库原理及应用

Principles and Application of iFinD Financial Database

张艳萍 李 浩 主 编

中国财经出版传媒集团

经济科学出版社

Economic Science Press

图书在版编目（CIP）数据

iFinD 金融数据库原理及应用 / 张艳萍，李浩主编
. 一北京：经济科学出版社，2021.11
财政部规划教材
ISBN 978 - 7 - 5218 - 3123 - 8

Ⅰ. ①i… Ⅱ. ①张… ②李… Ⅲ. ①金融-数据库-
高等学校-教材 Ⅳ. ①F83-39

中国版本图书馆 CIP 数据核字（2021）第 246148 号

责任编辑：杜　鹏　郭　威
责任校对：刘　昕
责任印制：邱　天

iFinD 金融数据库原理及应用
张艳萍　李　浩　主编
经济科学出版社出版、发行　新华书店经销
社址：北京市海淀区阜成路甲 28 号　邮编：100142
会计分社电话：010-88191441　发行部电话：010-88191522
网址：www.esp.com.cn
电子邮箱：esp_bj@163.com
天猫网店：经济科学出版社旗舰店
网址：http://jjkxcbs.tmall.com
固安华明印业有限公司印装
787×1092　16 开　15.5 印张　330000 字
2022 年 5 月第 1 版　2022 年 5 月第 1 次印刷
ISBN 978 - 7 - 5218 - 3123 - 8　定价：42.00 元

前　言
PREFACE

金融科技创新促使业内探寻新的商业模式并创造新的增长点，纵观当前国内金融市场，数据库的应用越来越广泛，这是金融科技发展的大势所趋。金融数据是金融行业所涉及的市场数据、公司数据、行业指数和定价数据等的统称，凡是金融行业涉及的相关数据都可以归入金融市场大数据体系，为从业者进行市场分析提供参考。由于行业特性，金融行业应用数据库对数据一致性、高可用性、高安全性有强烈要求。iFinD 金融数据库以金融数据库为基础，根据投资的基础资产和功能进行信息分类，从而为研究、投资、教学、监管等领域提供数据及技术支持服务。

本教材共分七章。第 1 章为 iFinD 金融数据库概况，介绍 iFinD 金融数据库的作用、类别、优点以及如何选择合适的数据库。第 2 章对宏观数据库和行业数据库的构成与基本使用方法进行说明。第 3 章至第 6 章主要介绍了股票、债券、期货、基金数据库的构成以及深度数据库的使用，并且针对涉及的分析工具做了操作说明。第 7 章为综合应用案例分析，为读者提供了基于 iFinD 金融数据库进行的上市公司及固定收益投资案例分析。附录包括数据库终端常用快捷键以及PMS 使用说明，为读者了解并熟悉 iFinD 金融数据库提供帮助。

本教材不仅可以作为高校金融专业学生的教材，帮助学生从金融数据（不限于此）层面出发了解国内外金融市场的机制、发展等，也可以作为从事金融、投资、财务管理等相关专业学习和研究的参考书目，同时也是一本综合的 iFinD 金融数据库使用手册。

参加本教材编写的主要是浙江万里学院商学院的专家学者，他们为本教材的编写出版付出了辛勤劳动。同时也要感谢杭州同花顺数据开发有限公司楼凯翔、王朝飞老师在案例及视频制作方面的大力协助。

鉴于 iFinD 金融数据库功能的庞大和实时更新，以及我们的水平有限，对数据库的介绍和阐述可能不十分准确和到位，我们诚恳地希望读者提出宝贵的意见。

编者

2022 年 3 月

目 录
CONTENTS

第1章　iFinD 金融数据库概况

根据朱世武和严玉星编著的《金融数据库》中对金融数据库的定义可知，金融数据库是通过综合金融理论与计算机技术相结合，对金融以及其他相关数据进行加工整理，成为能够为金融研究、金融投资和金融教学等提供数据与相关服务的"数据平台"。金融数据库为数据平台，在数据库本身以外还包括基于数据库的相关数据处理、计算、建模及技术支持等服务。

iFinD 金融数据终端以金融数据库为基础，根据投资的基础资产和功能进行信息分类，从而为研究、投资分析、教学、财务管理、金融监管等领域提供数据及技术支持服务。

1.1　iFinD 金融数据库的简介

iFinD 金融数据库是一个专业并不断更新数据的金融数据库，通过基础资产、理财方式、信息种类及功能进行分类，包括股票、债券、期货、基金、理财、外汇、宏观行业、新闻研报、行情、产权交易 10 个大领域的相关数据（见图 1-1）。数据库涉及的金融市场包括股票、债券、期货、基金，提供丰富的宏观行业数据，此外，数据库还容纳理财、产权交易、外汇数据，并为用户提供实用和及时的新闻研报资讯库，在各大数据库以外，iFinD 金融数据终端还单独集合了指数和行情模块以供用户方便查询。

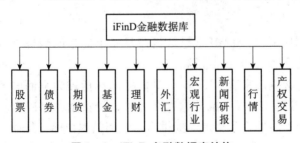

图 1-1　iFinD 金融数据库结构

资料来源：同花顺 iFinD 金融数据终端。

iFinD 金融数据库①是一个综合的数据平台，不仅提供数据本身，还包括数据的计算、统计、对比，为投资分析和研究提供众多专题统计报表、分析工具、资讯。

---

① 本教材中所有操作路径基于 iFinD 1.1012.364 版本，随着版本更新，可能略有差异。

1.2　iFinD 金融数据库的作用

金融数据库是研究和分析的基础，为研究者、投资者、监管者等提供数据支撑，在研究实证、投资分析、监管方面起着至关重要的作用。从效率和效用角度来看，iFinD 金融数据终端将为数据需求者提供四大作用。

1. 极大地节省使用者搜集数据的时间。

在研究和分析的过程中，数据的搜集整理耗时较多，研究人员可以直接从 iFinD 金融数据库获取需要的数据，大大节省相关数据的收集时间。

2. 省却使用者整理数据的时间。

iFinD 金融数据终端不仅提供基础数据，还提供一些经过处理的数据，为用户提供数据合并、衍生指标，如在股票、债券、期货和基金四大基础投资标的数据库中均提供的数据浏览器、深度资料和专题统计报表。数据整理具有一定的难度和技术含量，而 iFinD 金融数据终端为用户完成基础数据的整理工作，用户可以直接使用这些整理后的数据。

3. 降低用户的数据获取成本。

用户通过直接购买金融数据库，大大降低数据的获取成本，使用者或使用频率越多，摊薄后的成本越低。

4. 为用户提供多种专业的工具和服务。

iFinD 金融数据终端在提供基础数据以外，还为用户提供自定义数据提取、多维度数据对比、专业的分析工具、丰富和经过专业整理及分类的资讯和信息，支持研究、分析、动态跟踪，极大地提高用户的使用效率和方便性。

1.3　iFinD 金融数据库的类别

从内容和用途来看，iFinD 金融数据库是一个完整的数据平台，为用户同时提供实证研究数据和行情咨询数据。

从实证研究数据库来看，iFinD 金融数据库囊括较为全面的数据，数据具有相当的深度和广度。iFinD 金融数据库在提供原始数据的基础上，通过对原始数据进行专业的加工、处理和整理，提供众多常用数据指标，从而为用户提供一系列"衍生数据"，从方便用户和节省时间上提高用户的数据整理效率。

从行情咨询数据库来看，iFinD 金融数据库为用户提供主要金融市场的即时行情咨询类数据，在数据的实时性、直接性和准确性上为用户提供保障。

从数据库的种类来看，iFinD 金融数据库是一个综合金融数据库，提供众多金融市场的信息，包括股票市场、债券市场、固定收益市场、金融期货市场、基金和理财产品等。iFinD 金融数据库包含数据范围较广，但单一金融数据库仍具有专业的特点，为不同市场提供多样的衍生指标和专题数据。

　　从数据分布和查询方式来看，iFinD 金融数据库实证研究数据主要分布在各种金融市场（股票、债券、期货、基金）的深度数据板块，通过常用工具数据浏览器（多标的多指标）、深度资料（单标的目录导航式）、Excel 插件进行查询，除此以外，iFinD 金融数据库还提供数据统计服务，通过统计报表，用户可以获取进行过专业整理和处理后的专题数据；行情咨询数据可以在行情模块、指数模块或分布在各种金融市场（股票、债券、期货、基金）的行情资讯（数据）板块中通过行情工具进行查询，同时用户可以使用 Excel 插件的函数提取具体的行情数据（操作详见 8.2 节的 Excel 插件说明）。

1.4　iFinD 金融数据库的优点

　　1. 科学合理的体系设计、方便易用。

　　iFinD 金融数据库以高效实用、友好的操作界面为标准，从金融市场、投资标的、常用功能的体系结构出发进行数据库和功能布局，并将常用功能进行多维度布局，使用户方便易用。

　　2. 内容全面、数据质量好。

　　iFinD 金融数据库搜集全球金融市场数据，并深入收集中国市场数据，为用户提供较为全面的历史数据。选择权威和优质的数据源保证数据的质量。

　　3. 优选相关指标的计算公式。

　　除提供基础数据外，iFinD 金融数据库还提供大量衍生指标，如收益、指数等，方便用户研究分析。指标的计算采用市场认可的公式，保障计算的正确性。

　　4. 数据及时更新。

　　iFinD 金融数据库的数据更新以及时为原则，数据公布后将以最快的速率被录入数据库，保障用户能及时获取数据。

　　5. 提供完善的服务。

　　为不同需求用户提供不同的数据获取方式，用户可以通过终端查询下载数据，或通过 Excel 进行数据的下载及整理工作，对于数据的词典、算法及操作引导用户可轻松获取。

1.5　如何选择合适的数据库

　　iFinD 金融数据库提供的数据种类较多，但更为重要的是如何根据目的选择适合自身用途的数据库。

　　1. 全球主要市场实时行情系统。

　　该系统同步国内外证券交易市场，了解国内外市场各类品种实时情况；同时，缩小信息差时滞，以便在周边市场出现异动时能作出最快反应。

适用模块：各类金融市场模块中的【行情资讯】板块或【行情】模块。

适用对象：高校教学（证券投资方向）、券商研究所、券商自营、基金管理公司、投资公司、期货公司、信托公司、银行、保险公司、上市公司、媒体等。

2. 交易分析系统。

该系统通过模拟组合各类分析数据（阿尔法值、贝塔值、收益率、标准差等），对组合不断进行调整，以获得相对标的指数表现更好的投资组合。

适用模块：股票【分析工具】板块。

适用对象：高校教学（证券投资方向）、券商自营、基金管理公司、投资公司等。

3. 资本市场数据库。

该系统搜集整理市场主流交易品种（A股、港股、美股、债券、基金、期货、理财产品等）历史行情数据和基本资料，对比国内外证券市场历史走势，分析不同市场间的联动关系，形成量化研究和交易行为研究的基础数据。

适用模块：股票、债券、基金、期货、理财外汇、指数。

适用对象：高校研究与实训（证券投资方向）、券商研究所、基金管理公司、期货公司、信托公司、银行、保险公司、上市公司、媒体等。

4. 一级市场投资分析应用系统。

该系统帮助对实施上市、首次公开募股（IPO）、询价、定价、发行、路演整个流程的实际应用，同时对待上市的申报公司财务分析操作做整体的运营，在增发配股、企业发债、资产并购等方面做细致的模拟操作及分析。

适用模块：股票/债券统计报表【一级市场】。

适用对象：投资银行、私募股权投资（PE）、风险投资（VC）、券商研究所、券商自营、基金管理公司、投资公司、上市公司、高校研究与实训（证券投资方向）等。

5. 二级市场投资分析应用系统。

该系统帮助用户对二级市场进行定价分析，以获得相对更优质的投资标的，包含标的的机构持仓情况、资金流向、股东变动情况、高管持股等以及详细的机构数据等内容，用户能够对投资对象作系统的分析和研究。

适用模块：股票/债券统计报表【二级市场】。

适用对象：高校研究与实训（证券投资方向）、券商研究所、券商自营、基金管理公司、投资公司、上市公司等。

6. 债券交易、信息资讯应用平台。

该平台获取债券交易信息，是进行基本债券分析的重要平台，选出较好的债券品种投资，使用户对债券分析更具系统。

适用模块：债券。

适用对象：高校研究与实训（证券投资方向）、券商研究所、基金管理公司、银行、保险公司等。

7. 基金交易、信息资讯应用平台。

该平台获取各类基金基本资料、净值排名等信息，以筛选出业绩优秀的基金，为用户筛选基金、分析基金、学习管理提供优良的平台和参考的依据。

适用模块：基金。

适用对象：高校研究（证券投资方向）、券商研究所、基金管理公司、保险公司等。

8. 期货交易、信息资讯分析应用平台。

该平台更为迅捷地获得各类期货交易信息，降低信息差成本以提升期货交易的收益率，为用户进行期货投资分析研究。

适用模块：期货。

适用对象：高校研究与实训（证券投资方向）、期货公司等。

9. 信托、理财产品研究分析系统。

该系统可获取各类信托产品、理财产品的基本资料和价值分析。

适用模块：理财。

适用对象：高校研究与实训（证券投资方向）、信托公司、私募基金公司等。

10. 上市公司资料库。

该资料库能快速查找上市公司所有分类数据，跟踪上市公司最新公告和财务数据，也可以搜集不同公司数据，进行对比研究。

适用模块：股票【深度数据】板块。

适用对象：高校研究与实训（公司治理方向）、券商研究所、基金管理公司、会计师事务所、资产评估公司、上市公司、媒体等。

11. 上市公司财务分析、预测系统。

该系统可提供财务预测的一些基本模型和计算工具、协助进行基本财务数据加工和杜邦模型分析，减少财务分析工作量，提高效率。

适用模块：股票【深度数据】、【分析工具】板块。

适用对象：高校研究与实训（公司治理方向）、券商研究所、基金管理公司、会计师事务所、资产评估公司、上市公司等。

12. 新闻研报资讯库。

该系统可检索相关关键词的全部新闻和研报，跟踪某一公司的所有相关信息、某一事件的进展情况、某一人物行为轨迹等，作为研究、写作的重要资料，也是专业投资的重要信息参照，为用户研究、分析和跟踪宏观情况、政策法规、行业动态、投资标的新闻动态、相关研究报告提供便利的搜索工具。

适用模块：新闻研报。

适用对象：高校研究与实训（金融行为学方向、新闻学方向）、券商研究所、基金管理公司、投资公司、上市公司、媒体等。

13. 上市公司舆情监控分析决策系统。

该系统可获得第一手上市公司资料，了解正负面新闻对上市公司的影响。

适用模块：新闻研报【舆情】板块。

适用对象：券商研究所、基金管理公司、专业证券投资机构、上市公司、媒体等。

14. 产权交易信息库。

搜集、对比各类股权、债券、所有权的交易数据，作为评估相关资产价格的第三方参照资料。

适用模块：产权交易。

适用对象：高校研究与实训（资产评估方向）、资产评估公司。

15. 法律信息资讯库。

快速查询各类法律信息和规章制度，了解法律法规最新动向，归档为研究资料或官司参照资料。

适用模块：新闻研报【法规】板块。

适用对象：高校研究与实训（法律方向）、律师事务所、上市公司。

16. Excel 插件。

该插件为专项应用，允许各类数据在 Excel 中进行加工处理，是数据库与日常 Excel 表数据处理的完美结合。

适用模块：工具及 Excel 软件。

适用对象：用 Excel 表进行数据统计和数据加工的各类人士。

17. 宏观行业 EDB 综合应用平台。

同花顺宏观行业是一个集合了 EDB（economic database）经济数据库、宏观行业专题报表以及房地产数据库为一体的数据资源平台，其功能是实时发布、更新环球经济数据，为客户提供最直接、有效的数据需求。在具体运用时，该数据资源平台可以针对不同领域、不同使用人群提供强大的数据服务支持。

适用模块：宏观行业。

适用对象：高校研究与实训、券商研究所、基金管理公司、期货公司、信托公司、银行、保险公司、上市公司、媒体、投资机构等。

本章小结

金融数据库是研究和分析的基础，为研究者、投资者、监管者等提供数据支撑，在研究实证、投资分析、监管方面起着至关重要的作用。iFinD 金融数据库不仅仅是一个提供数据的平台，还包括数据的计算、统计、对比等综合功能，为投资分析、学术研究以及金融监管提供众多专题统计报表、分析工具、资讯等。

关键术语

金融数据库；iFinD；模块

思 考 题

1. iFinD 金融数据库提供的金融市场数据库有哪些?

2. 从内容和用途来看，iFinD 金融数据库提供哪种数据?

3. iFinD 金融终端中常用功能有哪些?

4. 对于需要较为全面地查询和研究单个股票的数据，iFinD 金融终端中哪项功能更为适用?

5. 对于经常广泛阅读研报的人士而言，哪种数据库更为有效?

第 2 章　宏观与行业

宏观和行业数据全面反映了中国宏观经济、行业、区域等综合统计信息，数据全部来源于国家统计局、商务部、中国人民银行、国家外汇管理局、国家信息中心、海关总署等权威经济部门，以及我国钢铁网、汽车工业协会、隆众石化、搜房网等市场普遍认可的行业网站，数据全面、准确，是进行宏观经济、行业、区域研究的重要数据平台，也是进行金融研究必不可少的辅助数据来源。

2.1　宏观行业数据库概况

iFinD 宏观行业数据库共包含经济运行数据库、EDB 经济数据库、专题统计数据库、房地产数据库、专题数据库以及资讯数据库六大数据库（见图 2－1）。

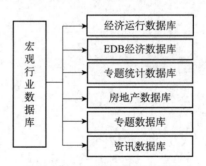

图 2－1　宏观行业数据库结构

资料来源：同花顺 iFinD 金融数据终端。

经济运行数据库主要包括宏观经济和产业链数据库。宏观经济部分主要涉及国民经济总体及其经济活动和运行状态的指标体系。终端全新升级的宏观经济模块融合图谱、可视化数据库与智能研报，将传统静态的分析系统转化为能够反映关联关系的动态跟踪系统，便于充分理解各个指标之间的运行状态和逻辑。产业链数据库是根据热点、数字媒体产业（TMT）、金融地产等进行了产业链的划分，实现了细分行业的模块化。

EDB 经济数据库整合了海量的宏观和行业数据，并配合强大的指标计算和图形功能，是企事业单位、教育部门用户重要的宏观行业数据应用工具。iFinD 宏观行业数据库共包含 EDB 方面的世界经济、全球宏观、中国宏观、区域宏观、行业经济和利率走势六个数据库。

专题统计数据库是对数据的提炼和精化，并根据数据类型的不同，分为证券市场概况、经济效益指标、企业绩效评价、宏观数据和行业数据五个板块内容。

房地产数据库涵盖全国 300 多个城市土地出让信息、房地产开发及销售数据、景气指数及房价指数等，全面展现全国房地产市场景气程度；包括房地产数据库方面的公司详情、土地数据、楼盘数据、楼盘数据（新）、房产排行、房产资讯、基准地价和行业运营八个数据分库。

专题数据库针对热点行业的部分指标进行了统计，如普查数据、汽车型号报价等。

资讯数据库可分为经济日历和中国宏观预测。

普遍使用的是前四个，本章也主要针对这四个数据库进行说明。

2.2　EDB 经济数据库

EDB 经济数据库整合了海量的宏观和行业数据，并配合强大的指标计算和图形功能，是企事业单位、教育部门用户重要的宏观行业数据应用工具。iFinD 宏观行业数据库共包含世界经济、全球宏观、中国宏观、区域宏观、行业经济和利率走势六个数据库（见图 2-2）。本节主要围绕全球宏观、中国宏观、行业经济和利率走势版块进行介绍。

微视频 2-1
宏观经济
数据库讲解

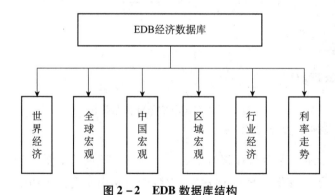

图 2-2　EDB 数据库结构

资料来源：同花顺 iFinD 金融数据终端。

2.2.1　全球宏观

全球宏观数据库涵盖美国、日本、欧盟、德国等 33 个主要国家或地区重要的宏观经济数据，从国内生产总值（GDP）、对外贸易、价格指数、就业与工资、金融、投资、国际收支等多个方面展现全球经济活动。

该数据库资料来源包括国际货币基金组织（IMF）、经济合作与发展组织（OECD）、世界银行（WB）、联合国（UN）等国际机构发布的全球经济报告，以及各国及经济组织的官方网站。

全球宏观数据库包括全球各个国家或地区的宏观经济指标数据，例如美国的重要经济指标主要有就业报告、GDP、零售业销售指数、消费者信心指数、经济领先指标、居民消费价格指数（CPI）、生产价格指数（PPI）、工业产值、中国制造业采购经理指数（PMI）、耐用品订单、首次申请失业救济人数、贸易赤字等。主要的宏观经济指标说明可参考 2.2.2 中国宏观，终端界面及功能介绍可参考 2.2.3 行业经济，这里不再重复。

查询方式：【宏观行业】→【经济数据库】→【全球经济】，如图 2－3 所示，路径：【美国】→【就业与工作】，可查看美国每月非农就业人数情况，右侧数据显示，2020 年 11 月美国非农就业人数为 142 809.00 万人。

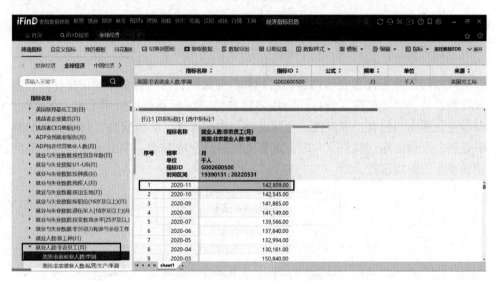

图 2－3 美国非农就业人数界面

资料来源：同花顺 iFinD 金融数据终端。

美国非农就业人数为就业报告中的一个项目，该项目主要展现从事农业生产以外的职位人数的变化情形。非农就业人数能反映出制造行业和服务行业的发展及其增长，数字减少便代表企业减低生产，经济步入萧条。当社会经济发展较快时，消费自然随之而增加，消费性以及服务性行业的职位也就增多。当非农就业人数数字大幅增加时，表明了一个健康的经济状况，理论上对汇率应当有利，并可能预示着更高的利率，而潜在的高利率促使外汇市场更多地推动该国货币升值，反之则相反。因此，该数据是观察社会经济和金融发展程度和状况的一项重要指标。

2.2.2　中国宏观

中国宏观数据库涵盖国民经济核算、景气指数、价格指数、汇率和利率、国内贸易、对外经济、国际收支、人民生活、人口、就业薪酬等 24 个专项，历史数据最早可追溯到 1952 年。宏观经济指标如表 2-1 所示。

表 2-1　　　　　　　　　　宏观经济指标

一级指标	二级指标
1. 工业生产	工业增加值
	工业产品销售率
	能源生产总量
	发电量
	全社会货运量
2. 固定资产投资	城镇固定资产投资额
3. 工资、市场和物价	社会消费品零售总额
	金融机构工资性现金支出
	全国居民消费价格指数
	36 个大中城市居民消费价格指数
4. 对外贸易	进出口总值
	出口总额
	进口总额
5. 金融	金融机构各项人民币贷款余额
	城乡居民储蓄存款余额
	货币净投放或净回笼

数据来源包括国家统计局、中国人民银行、海关总署、商务部、各省市统计局等。GDP、CPI、货币供应量等核心数据在官方数据发布后 15 分钟内更新。

中国宏观经济主要指标有 GDP、社会消费品零售总额、进出口额、城镇固定资产投资、CPI、PPI、货币供应余额、PMI、发电量、用电量、消费者信心指数、宏观经济景气指数等。

1. 国内生产总值（GDP）。

GDP 是最受关注的宏观经济统计数据，是衡量国民经济发展情况的重要指标。GDP 增速越快表明经济发展越快，增速越慢表明经济发展越慢，GDP 负增长表明经济陷入衰退。

查询方式：【宏观行业】→【经济数据库】→【中国经济】→【国民经济核算】，如图 2-4 所示，进入【国民经济核算】分类中查询 GDP 及其分类数据。

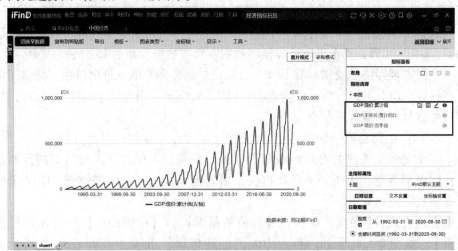

图 2-4　国内生产总值数据截图

资料来源：同花顺 iFinD 金融数据终端。

　　点击【国民经济核算】，再展开点击【国内生产总值（GDP）（季）】，可看到更多细分指标，选中 GDP：当季同比，右击提取数据，即可在右侧显示历年每个季度的 GDP 同比增长幅度。若想查看多个指标，可以按 Ctrl 同时选取多个细分指标，右击提取数据即可。

　　图 2-4 中同花顺 iFinD 统计数据显示，2020 年前三季度国内生产总值为 717 948.20 亿元，累计同比增长 0.60%，前两个季度受疫情影响累计同比为负增长，三季度才有所反弹。

　　点击【图形】按钮，可以查看所选指标的趋势图，更快更直观地了解历史及最新经济运行情况。如右侧对话框只选中 GDP：累计同比，即可查看 GDP 当季同比趋势图（如图 2-5 所示）。

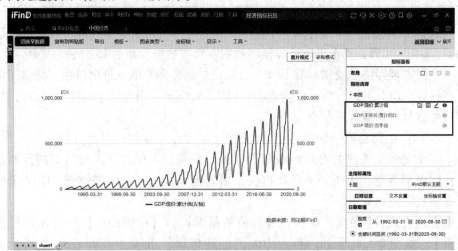

图 2-5　国内生产总值数据走势图截图

资料来源：同花顺 iFinD 金融数据终端。

2. 社会消费品零售总额。

社会消费品零售总额反映国内消费支出情况，对判断国民经济现状和前景具有重要的指导作用。社会消费品零售总额提升，表明消费支出增加，经济情况较好；社会消费品零售总额下降，表明经济景气趋缓或不佳。

查询方式：【宏观行业】→【经济数据库】→【中国经济】→【国内贸易】→【社会消费品零售总额】，如图 2-6 所示，进入【中国宏观数据】，在【国内贸易】分类中可以查询社会消费品零售总额等重要数据。

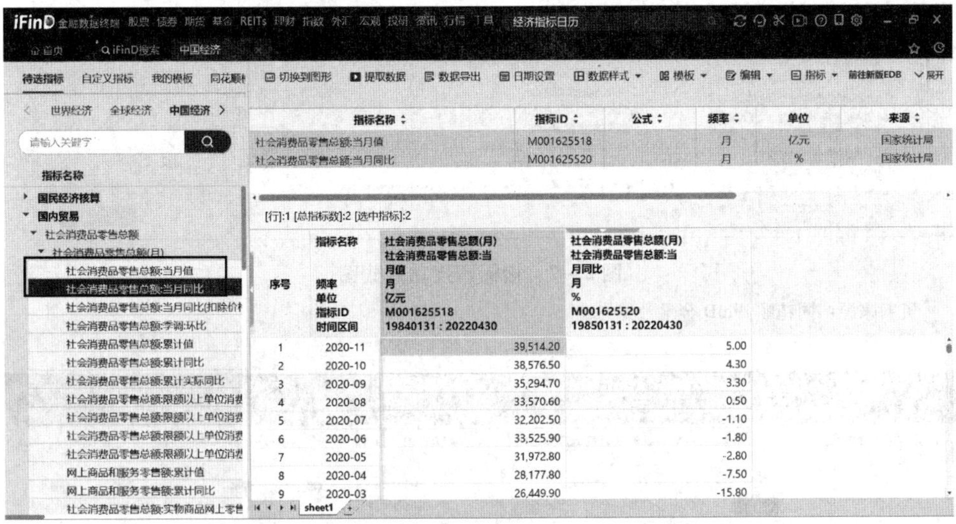

图 2-6　社会消费品零售总额数据走势图截图

资料来源：同花顺 iFinD 金融数据终端。

从图 2-6 可知，2020 年 11 月，我国社会消费品零售总额为 39 514.23 亿元，比 10 月 38 576.50 亿元上涨 5.00%。

或者直接点击左下角的指标查找，出现对话框，输入查找内容"社会消费品零售总额"，搜索结果中即出现所需的指标，双击即可找到该指标所在的位置（如图 2-7 所示）。

3. 进出口额。

2008 年后对外贸易占中国 GDP 比重达到 60% 以上，对中国经济影响巨大。欧美日经济危机持续时间越长，对中国实体经济出口量的冲击越大。

查询方式：【宏观行业】→【经济数据库】→【中国经济】→【对外贸易】→【进出口总额】→【进出口总额：美元计价（月）】，如图 2-8 所示，在该数据分类下双击选择或通过右键菜单增加指标添加出口总额等四项指标，点击【提取数据】。数据显示，2020 年 11 月我国出口总额为 2 669.12 亿美元，同比增长 20.53%；当月进口总额为 1 926.63 亿美元，同比增长 4.56%；顺差为 742.49 亿美元，同比增加 169.27 亿元。

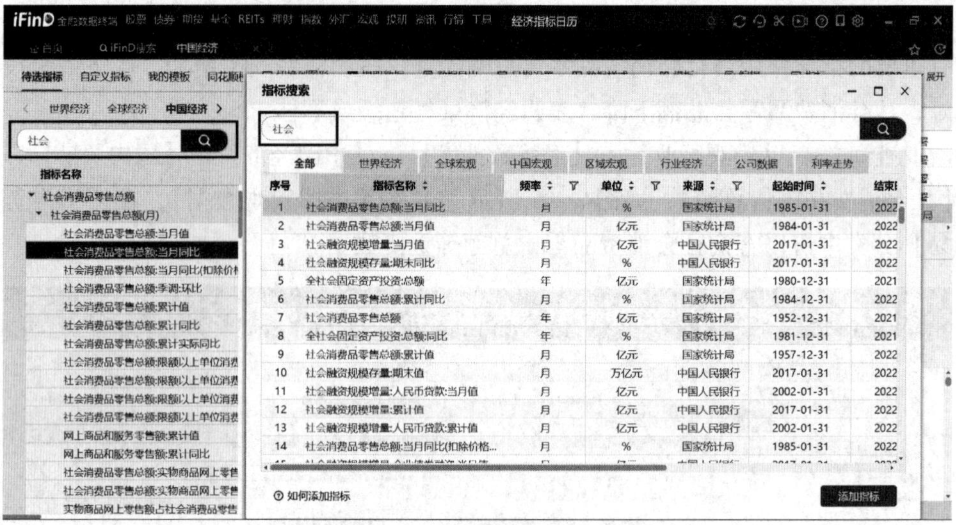

图 2-7　指标查找功能截图

资料来源：同花顺 iFinD 金融数据终端。

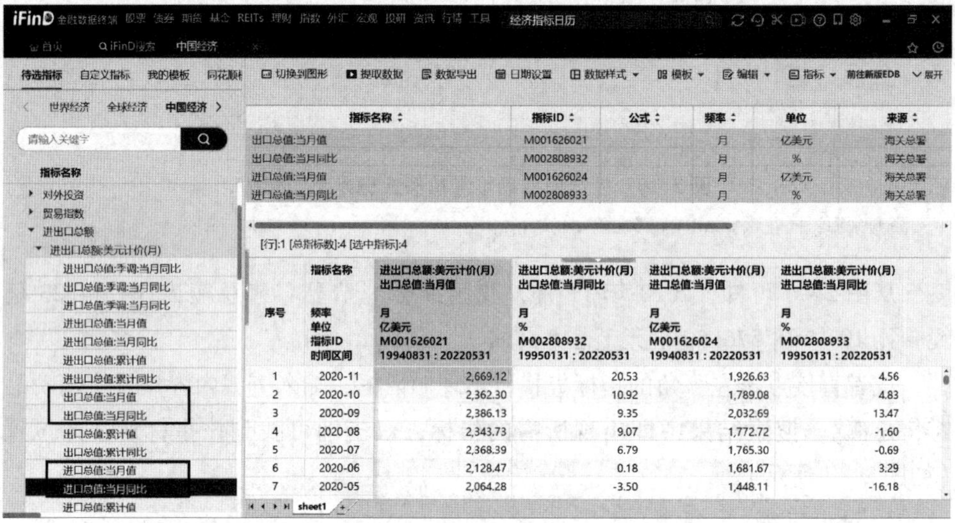

图 2-8　进出口数据截图

资料来源：同花顺 iFinD 金融数据终端。

4. 城镇固定资产投资。

投资是拉动经济增长的重要因素之一，当消费、净出口增长相对稳定时，要保持经济快速增长，投资增长发挥了主要的拉动作用。固定资产投资具有两重性，既对生产构成需求，又能增加生产能力，从而增加供给。

查询方式：【宏观行业】→【经济数据库】→【中国经济】→【投资】→【城镇固定资产投资（月）】→【城镇固定资产投资完成总额（月）】，如图 2-9

所示，在该数据分类下双击选择或通过右键菜单增加指标添加指标，点击【提取数据】。数据显示，2020 年 11 月当年累计投资额达 499 560.00 亿元，累计同比增长 2.60%，11 月当月环比增长 0.15%。

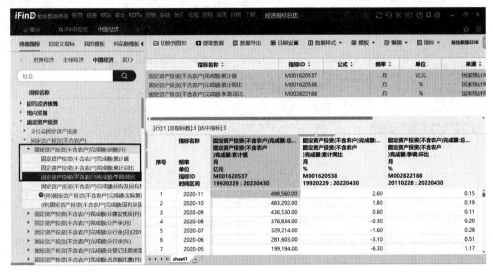

图 2 - 9　城镇固定资产投资数据截图

资料来源：同花顺 iFinD 金融数据终端。

5. CPI、PPI。

CPI 是反映与居民生活有关的产品及劳务价格变动的综合指标，通常作为观察通货膨胀或紧缩的重要指标。与货币供应量等其他指标数据相结合，能够更准确地判断通货膨胀或紧缩状况。

查询方式：【宏观行业】→【经济数据库】→【中国经济】→【价格指数】→【居民消费价格指数（CPI）】→【居民消费价格指数（CPI）：全国：同比（月）】，如图 2 - 10 所示，在该数据分类下双击选择或通过右键菜单增加指标添加指标，点击【提取数据】。数据显示，2020 年 11 月我国居民消费价格指数当月同比下降 0.50%。

PPI 主要用于衡量各种商品在不同生产阶段的价格变化情况，与 CPI 一样，是观察通货膨胀或紧缩的重要指标。一般认为，PPI 对 CPI 具有一定的传导作用。PPI 上升不是好事，如果生产者转移成本，终端消费品价格上扬，通胀上涨。如果不转移，企业利润下降，经济有下行风险。

查询方式：【宏观行业】→【经济数据库】→【中国经济】→【价格指数】→【工业品出厂价格指数（PPI）】→【工业品出厂价格指数（PPI）：当月同比（月）】，如图 2 - 11 所示，在该数据分类下双击选择或通过右键菜单增加指标添加指标，点击【提取数据】。数据显示，2020 年 11 月 PPI 当月同比下降 1.50%。

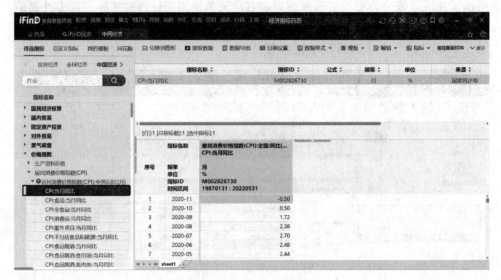

图 2 - 10 CPI 数据截图

资料来源：同花顺 iFinD 金融数据终端。

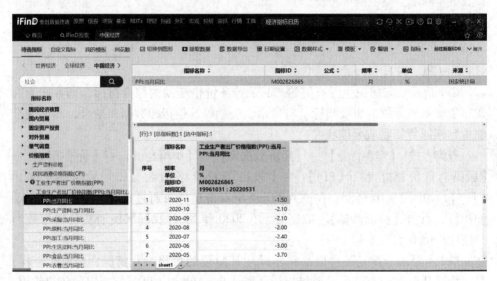

图 2 - 11 PPI 数据截图

资料来源：同花顺 iFinD 金融数据终端。

6. 货币供应量余额。

货币供应量是指一国在某一时点上为社会经济运转服务的货币存量，它由包括中央银行在内的金融机构供应的存款货币和现金货币两部分构成。

中央银行一般根据宏观监测和宏观调控的需要，根据流动性的大小将货币供应量划分为不同的层次。我国现行货币统计制度将货币供应量划分为三个层次：

　　流通中现金（M0），是指单位库存现金和居民手持现金之和，其中"单位"是指银行体系以外的企业、机关、团队、部队、学校等单位。

　　狭义货币供应量（M1），是指 M0 加上单位在银行的可开支票进行支付的活期存款。

　　广义货币供应量（M2），是指 M1 加上单位在银行的定期存款和城乡居民个人在银行的各项储蓄存款以及证券公司的客户保证金。其中，中国人民银行从 2001 年 7 月起，将证券公司客户保证金计入广义货币供应量 M2。

　　货币供应量的增长必须与经济增长相适应，以促进国民经济的持续、快速、健康发展。因此，分析某一阶段各个层次的货币供应量是否合理，必须与当时的经济增长幅度大小相联系，与货币流通速度快慢相联系。通常来讲，衡量货币供应均衡的主要标志是物价水平的基本稳定。物价总指数变动较大，说明货币供求不均衡，反之则说明供求正常。从这个意义上来讲，货币供应量亦是一个与普通百姓有关联的经济指数，它的多与少、量与度，影响国民经济的运行速度，决定手中货币的币值。

　　查询方式：【宏观行业】→【经济数据库】→【中国经济】→【金融】→【货币统计概论】→【货币供应量（月）】，如图 2－12 所示，在该数据分类下双击选择或通过右键菜单增加指标添加指标，点击【提取数据】。数据显示，2020 年 11 月 M0 期末值为 81 593.61 亿元，同比增长 10.30%；M1 期末值为 618 632.17 亿元，同比增长 10.00%；M2 期末值为 2 172 002.55 亿元，同比增长 10.70%。

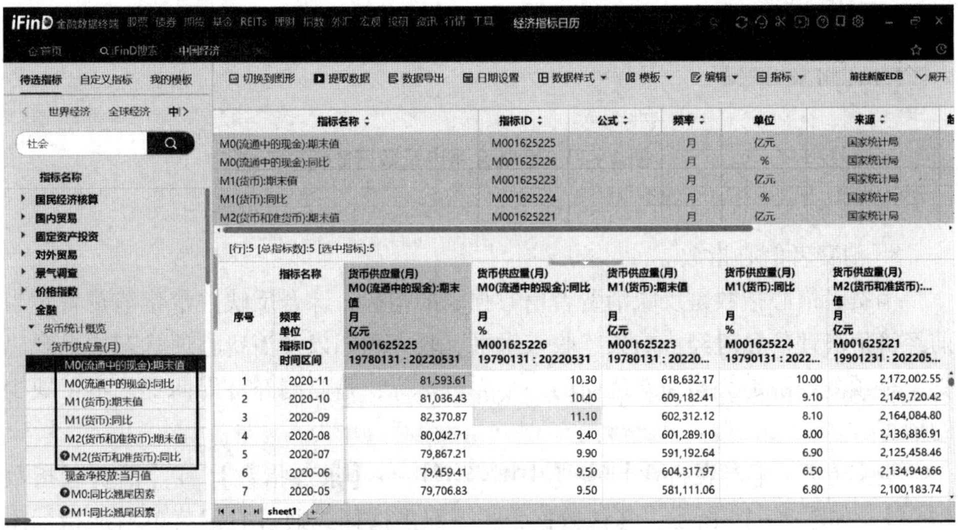

图 2－12　货币供应量数据截图

资料来源：同花顺 iFinD 金融数据终端。

7. 用电量、发电量。

全社会发电量（用电量）是以千瓦时为统计单位的，它们可以反映生产活动的活跃程度，每月由中国电力联合会发布。如果某时段一个行业一个地区或者全社会的用电量下降，那么社会创造的产品产量就下降了，这里要有个假定，就是能耗相对恒定的情况。而对于发电量来说，如果某个月或连续几个月发电量增加，就说明了企业的生产比较活跃以及居民对电力的需求比较旺盛。

查询方式：【宏观行业】→【经济数据库】→【中国经济】→【景气指数】→【克强指数（月）】，如图 2-13 所示，在该数据分类下双击选择或通过右键菜单增加指标添加指标，点击【提取数据】。数据显示，2020 年 11 月，我国全社会用电量为 4 596.00 亿千瓦时，比上月同比增长 9.9%。

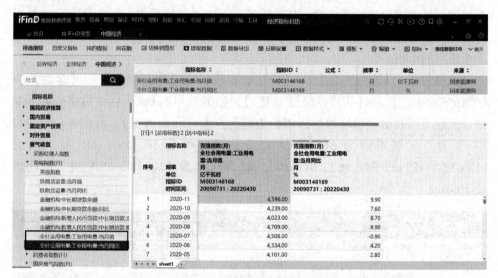

图 2-13 全社会用电量数据截图

资料来源：同花顺 iFinD 金融数据终端。

8. 消费者信心指数。

消费者信心指数是反映消费者信心强弱的指标，综合反映并量化消费者对当前经济形势评价和对经济前景、收入水平、收入预期以及消费心理状态的主观感受，是预测经济走势和消费趋向的一个先行指标，是监测经济周期变化不可缺少的依据。

查询方式：【宏观行业】→【中国经济】→【景气指数】→【消费者指数（月）】，如图 2-14 所示，在该数据分类下双击选择或通过右键菜单增加指标添加指标，点击【提取数据】。数据显示，2020 年 10 月消费者信心指数为 121.70，较上月增长 1.2 点。

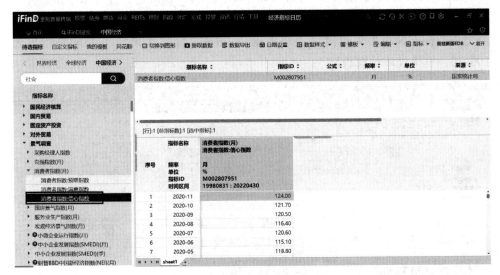

图 2 - 14　消费者信心指数数据截图

资料来源：同花顺 iFinD 金融数据终端。

9. 宏观经济景气指数。

国家统计局发布的宏观经济景气指数预警指数由 10 个指标构成，包括工业生产指数、固定资产投资、消费品零售总额、进出口总额、财政收入、工业企业利润、居民可支配收入、金融机构各项贷款、货币供应 M2、居民消费价格指数。预警指数把经济运行状态分为 5 个级别，100 为理想水平，即稳定，此外还有过热、趋热、趋降和过冷（如图 2 - 15 所示）。

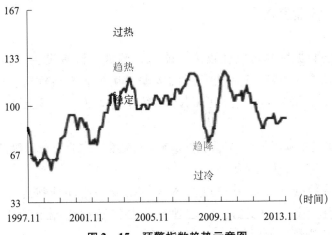

图 2 - 15　预警指数趋势示意图

资料来源：同花顺 iFinD 金融数据终端。

查询方式:【宏观行业】→【经济数据库】→【中国经济】→【景气指数】→【宏观经济景气指数】,如图 2 - 16 所示,在该数据分类下双击选择或通过右键菜单增加指标添加指标,点击【提取数据】。数据显示,2020 年 9 月预警指数为100.10,整体经济预期趋好。

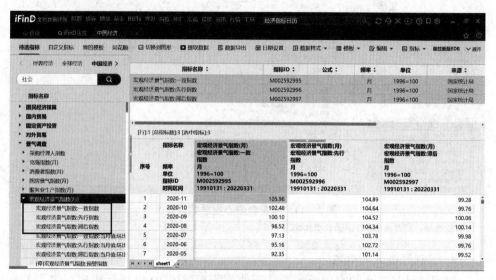

图 2 - 16　预警指数数据截图

资料来源:同花顺 iFinD 金融数据终端。

中国宏观数据库功能按钮及操作说明界面与行业经济数据库类似,具体将在行业经济板块进行详细的说明。

2.2.3　行业经济

行业经济数据库涵盖农林牧渔、能源、钢铁、机械设备、轻工制造、医药生物、旅游酒店等 22 个大类行业的数据,从行业产品价格、产销、库存、进出口、行业经济效益、上市公司经营数据等方面,全面展现各行业经营情况。

数据来源包括国家统计局、海关总署、发改委、农业农村部等部委,国内行业协会网站、境外行业网站等。

行业经济数据库界面由三块主体区域以及一组功能按钮组成,详情如图 2 - 17 所示(该界面及功能与宏观行业经济数据终端上的应用一样,因此,在介绍其他数据库时将不再重复说明)。

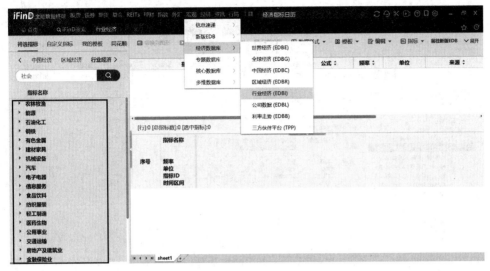

图 2 – 17　行业经济数据库界面

资料来源：同花顺 iFinD 金融数据终端。

使用行业经济数据库的过程可概括为三个基本步骤。

第一步，选择指标——在左边的待选指标区域选择所要查询的指标（如图 2 – 18 所示）。

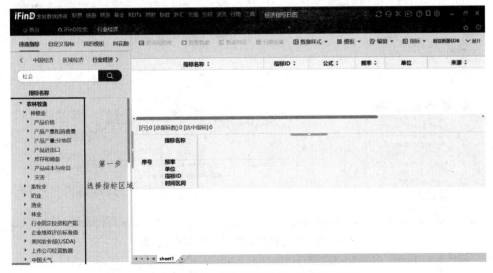

图 2 – 18　行业经济数据库基本步骤一界面

资料来源：同花顺 iFinD 金融数据终端。

第二步，提取数据（如图 2 – 19 所示）。

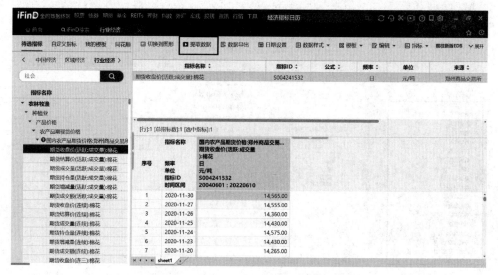

图 2 - 19　行业经济数据库基本步骤二界面

资料来源：同花顺 iFinD 金融数据终端。

第三步，选择图形（如图 2 - 20 所示）。

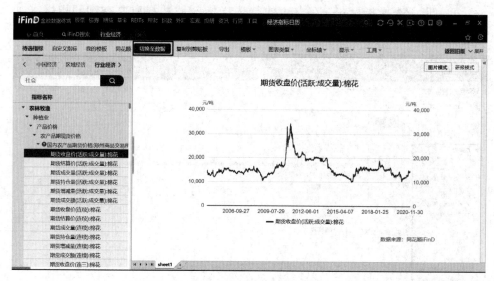

图 2 - 20　行业经济数据库基本步骤三界面

资料来源：同花顺 iFinD 金融数据终端。

　　用户在选择指标时，除了在待选指标区域内寻找所需指标，也可以用系统的指标查找功能，通过关键字查找或数据源查找，迅速地搜索出需要的指标（如图 2 - 21 所示）。

　　数据库除支持基本操作外，还支持以下操作。

　　"数据导出"按钮：将数据提取结果输出到 Excel 中。选择保存的路径后，自动导出到 Excel（如图 2 - 22 所示）。

图 2−21 行业经济数据库指标查找界面

资料来源：同花顺 iFinD 金融数据终端。

图 2−22 行业经济数据库保存路径界面

资料来源：同花顺 iFinD 金融数据终端。

"设置日期"按钮：选择数据导出时间段，便于用户作出某个时间段的数据研究（如图 2−23 所示）。

"模板"按钮：包含新建模板、打开模板和保存模板三个功能。新建模板，用户可以将自己需要的重要指标建立模板，方便后续使用；打开模板，是对新建的模板进行快捷打开；保存模板，可将当前指标模板保存到"我的模板"中，这样可以将用户经常关注的数据指标放在"我的模板"中，用户以后就可以在"我的模板"中查看所关注的指标，避免了每次都要选择的麻烦（如图 2−24 所示）。

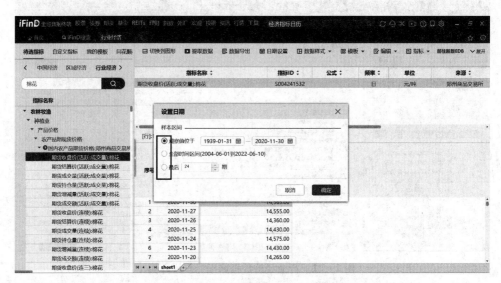

图 2 - 23   行业经济数据库导出路径界面

资料来源：同花顺 iFinD 金融数据终端。

图 2 - 24   行业经济数据库数据模板界面

资料来源：同花顺 iFinD 金融数据终端。

　　用户可以实现编辑指标的名称、单位以及增加空行等功能（如图 2 - 25 所示）。

　　用户使用指标中的变频功能可将日的数据转化为其他时间周期的数据，图 2 - 26 是将日的数据转化为月度数据。指标功能键还有进行求和、修匀、指标间运算等功能，方便用户的计算使用。

2.2.4　利率走势

　　利率走势涵盖债券市场利率、货币市场利率、债券发行市场利率及其他利率四大类。

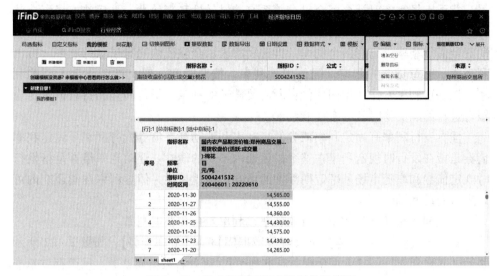

图 2 - 25　行业经济数据库数据编辑界面

资料来源：同花顺 iFinD 金融数据终端。

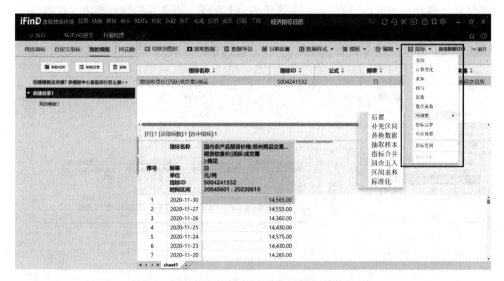

图 2 - 26　行业经济数据库数据指标按钮界面

资料来源：同花顺 iFinD 金融数据终端。

债券市场利率主要有到期收益率、即期收益率、远期收益率等。债券到期收益率是指买入债券后持有至期满得到的收益，包括利息收入和资本损益与买入债券的实际价格之比率。这个收益率是指按复利计算的收益率，它是能使未来现金流入现值等于债券买入价格的贴现率。即期收益率也称零息利率，是零息债券到期收益率的简称。在债券定价公式中，即期收益率就是用来进行现金流贴现的贴现率。远期利率是指隐含在给定的即期利率中从未来的某一时点到另一时点的利率水平。

货币市场利率包括同业拆借利率、国债回购利率等。从利率形成的机制来看，货币市场利率对社会资金供求关系有着灵敏性和高效性，是反映市场资金状况、衡量金融产品收益率的重要指标。同业拆借利率是指金融机构同业之间的短期资金借贷利率。它有两个利率：拆进利率表示金融机构愿意借款的利率；拆出利率表示愿意贷款的利率。国债回购利率，按照时间一般又被叫作7天回购利率。把回购利率看作使用国债借钱所需要偿还的利息。银行间互相持有债券，当银行进行回购交易时就会有回购利率。

债券发行利率有固定利率债券发行利率和浮动利率债券发行利率。固定利率债券是指在发行时规定利率在整个偿还期内不变的债券。浮动利率债券是指发行时规定债券利率随市场利率定期浮动的债券，也就是说，债券利率在偿还期内可以进行变动和调整。

其他利率包括存款利率、贷款利率、利率互换和票据利率。

查询方式：【宏观行业】→【经济数据库】→【利率走势】，如图2-27所示路径【其他利率】→【人民币存款基准利率】，可查看最新调整的人民币存款基准利率，右侧数据显示，2015年10月24日中国人民银行对人民币存款基准利率作了调整，其中，活期存款利率为0.35%，3个月的定期存款利率为1.10%，6个月的定期存款利率为1.30%，1年的定期存款利率为1.50%，以上利率均为年化收益率。

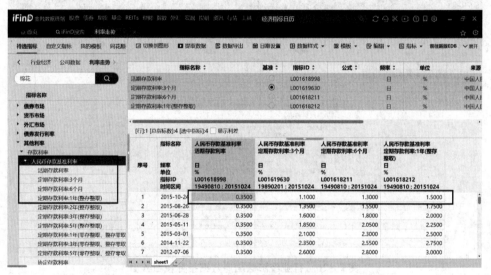

图2-27　人民币存贷款利率界面

资料来源：同花顺iFinD金融数据终端。

2.3　专题统计数据库

专题统计数据库是对数据进行提炼和精化，并根据数据类型的不同分为证券市场概况、经济效益指标、企业绩效评价、宏观数据和行业数据五个板块内容（如图2-28所示）。

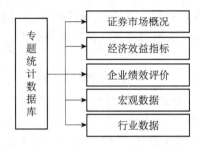

图 2 - 28　宏观行业专题统计报表结构

资料来源：同花顺 iFinD 金融数据终端。

2.3.1　证券市场概况

证券市场概况是对股票市场、债券市场、基金市场以及其他数据统计所制作的一张报表，对整个证券市场的研究具有重要意义。以下详细介绍股票市场。

股票市场统计数据包括市场规模统计、交易统计、融资统计、持仓统计四方面。

1. 市场规模统计。

市场规模统计展示证券市场规模数据以及衍生指标数据，包括上市公司总数、流通股本、限售股本、流通市值、估值、日均成交量和成交额。

查询方式：【宏观行业】→【专题数据库】→【证券市场概况】→【股票市场】→【市场规模】→【市场规模统计（同花顺统计）】，选择【报表类型】为月报，【时间】区间设为 2016 年 1 月至 2020 年 12 月，点击【提取数据】，可以取得市场规模统计（同花顺统计）数据，数据显示，2020 年 12 月，我国上市公司总数为 4 195 家，其中，A 股上市公司 4 181 家，B 股上市公司 93 家；总股本为 73 135.033 亿股，其中，流通股本为 64 224.345 亿股，流通市值为 797 202.012 亿元；上市公司平均市盈率为 20.253，平均市净率为 1.713（如图 2 - 29 所示）。

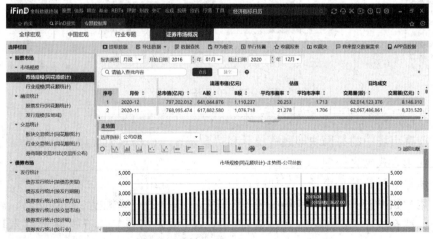

图 2 - 29　市场规模统计界面

资料来源：同花顺 iFinD 金融数据终端。

市场规模中的行业规模统计则是按照证券行业分类统计每个行业的股票总数、流通股本、限售股本、流通市值及估值方面的数据。

2. 交易统计。

数据显示，截至 2021 年 1 月 4 日当周股票市场成交 1 681.45 亿股，成交金额为 24 301.18 亿元，成交额占 AB 股总成交额比重为 99.97%。

查询方式：【宏观行业】→【专题数据库】→【证券市场概况】→【股票市场】→【交易统计】→【板块交易统计】，按路径进入股票市场交易统计，点击【提取数据】，选择开始和截止日期，右侧可查看该时间段股票市场交易日的成交量、成交金额以及成交额占 AB 股总成交额的比重。

参数选择说明：

● 报表类型可以选择日报、周报、月报、年报。

● 日报就是交易日当天的成交量及成交额数据。

● 周报就是当周的成交量及成交额数据，月报和年报依此类推。

● 板块选项可以选择全部 A 股、上证 A 股、深证 A 股、全部 B 股、上证 B 股、深证 B 股等板块分类。其中板块分类还可以点击左下角的股票市场类别，在所需股票市场类型前方打钩即可（如图 2-30 所示）。

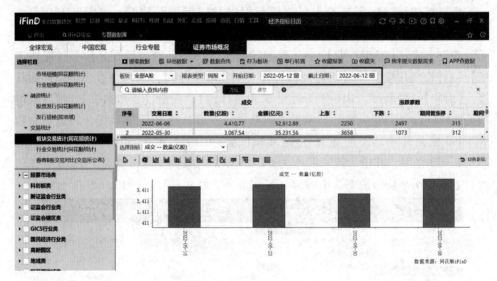

图 2-30 交易统计界面

资料来源：同花顺 iFinD 金融数据终端。

股票市场中的另两块即融资统计和持仓统计与市场规模统计和交易统计数据板块使用方式与之类似，这里不再细述。

债券市场、基金市场、其他统计也不再一一介绍。

用户如果想了解证券市场如股票、债券、基金的市场规模、市场交易、融资统计、持仓统计等市场概况统计数据，进入【宏观行业】→【专题数据库】→【证券市场概况】查看，比进入【宏观行业】→【中国宏观】→【金融】→

【证券】查看更有针对性。

2.3.2　经济效益指标

经济效益指标数据库主要是针对采矿业，制造业，电力、热力、燃气及水生产和供应业的基本情况、资产负债、损益、财务比率等的月度与年度数据，以组合方式输出，对研究行业的经济活动状况具有重要意义。

企业的生产经营活动是一个复杂的过程，由多方面的内容和环节构成，所以决定企业经济效益的因素也是多方面的，任一经济效益指标都只能反映其中的一个侧面。因此，为了能够客观地反映企业的经济效益，必须从多角度进行考核，采用一系列相互关联、相互交叉的指标即指标体系进行全面、准确的衡量与评价。

查询方式：【宏观】→【核心数据库】→【行业效率库】，在左侧的待选区域，用户按照自己所需的数据，选择行业、指标、地区数据，选好之后点击【确定】按钮，在右端的上方出现需要的指标。接着，点击【提取数据】即可查看所选的具体组合数据值（如图 2 - 31 所示）。

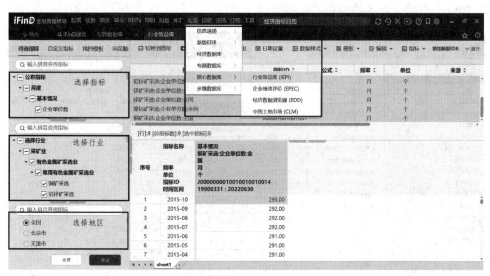

图 2 - 31　行业效益数据库界面

资料来源：同花顺 iFinD 金融数据终端。

2.3.3　企业绩效评价

企业绩效评价专题报表是依据国资委印发的《中央企业综合绩效评价实施细则》进行评价的，用来衡量全国国有企业的财务状况和经营成果。

衡量企业绩效的指标包括衡量盈利能力状况的净资产收益率、总资产报酬率、销售收益率、盈余现金保障倍数、成本费用利润率、资本收益率；衡量资产质量状况的总资产周转率、营收账款周转率、不良资产比例、流动资产周转率、资产现金回收率；衡量债务风险状况的资产负债率、已获利息倍数、速动比率、现金流动负债比率、带息负债比率、或有负债比率；衡量经营增长状况的销售增长率、总资产增长率、技术投入比率；以及衡量补充材料的存货周转率、资本积累率、三年资本平均增长率、三年销售平均增长率以及不良资产比率。

所涉及的行业包括农林牧渔业、工业、建筑业、交通运输、仓储及邮政业、信息技术服务业、批发和零售贸易业、住宿和餐饮业、房地产业、社会服务业、传播及文化业。

查询方式：【宏观】→【核心数据库】→【企业绩效评价】。

如图 2-32 所示，选择【农林牧渔】行业分类中的【农业】，然后选择【年度】中相应年份，点击【提取数据】，即可查看该子行业的全行业及大中小型企业的绩效评价指标数据。数据显示，2019 年农业全行业平均净资产收益率为3.00%，大型企业平均净资产收益率为 3.80%，中型企业平均净资产收益率为3.70%，小型企业平均净资产收益率为 1.20%。

图 2-32 企业绩效评价界面

资料来源：同花顺 iFinD 金融数据终端。

2.3.4 宏观数据

宏观数据专题报表对中国宏观经济数据进行精炼，聚焦于客户重点关注的宏观经济指标，如 GDP、景气指数、价格指数、消费、投资等，借助图形展示界面精准展现宏观数据与证券市场的关联性。

1. 经济指标图表。

经济指标图表为用户提供第一时间浏览最新宏观经济走势的服务。

经济指标图表展示重要的宏观经济指标图形走势，有 CPI、PPI、贷款余额增速、M1 增速、M2 增速、存贷差、存贷比、固定资产投资增速、GDP 增速、贸易顺逆差、外汇储备、人民币汇率、保险公司国债投资比例。

查找方式：【宏观】→【专题数据库】→【宏观数据】→【经济指标图形】，选择开始时间和结束时间，自定义选择图形展示的时间段（如图 2 - 33 所示）。

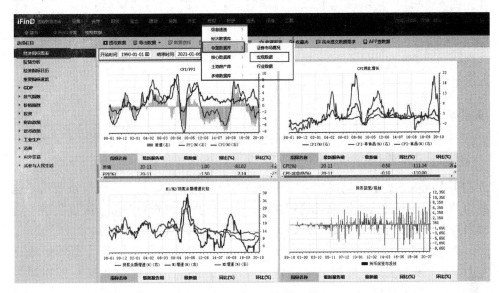

图 2 - 33 经济指标图形界面

资料来源：同花顺 iFinD 金融数据终端。

2. 经济指标日历。

经济指标日历展示 23 个主要宏观经济指标的预计披露时间，以及最新报告期的实际披露数据和上一期报告的实际披露数据情况。EDB 板块中的经济日历展示了所有国家和地区的经济指标日历情况，而宏观行业专题报表中宏观数据展示的经济指标日历则只展示重要的中国宏观经济指标的日历情况。对于专门研究中国宏观经济的人员来说，该板块的经济指标日历更有针对性。

查找方式：【宏观】→【专题数据库】→【宏观数据】→【经济指标日历】，然后点击【提取数据】按钮即可（如图 2 - 34 所示）。

3. 重要指标速览。

重要指标速览展示重要的宏观经济指标：GDP、CPI、PPI、固定资产投资额、M0、M1、M2、货币回笼/投放、金融机构存款、金融机构贷款、居民储蓄存款、工业总产值、工业增加值、进出口总额、出口总额、进口总额、城镇居民

序号	指标名称	下一报告期 预计披露时间	最新报告期 报告期	数值	变化量	变化率	公布时间	上一报告期 上一报告期	数值
1	CPI(%)	2021-01-09	2020年11月	-0.5000	-1.0000	-200.0000	2020-12-09	2020年10月	0.5000
2	PPI(%)	2021-01-09	2020年11月	-1.5000	0.6000	28.5714	2020-12-09	2020年10月	-2.1000
3	M0(万亿元)	2021-01-09	2020年11月	8.1600	0.0600	0.7407	2020-12-09	2020年10月	8.1000
4	M1(万亿元)	2021-01-09	2020年11月	61.8600	0.9400	1.5430	2020-12-09	2020年10月	60.9200
5	M2(万亿元)	2021-01-09	2020年11月	217.2000	2.2300	1.0374	2020-12-09	2020年10月	214.9700
6	货币回笼/投放(亿元)	2021-01-09	2020年11月	557.0000	1,891.0000	141.7541	2020-12-09	2020年10月	-1,334.0000
7	M0同比增长(%)	2021-01-09	2020年11月	10.3000	-0.1000	-0.9615	2020-12-09	2020年10月	10.4000
8	M1同比增长(%)	2021-01-09	2020年11月	10.0000	0.9000	9.8901	2020-12-09	2020年10月	9.1000
9	M2同比增长(%)	2021-01-09	2020年11月	10.7000	0.2000	1.9048	2020-12-09	2020年10月	10.5000
10	固定资产投资(万亿元)	2021-01-17	2020年11月	49.9560	1.6268	3.3661	2020-12-15	2020年10月	48.3292
11	固定资产投资同比增长(...	2021-01-17	2020年11月	2.6000	0.8000	44.4444	2020-12-15	2020年10月	1.8000
12	贷款余额(万亿元)	2021-01-09	2020年11月	171.4900	1.4300	0.8409	2020-12-09	2020年10月	170.0600
13	存款余额(万亿元)	2021-01-09	2020年11月	212.7800	2.1000	0.9968	2020-12-09	2020年10月	210.6800
14	贷款余额同比增长(%)	2021-01-09	2020年11月	12.8000	-0.1000	-0.7752	2020-12-09	2020年10月	12.9000
15	存款余额同比增长(%)	2021-01-09	2020年11月	10.7000	0.4000	3.8835	2020-12-09	2020年10月	10.3000
16	GDP(万亿元)	2021-01-18	2020年三季	72.2786	26.6172	58.2926	2020-10-19	2020年二季	45.6614
17	GDP同比增长(%)	2021-01-18	2020年三季	4.9000	1.7000	53.1250	2020-10-19	2020年二季	3.2000
18	出口商品总额(亿美元)	2021-01-14	2020年11月	2,680.7000	308.8700	13.0224	2020-12-07	2020年10月	2,371.8300
19	进口商品总额(亿美元)	2021-01-14	2020年11月	1,926.5000	139.1100	7.7829	2020-12-07	2020年10月	1,787.3900
20	进出口商品总额(亿美元)	2021-01-14	2020年11月	4,607.2000	447.9800	10.7708	2020-12-07	2020年10月	4,159.2200
21	出口商品总额同比增长(...	2021-01-14	2020年11月	21.1000	9.7000	85.0877	2020-12-07	2020年10月	11.4000
22	进口商品总额同比增长(...	2021-01-14	2020年11月	4.5000	-0.2000	-4.2553	2020-12-07	2020年10月	4.7000
23	进出口商品总额同比增...	2021-01-14	2020年11月	13.6000	5.2000	61.9048	2020-12-07	2020年10月	8.4000

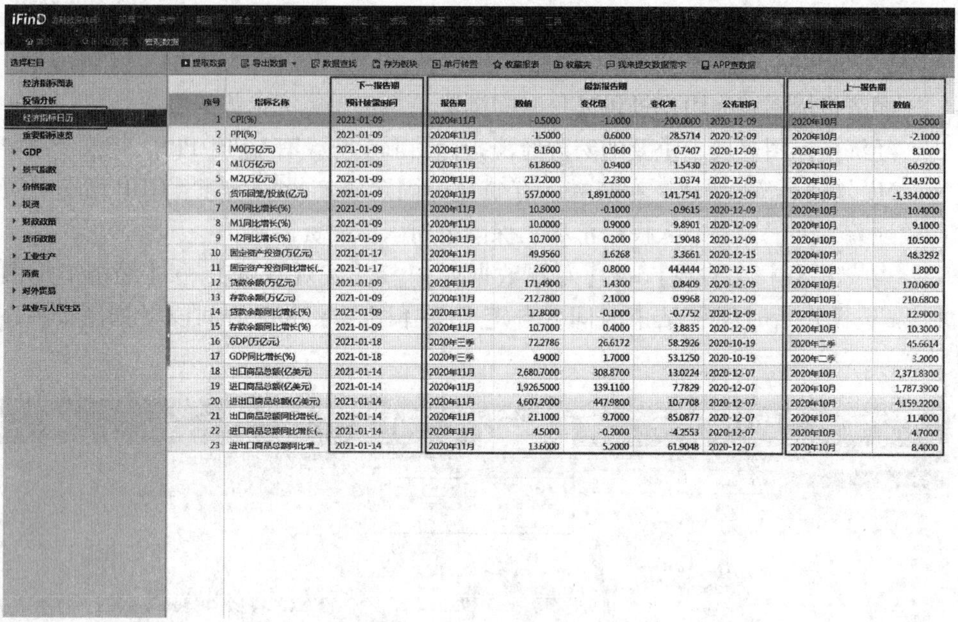

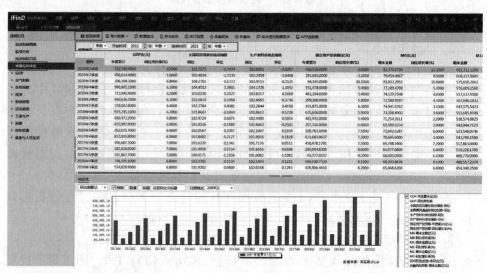

图 2-34　经济指标日历界面

资料来源：同花顺 iFinD 金融数据终端。

人均可支配收入、农村居民现金收入的绝对值及同环比增长率。该板块展示了这些重要指标所有的历史数据及最新数据，也可以直观地查看图形。报表类型可选择月报、季报、年报；开始和结束时间可以选择所需数据的时间段。

查找方式：【宏观】→【专题数据库】→【宏观数据】→【重要指标速览】，选择报表类型、开始时间和结束时间，然后点击【提取数据】按钮即可（如图 2-35 所示）。

图 2-35　重要指标速览界面

资料来源：同花顺 iFinD 金融数据终端。

4. GDP 专题。

GDP 专题展示 GDP 与一系列指标的相关性,例如 GDP 与证券市场、GDP 与电力消耗、GDP(三大产业情况)、GDP 支出法、GDP 与固定资产投资、GDP 与财政、GDP 与货币,一般而言,GDP 的增长与这些指标的增长息息相关,研究人员可以对这些相关数据做一对比,研究 GDP 与这些数据的内在关联度。

查找方式:【宏观】→【专题数据库】→【宏观数据】→【GDP】→【GDP 与电力消耗】,选择报表类型、开始时间和结束时间,然后点击【提取数据】按钮即可(如图 2-36 所示)。

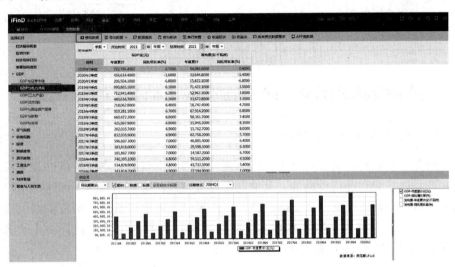

图 2-36　GDP 与电力消耗界面

资料来源:同花顺 iFinD 金融数据终端。

其他专题如景气指数专题、价格指数专题、投资专题、财政政策专题、货币政策专题、工业生产专题、工业生产专题、消费专题、对外贸易专题、就业与人们生活专题,不再一一细述。想看相关专题数据的,从宏观行业专题报表栏目比中国宏观栏目更方便和有针对性。

2.3.5　行业数据

行业数据专题报表是按行业大类对行业数据进行汇总,制作成独立的报表,向客户直观展现行业总产量、进出口等重要数据,覆盖能源、化工、建材、有色金属、房地产、IT、通信等 29 个行业。

查询方式:【宏观】→【专题数据库】→【行业数据】。

如图 2-37 所示,选择左侧【农业行业】分类中的【农林牧渔总产值】指标,选择报表类型和起始终止时间,点击【提取数据】,即可查看该时间段的总产值数据,数据显示,2020 年三季度农林牧渔行业总产值年度累计值为86 705.37 亿元,其中第三季度总产值为 38 710.84 亿元。

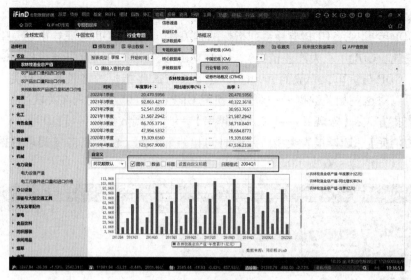

图 2 - 37 行业数据界面

资料来源：同花顺 iFinD 金融数据终端。

农业下方还有各类农产品进口量、进口价格、出口量、出口价格以及关税配额农产品进口量和进口价格等。其他行业与之类似，这里不再一一细述。用户如果想查看各个行业最新及历史的总产值、产量以及进出口数量、价格数据，直接进入【宏观】→【专题数据库】→【行业数据】查看，比【宏观】→【经济数据库】→【行业经济】查看更方便。

2.4 房地产数据库

房地产数据库涵盖全国 300 多个城市土地出让信息、房地产开发及销售数据、景气指数及房价指数等，全面展现全国房地产市场景气程度，主要包括土地数据和房企数据。

查询方式：【宏观】→【土地房产库】→【房产数据库】→【公司详情】，选择左侧其中一家房地产企业，例如保利地产，右侧可显示该公司企业概况、经营分析、销售数据、项目数据、财务报表、定期报告、企业动态七大类数据信息（如图 2 - 38 所示）。

2.4.1 土地数据

土地数据库包含地块名称、规划用途、建设用地面积、规划建筑面积、容积率、出让方式、起始价、受让单位等数十个指标数据，详细描述土地的相关信息。

查询方式：【宏观】→【土地房产库】→【房产数据库】→【土地数据】，

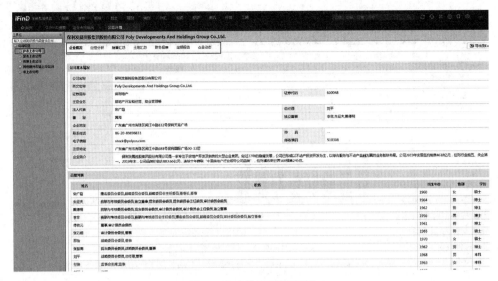

图 2 – 38　公司详情界面

资料来源：同花顺 iFinD 金融数据终端。

点击【土地数据库】，在弹窗的左侧选择搜索条件（如图 2 – 39 所示）。

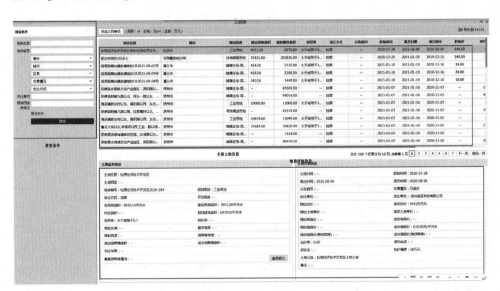

图 2 – 39　土地数据界面

资料来源：同花顺 iFinD 金融数据终端。

2.4.2　房企数据

房企数据包括房企总览、房企拿地情况进行数据的统计和汇总。

查询方式：【宏观】→【核心数据库】→【中国土地市场】→【中国房地产库】，再分别对所需指标进行选择（如图 2 – 40 所示）。

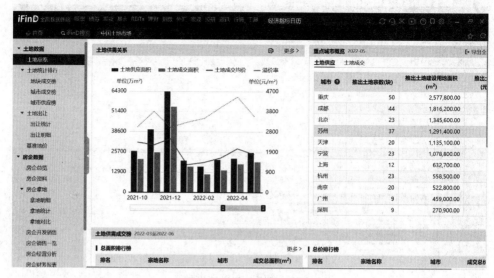

图 2-40　公司详情界面

资料来源：同花顺 iFinD 金融数据终端。

本章小结

　　宏观和行业数据全面反映了中国宏观经济、行业、区域等综合统计信息，iFinD 宏观行业数据库共包含经济运行数据库、EDB 经济数据库、专题统计数据库、房地产数据库、专题数据库以及资讯数据库六大数据库。

关键术语

　　宏观经济；行业经济；EDB；区域

思考题

　　1. 提取 1981 年至今中国的 CPI 指标，制作图表，并根据图表分析我国改革开放后的价格波动情况。

　　2. 2020 年 11 月美国服务业 PMI 值是多少？

　　3. 房地产企业万科目前在售楼盘项目个数和建筑总面积分别是多少？

　　4. 拉动投资的"三驾马车"是指哪三大宏观经济指标？

　　5. 如何利用 iFinD 数据库提取三大宏观经济指标的历史数据？

　　6. 通过历史数据趋势来看，目前对投资拉动贡献最大的是哪个指标？请简单分析。

第3章 股 票

股票市场是金融市场最主要的交易市场之一，无论是从市场参与者的数量还是从广泛程度等方面来说，股票市场在当前金融市场体系中所处的地位都是十分重要的。经过长期发展，股票市场投资者以及其他参与者对股票市场数据、咨询等的需求都是十分巨大的。

随着中国股票市场的发展和大众投资观念的不断成熟，股票投资已经成为大众重要的投资方式之一。股票交易市场也成为资本市场的重要组成部分之一。随着股票市场和股票投资的发展，关于股票市场和股票投资的分析与研究对数据和咨询方面的需求都在日益增长。早期以股票交易终端、新闻资讯等形式提供数据和信息的方式已经不能很好地满足用户的需求，因此，股票数据库日益成为主流的数据提供方式之一。

3.1 股票数据库概况

股票数据库是 iFinD 数据库中最核心的数据库之一，主要提供沪深两市、国内外股市和上市公司等方面的数据。涉及的交易市场主要包括沪深 A 股、沪深 B 股、国内三板市场、港股市场以及在 NASDAQ 和 NYSE 上市的中国股票等。在行情资讯板块，可以查阅全球主要股票交易市场的股票指数和主要商品指数，如恒生指数、道琼斯工业平均指数、法兰克福 DAX 指数等。

在股票数据库中，用户可以获得海量的数据信息，并对其进行分析处理，在掌控行情资讯的基础之上进行合理的分析和研究。随着股票市场和股票研究分析的发展，股票数据库日益进步，成为金融数据库的核心组成部分。股票数据库的作用和意义也得到了用户和市场的广泛认可。

在 iFinD 数据库中，股票数据库共可分为两大模块：股票和产权交易，其中股票模块的数据是股票数据库最重要的组成部分。股票数据库主要分为三大板块：深度数据、分析工具、行情资讯（如图 3-1 所示）。

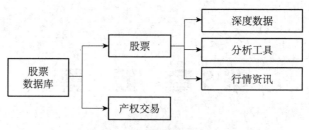

图 3-1　股票数据库结构
资料来源：同花顺 iFinD 金融数据终端。

　　iFinD 数据库中股票数据库通过数据浏览器、深度资料（F9 为其快捷键）、统计报表等形式多维度提供股票相关数据的查询；除了查询基础数据之外，用户可以使用专业的分析工具对基础数据、信息进行分析和处理；行情资讯板块提供全球各个交易市场的行情资讯，帮助用户了解最新的行情和资讯。

　　深度数据主要是针对投资中涉及的各种股票市场数据进行的整理、汇总和分类，利用数据库的形式，将个股、行业、板块、题材等方面各种数据展现给使用客户。同时，利用数据浏览器、深度资料、股票统计报表等形式，便于用户进行数据的对比分析，以及满足其他方面的数据需求。

　　分析工具是 iFinD 数据库中专门用来分析和处理股票数据、信息的工具，包括投资账户、组合管理、PE/PB Bands 导出器、Evaluator 模型、Beta 计算器、WACC 计算器、DDM 计算器。投资账户是一种股票仿真交易，完全根据沪深两市实际，通过给用户新建一个或多个虚拟账户，可以为用户提供仿真交易，包括实盘操作、实际收益明细、账户收益汇总、个股收益分析等信息都可以进行统计和汇总。组合管理模块可以对股票投资组合进行分析和管理，包括股票投资组合的行业分布、历史走势、重要指标、组合风格、相关性分析、风险暴露、风险收益、Var 分析等内容，同时可以设立股票投资组合模拟账户。PE/PB Bands 导出器、Evaluator 模型、Beta 计算器、WACC 计算器、DDM 计算器是具有针对性的数据分析工具，用户可以根据自己分析的需要进行调用。

　　行情资讯是股票数据库中提供国内外行情数据的专用功能模块，主要包括全球市场概况、股市综合屏、股市日历、新股中心、创业板相关、经纪业务数据。全球市场概况主要展现全球主要股票市场股票指数、主要商品、汇率等信息。股市综合屏是在一个页面同时展现多个重要指数和信息，包括交易市场股票指数、行业指数、个股分时、个股 K 线等信息。新股中心主要提供的是新股发行日程、新股信息、定价预测、资料速览、发审会议等信息。创业板相关主要提供的是创业板申购指引、创业板知识、评论、动态等信息。经纪业务数据主要提供的是各个券商的经纪业务数据，包括券商交易额及其排名、券商资料、营业部交易额及其排名。

3.2 深度数据

深度数据板块主要包括：股票数据浏览器、深度资料、股票统计报表、智能选股和其他股票数据库分析工具。股票数据浏览器主要提供信息的查询、统计、分析功能，侧重于一定行业、一定范围内的整体股票数据查询与对比，在数千只股票指标中选择好相应的指标以及相应的范围，即可提取出相应的数据。深度资料是针对单只股票的数据查询，将数据和信息按照单只股票进行分类和查询，这样可以方便用户对单个股票进行深度研究。股票统计报表则侧重于行业、一定范围股票数据的统计。智能选股是利用前沿的人工智能技术和计算机软件选择出符合用户需求的股票（如图 3 - 2 所示）。

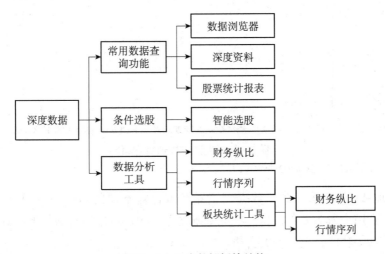

图 3 - 2 深度数据板块结构

资料来源：同花顺 iFinD 金融数据终端。

3.2.1 股票数据浏览器

股票市场作为信息资本市场中最活跃的市场之一，数据和信息的重要性是毋庸置疑的。无论是从基本面角度分析，还是从技术面角度分析，都需要强大的数据和信息支持。有鉴于此，面向用户的金融数据库不断提升自身对数据、信息的提供和查询功能，在 iFinD 数据库中，对数据查询、分析、统计、排序、筛选等功能都是通过数据浏览器这一工具实现的。

股票数据浏览器提供上市公司基本信息、财务数据、衍生分析指标、融资数据、行情数据等上市公司相关的基础数据和衍生数据。股票数据浏览器主要针对上市公司个体的数据查询，市场统计数据和板块统计数据用户可以通过

【统计报表】、【板块数据浏览器】进行查询或提取数据进行统计。与深度资料不同的是，股票数据浏览器提供的是多标的、多指标、自定义的数据查询方式。

查询方式：【股票】→【多维数据】→【数据浏览器】→【A 股数据浏览器】。如图 3-3 所示，进入【指标/范围选择】界面，设定指标和范围后，点击【提取数据】按钮，界面将显示出需要的数据。

微视频 3-1
股票数据
浏览器（一）

微视频 3-2
股票数据
浏览器（二）

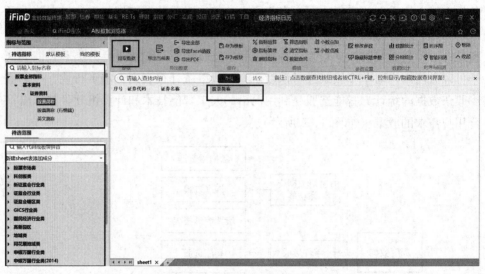

图 3-3　指标/范围选择界面

资料来源：同花顺 iFinD 金融数据终端。

根据用户的需求，股票数据浏览器可以针对不同的指标和范围进行选择，从而查询到用户所需要的数据。在此基础之上，用户可以通过数据的排序、对比分析、统计等功能，进行研究分析。

对于常用指标，用户可将自定义的系列指标及相应的参数设置保存到"我的模板"中，对于设置完成相应的筛选结果可以保存为自定义板块；筛选条件可保存到"我的方案"中，便于重复调用。由于不同品种数据浏览器的操作方法类似，下面以股票数据浏览器为例进行相应介绍。

查询方式：【股票】→【多维数据】→【数据浏览器】→【A 股数据浏览器】。以提取全部 A 股多项指标为应用案例，进行如下操作：

● 指标选择为总股本、大股东持股比例、每股收益 EPS-基本、市盈率、总市值。

● 范围设定为全部 A 股。如图 3-4 所示，可以查询到全部 A 股的总股本、大股东持股比例、每股收益 EPS-基本、市盈率、总市值。

● 点击【提取数据】。

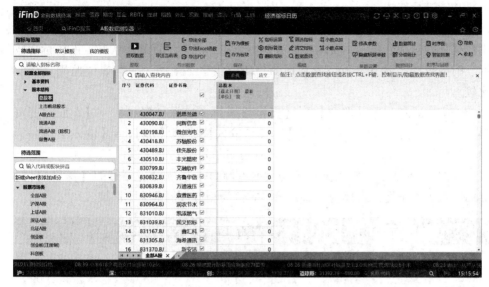

图 3 - 4 股票数据浏览器数据查询结果界面

资料来源:同花顺 iFinD 金融数据终端。

根据上述参数设定和操作,用户将得到图 3 - 4 中的输出结果。为寻找总股本最大的上市公司,用户可以点击指标右侧的"排序箭头",对总股本指标进行相关排序,通过降序排列,总股本最大的上市公司是中国工商银行。

对于需要修改多指标参数的用户,若数据类型相同(财务数据),用户可以在修改单个指标参数之后,在【指标参数修改方式】处选择"批量修改"。

对于有数据统计需求的用户而言,【数据统计】功能将大大减少统计和分析的工作量。

除此以外,股票数据浏览器还提供高级工具供用户使用,如【指标管理】、【行情序列】等。

3.2.2 深度资料

深度资料主要是介绍公司个股的具体信息、数据和研报、比较分析等深度信息内容,与数据浏览器主要针对多种数据的搜索不同的是,深度资料一般只是针对单只股票的信息和数据进行展示。在结构上,主要包括沪深深度资料、港股深度资料、美股深度资料三大部分。将数据和信息按照各只股票进行分类和汇总,展示单只股票的几乎所有信息和数据,可以方便用户对单只股票进行深入的查询和分析。

深度资料主要针对单个上市公司数据的查询,数据以导航式分类为主。相对于数据浏览器,深度资料个体针对性更强,从设计和功能上提升用户对单家上市公司信息查阅和分析研究流程的效率。本节将以沪深深度资料为切入对股票深度资料功能进行阐述。

从结构上来看，沪深深度资料数据主要由股票速览和九大数据分类组成。其中数据分类包括公司基本资料、证券基本资料、股东及管理层状况、市场行情数据、财务数据、财务分析、盈利预测与研究报告、新闻公告与媒体监测、行业比较。

查询方式：（1）【股票】→【多维数据】→【深度资料】→【A股深度资料】→【输入上市公司股票代码】；（2）输入快捷键【F9】→【输入上市公司股票代码】。

如图3-5所示，输入上市公司代码600000，进入浦发银行的【深度资料】界面。从界面来看，左侧为导航目录，右侧为相应数据的显示区域。

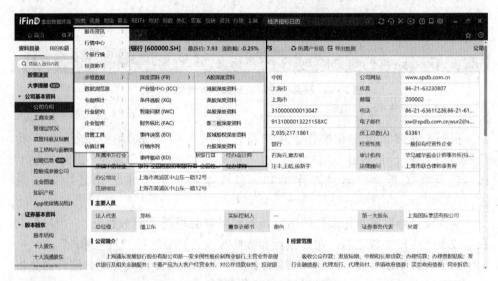

图3-5　浦发银行深度资料首页界面

资料来源：同花顺 iFinD 金融数据终端。

沪深深度资料是针对沪深两市上市公司中单家上市公司的数据和资讯，从数据种类来分，主要可以分为五大部分。

- 基本资料类数据，包括公司基本资料、证券基本资料、股东及管理层状况；
- 行情类数据，包括市场行情数据；
- 财务类数据和信息，包括财务数据和财务分析；
- 咨询、报告类信息，包括盈利预测与研究报告、新闻公告与媒体监测；
- 行业比较，主要内容是关于查询公司在行业内的对比信息与数据。

1. 股票速览。

股票速览首页主要展现当前个股全部基本资料的预览，用户可以通过股票速览界面对上市公司有一个大致的了解。

查询方式：【股票】→【多维数据】→【深度资料】→【A股深度资料】→【股票速览】，如图3-6所示，进入【股票速览】界面，展示的信息主要包括浦发银行的行情报价、公司介绍、新闻研报、机构评级与盈利预测、机构持仓、股本股东、财务数据、发行与分配。

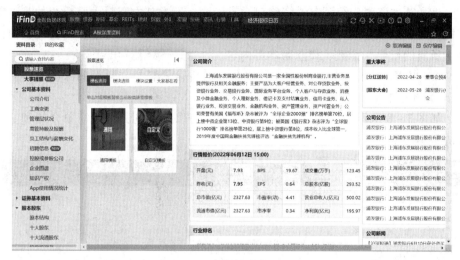

图 3 – 6　股票速览首页界面

资料来源：同花顺 iFinD 金融数据终端。

2. 公司基本资料。

公司基本资料是从公司角度分析上市公司信息，用户可以详细地看到公司的基本资料。公司的基本介绍包括公司介绍、股本结构、资本运作、重大事项四个部分。

资本运作又称资本经营。用户可以在该分类下查询上市公司对外资本运营信息，如参股子公司、股权转让、资产处置、收购等资本运作信息。

查询方式：【股票】→【多维数据】→【深度资料】→【A 股深度资料】→【公司基本资料】→【公司介绍】。

如图 3 – 7 所示，选择进入【公司介绍】界面，可以查询到浦发银行公司名称、公司地址、联系方式、中介机构、公司简介、经营分析和公司简史等具体信息。

图 3 – 7　公司基本资料界面

资料来源：同花顺 iFinD 金融数据终端。

3. 证券基本资料。

证券基本资料与公司基本资料侧重点不同，证券基本资料主要介绍的是上市公司作为股票证券属性的相关信息，包括证券简介、发行与分配、同公司其他证券、所属的行业、指数、概念版本等内容。

查询方式：【股票】→【多维数据】→【深度资料】→【A股深度资料】→【证券基本资料】。

如图3-8所示，在【证券简介】界面，可以查询到其证券简单介绍和上市时的基本信息。

图3-8　证券基本资料界面

资料来源：同花顺 iFinD 金融数据终端。

4. 股东状况。

股东是指通过向公司出资或其他合法途径出资获得公司股权，并对公司享有权利和承担义务的人。管理层是企业的管理者，在每家企业中，管理者都是赋予企业生命、注入活力的要素。如果没有管理者的领导，"生产资源"始终只是资源，永远不会转化为产品。在竞争激烈的经济体系中，企业能否成功，能否长存，完全要视管理者的素质与绩效而定，因为管理者的素质与绩效是企业唯一拥有的有效优势。

股东及管理层状况这一栏主要介绍股东、管理层状况及股权分置改革方面的内容。对于股东及管理层状况的了解，可以为用户投资股票提供很多的参考，例如用户可以在这个模块查询到股东持股变化、管理层变动、股权分置状况等信息。具体内容介绍见表3-1。

表 3-1　　　　　　　深度资料中股东及管理层状况栏主要内容一览

类别	股东状况	管理层状况	股权分置状况
二级内容	限售股解禁时间表	管理层持股及报酬	股东方案概要、股东方案变更
	机构投资者	管理层持股变化	流通股东表决情况、股东日历
	股东户数	高级管理人员（现任）	股改股东基本资料
	十大股东	历任管理层成员	股改股东增持计划
	十大流通股东	董事会（现任）	股改股东增持实施
	实际控制人持股	监事会（现任）	股改限售股份上市时间表

查询方式：【股票】→【多维数据】→【深度资料】→【A 股深度资料】→【股东状况】。

5. 市场行情数据。

股票行情是一种股票用语，指股票交易所内各只股票的涨幅变化及交易流通情况。

市场行情数据主要介绍的是股票市场交易行情的有关数据，用户可以查询到最新的行情数据以及重要的市场行情数据统计，包括每日数据统计、大宗交易数据统计、融资融券数据统计、交易异动成交数据统计。

查询方式：【股票】→【多维数据】→【深度资料】→【A 股深度资料】→【市场行情数据】→【每日行情数据统计】。

如图 3-9 所示，在【每日行情数据统计】界面，展示最近一年来每日的行情数据，包括开盘价、收盘价、最高价、最低价、涨跌幅等指标。

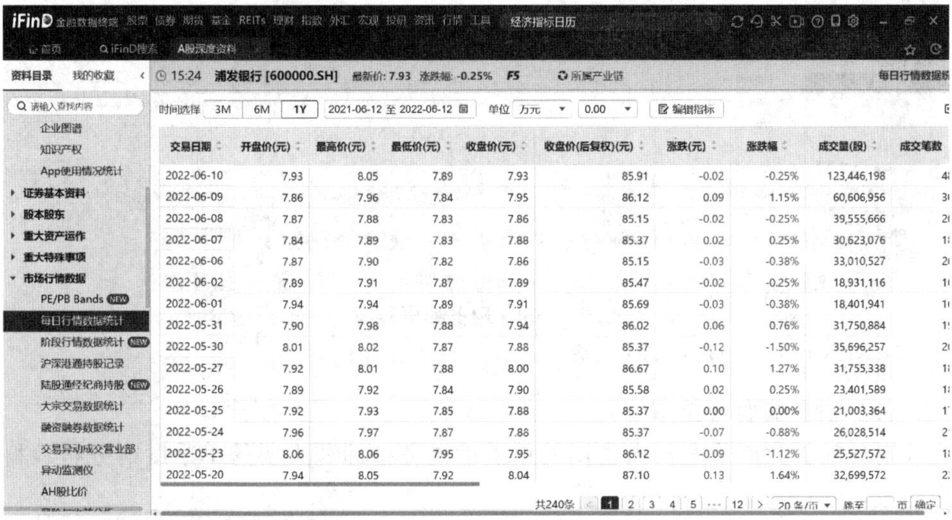

图 3-9　每日行情数据统计界面

资料来源：同花顺 iFinD 金融数据终端。

6. 财务数据。

财务数据是根据上市公司定期报告的公开数据整理汇总而得，在数据库中，

iFinD 数据库根据财务报告的主要表格以及重要信息，分类介绍了财务摘要、财务摘要（单季度）、资产负债表、利润表、现金流量表、利润表（单季度）、现金流量表（单季度）、主营构成、报表附注、公司业务数据、财务报表（旧准则），下面将结合具体界面介绍。

查询方式：【股票】→【多维数据】→【深度资料】→【A 股深度资料】→【历年财务报表】。

对报告期范围、时间排序、单位、货币单位有要求的用户，可以通过数据显示区域上方的工具进行参数修改。

（1）财务摘要。

财务摘要是对财务信息、财务数据的简单介绍。

查询方式：【股票】→【多维数据】→【深度资料】→【A 股深度资料】→【历年财务报表】→【财务摘要】。

如图 3-10 所示，财务摘要由常用财务指标及主要的财务报表科目组成。在【财务摘要】界面展示单季度报告期的数据。财务摘要主要包括财务指标、利润表摘要、资产负债表摘要、现金流量表摘要四方面的指标和数据摘要。

图 3-10 财务摘要界面

资料来源：同花顺 iFinD 金融数据终端。

（2）财务摘要（单季度）。

财务摘要（单季度）由常用的单季度财务指标和主要的单季度财务报表科目组成。

查询方式：【股票】→【多维数据】→【深度资料】→【A 股深度资料】→【历年财务报表】→【财务摘要（单季度）】，如图 3-11 所示，进入【财务摘要（单季度）】界面，可以查询到浦发银行的单季度财务指标和单季度财务摘要。

图 3 - 11　财务摘要（单季度）界面

资料来源：同花顺 iFinD 金融数据终端。

（3）财务报表（新准则）。

财务报表也被称为对外会计报表，是会计主体对外发布的反映会计主体财务状况和经营的会计报表，包括资产负债表、损益表、现金流量表或财务状况变动表、附表和附注，财务报表是财务报告的主要部分，不包括董事报告、管理分析及财务情况说明书等列入财务报告或年度报告的资料。

查询方式：【股票】→【多维数据】→【深度资料】→【A 股深度资料】→【历年财务报表】→【资产负债表】。如图 3 - 12 所示，在【资产负债表】界面，展示了浦发银行最新几个报告期的资产负债表（新准则）。

图 3 - 12　资产负债表（新准则）界面

资料来源：同花顺 iFinD 金融数据终端。

（4）主营构成。

主营业务是指企业为完成其经营目标而从事的日常活动中的主要活动，可根据企业营业执照上规定的主要业务范围确定，例如服务业、商贸类企业的主营业务是销售商品和服务，银行的主营业务是贷款和为企业办理结算等。主营业务构成是指在营业收入中各项主营业务的构成状况。

主营业务构成数据是分析和评估公司业绩的主要因素，是进行财务预测的基础。

查询方式：【股票】→【多维数据】→【深度资料】→【A 股深度资料】→【历年财务报表】→【主营构成】→【按产品（项目）分类】，在【主营构成（按产品项目分类）】界面，数据根据上市公司实际公布的主营业务分类进行展示。主要信息来源于相应上市公司的定期报告。

图 3 – 13 中所展示的上市公司公布的主营业务主要为堆存业务、港务管理业务、装卸业务、其他业务。

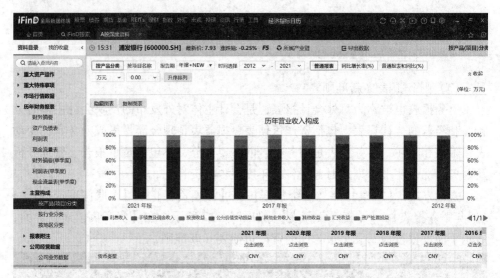

图 3 – 13　资产负债表（新准则）界面

资料来源：同花顺 iFinD 金融数据终端。

（5）报表附注。

报表附注是对资产负债表、利润表、现金流量表和所有者权益变动表等报表中列示项目的文字描述或明细资料，以及对未能在这些报表中列示项目的说明等，可以使报表用户全面了解企业的财务状况、经营成果和现金流量。目前报表附注包含了 22 张子表格，展示了企业公布的报表明细项目，有助于更深层次地分析报表数据。

查询方式：【股票】→【多维数据】→【深度资料】→【A 股深度资料】→【历年财务报表】→【报表附注】。

（6）公司业务数据。

公司业务数据为上市公司公布的各项业务的具体经营数据。

查询方式：【股票】→【多维数据】→【深度资料】→【A 股深度资料】→

【历年财务报表】→【公司经营报表】→【公司业务数据】。

如图3－14所示，在【公司业务数据】界面，可以查询到浦发银行各项业务的数据和指标，数据显示，2020年6月30日浦发银行拥有机构自助网点数3 038家，个人客户8 882. 19万户。

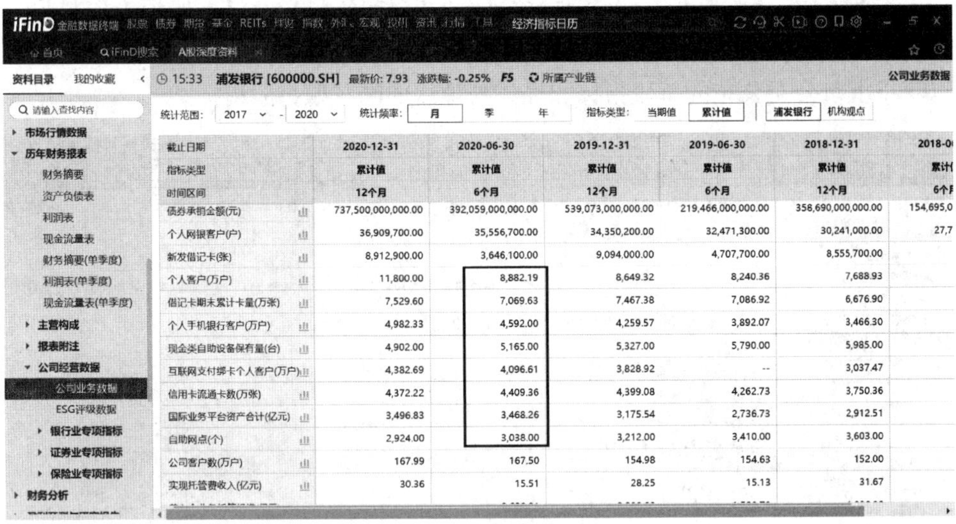

截止日期	2020-12-31	2020-06-30	2019-12-31	2019-06-30	2018-12-31	2018-0
指标类型	累计值	累计值	累计值	累计值	累计值	累计(
时间区间	12个月	6个月	12个月	6个月	12个月	6个F
债券承销金额(元)	737,500,000,000.00	392,059,000,000.00	539,073,000,000.00	219,466,000,000.00	358,690,000,000.00	154,695,0
个人网银客户(户)	36,909,700.00	35,556,700.00	34,350,200.00	32,471,300.00	30,241,000.00	27,7
新发借记卡(张)	8,912,900.00	3,646,100.00	9,094,000.00	4,707,700.00	8,555,700.00	
个人客户(万户)	11,800.00	8,882.19	8,649.32	8,240.36	7,688.93	
借记卡期末累计卡量(万张)	7,529.60	7,069.63	7,467.38	7,086.92	6,676.90	
个人手机银行客户(万户)	4,982.33	4,592.00	4,259.57	3,892.07	3,466.30	
现金类自助设备保有量(台)	4,902.00	5,165.00	5,327.00	5,790.00	5,985.00	
互联网支付绑卡个人客户(万户)	4,382.69	4,096.61	3,828.92	--	3,037.47	
信用卡流通卡数(万张)	4,372.22	4,409.36	4,399.08	4,262.73	3,750.36	
国际业务平台资产合计(亿元)	3,496.83	3,468.26	3,175.54	2,736.73	2,912.51	
自助网点(个)	2,924.00	3,038.00	3,212.00	3,410.00	3,603.00	
公司客户数(万户)	167.99	167.50	154.98	154.63	152.00	
实现托管费收入(亿元)	30.36	15.51	28.25	15.13	31.67	

图3－14 公司业务数据界面

资料来源：同花顺 iFinD 金融数据终端。

（7）财务报表（旧准则，截至2006年）。

财务报表（旧准则）与财务报表（新准则）相比，主要是在基本准则、存货管理办法、计量基础、所得税会计处理方法等方面有部分差异，且主要是根据财务报表（新准则）调整得来，因此，不做详细介绍，具体内容可以参考前面财务报表（新准则）。

7. 财务分析。

财务分析是以会计核算和报表资料及其他相关资料为依据，采用一系列专门的分析技术和方法，对企业等经济组织过去和现在有关筹资活动、投资活动、经营活动、分配活动的盈利能力、营运能力、偿债能力和增长能力状况等进行分析与评价的经济管理活动。它可以为企业的投资者、债权人、经营者及其他关心企业的组织或个人了解企业过去、评价企业现状、预测企业未来作出正确决策提供准确的信息或依据。财务分析的核心内容之一是财务报告分析，也是iFinD数据库中财务分析的一个重要内容。

财务报告分析是指财务报告的使用者用系统的理论与方法，把企业看成是在一定社会经济环境下生存发展的生产与分配社会财富的经济实体，通过对财务报告提供的信息资料进行系统分析来了解和掌握企业经营的实际情况，分析企业的行业地位、经营战略、主要产品的市场、企业技术创新、企业人力资源、社会价值分配等经营特性和企业的盈利能力、经营效率、偿债能力、发展能力等财务能力，并对企业作出综合分析与评价，预测企业未来的盈利情况与产生现金流量的能力,为相关经济决策提供科学的依据。

在 iFinD 数据库中,财务分析从企业的偿债能力、营运能力、盈利能力等方面进行分析,包括根据报告期数据计算的财务指标、根据单季度财务数据计算的财务指标以及特殊行业的专项指标。

查询方式:【股票】→【多维数据】→【深度资料】→【A 股深度资料】→【财务分析】→【每股指标】,如图 3-15 所示,在【每股指标】界面,用户可以获得上市公司公布的每股指标和经过处理后的同花顺每股指标。

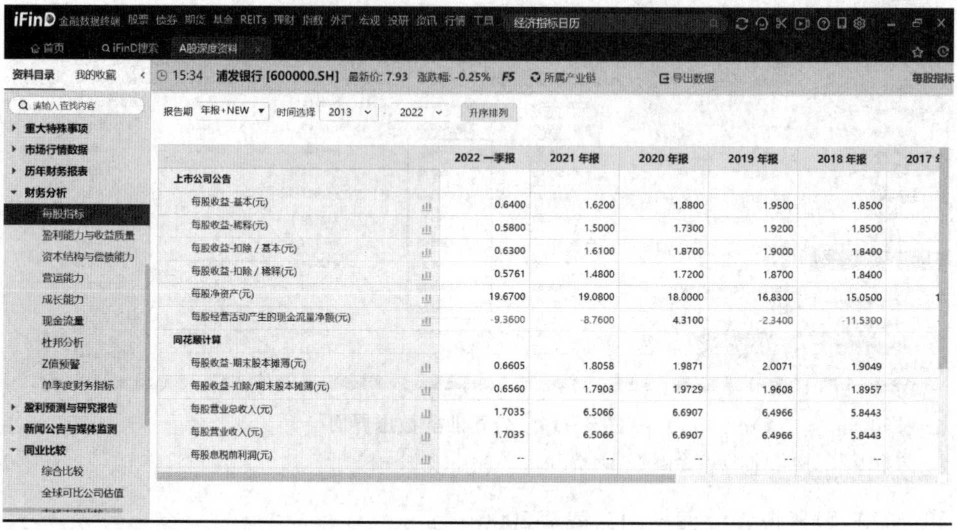

图 3-15 每股指标界面

资料来源:同花顺 iFinD 金融数据终端。

8. 盈利预测与研究报告。

盈利预测是对查询公司的未来业务发展和盈利情况作出的预测,在 iFinD 数据库中,主要是通过历史数据以及研究机构的盈利预测,从而提供相应公司的盈利预测信息。投资评级是一些评级机构或研究员等相关机构和个人对投资品种的风险和潜力进行评估,从而给出的参考标准。投资评级包括买入、增持、推荐、中性、观望、减持、卖出等。证券研究报告是指证券公司、证券投资咨询公司基于独立、客观的立场,对证券及证券相关产品的价值或者影响其市场价格的因素进行分析,含有对具体证券及证券相关产品的价值分析、投资评级意见等内容的文件。

盈利预测与研究报告包括盈利预测、投资评级、研究报告三个部分。盈利预测是基于历史数据以及机构研究报告等,作出的对未来业绩的预测。投资评级是根据各家研究机构的研究报告和评级,作出的汇总分析,对单只股票进行投资评级。研究报告是汇总各家机构的研究报告,按照单只股票进行分类,一一对应,并且可以作出相应查询。

查询方式:【股票】→【多维数据】→【深度资料】→【A 股深度资料】→

【盈利预测与研究报告】。

（1）盈利预测。

盈利预测主要展示了浦发银行当前的行情和历史数据，结合了各家研究机构的研究报告和预测数据，进行盈利预测。同时，数据库中对部分数据的来源也提供了链接，方便用户更加详细地了解数据和信息。

查询方式：【股票】→【多维数据】→【深度资料】→【A股深度资料】→【盈利预测与研究报告】→【盈利预测】，如图 3-16 所示，进入【盈利预测】界面，可以查询到该上市公司得到的最新及历史机构预测数据。

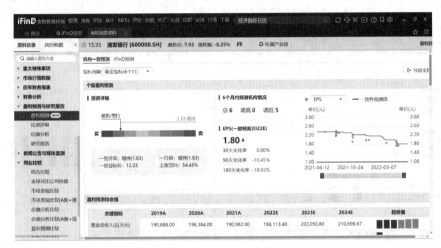

图 3-16　盈利预测界面（1）

资料来源：同花顺 iFinD 金融数据终端。

如图 3-17 所示，盈利预测界面的下半部分通过数据展示和图形表格的形式，展现了对于浦发银行盈利预测的整体范围和大致估计，2022 年度预测的机构有 6 家，预测的每股收益平均值为 1.80 元，从而为投资者的投资提供参考。

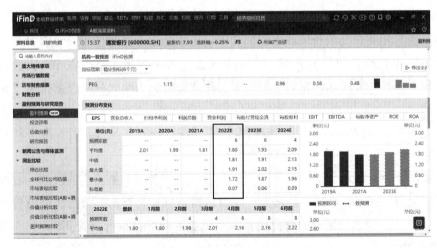

图 3-17　盈利预测界面（2）

资料来源：同花顺 iFinD 金融数据终端。

（2）投资评级。

投资评级主要是数据库根据搜集到的各家研究机构对某只股票的研究评级，进行整体展示，同时通过更新和保留历史数据，为投资者提供参考。

查询方式：【股票】→【多维数据】→【深度资料】→【A 股深度资料】→【盈利预测与研究报告】→【投资评级】。

如图 3-18 所示，进入【投资评级】界面，可以查询到各家研究机构对浦发银行最新以及历史评级。同时，在【最新机构评级】中，可以查询到部分相应评级的研究报告。

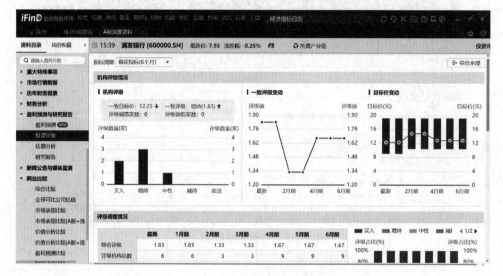

图 3-18 投资评级界面

资料来源：同花顺 iFinD 金融数据终端。

（3）研究报告。

证券研究报告是指证券公司、证券投资咨询公司基于独立、客观的立场，对证券及证券相关产品的价值或者影响其市场价格的因素进行分析，含有对具体证券及证券相关产品的价值分析、投资评级意见等内容的文件。在 iFinD 数据库中，研究报告主要展示的是与个股相关的研究报告，为深入分析股票带来了很大的便利。

查询方式：【股票】→【多维数据】→【深度资料】→【A 股深度资料】→【盈利预测与研究报告】→【研究报告】。

如图 3-19 所示，进入【研究报告】界面，不仅可以查看当前股票一直以来的研究报告，还可以在搜索栏按照一定要求搜索所需要查询股票的研究报告。例如，点击《中信建投证券的研究报告：经纪业务向好，投行资管高增》，即可查看到相应的内容。

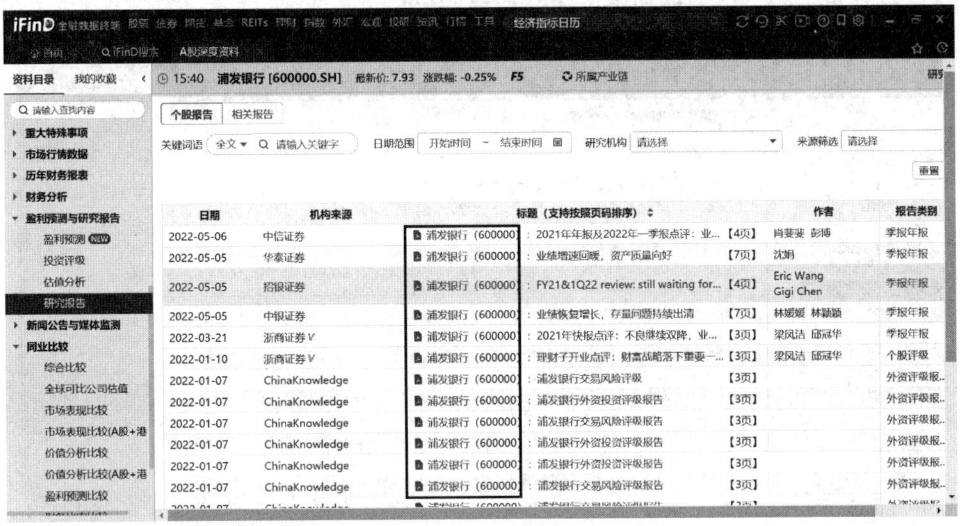

图 3 - 19 研究报告界面

资料来源：同花顺 iFinD 金融数据终端。

9. 新闻公告与媒体监测。

股票市场是一个容易受到消息影响的交易市场，消息面对股票的影响十分巨大，尤其表现在短线交易上。因此，投资者十分注意与上市公司相关的新闻、公告、媒体报道等数据和信息。

新闻公告与媒体监测主要是通过技术手段，将与查询公司相关的公司公告、媒体新闻等集中分类展现。主要包括公司公告、公司新闻、同业公司新闻、行业新闻四部分。

查询方式：【股票】→【多维数据】→【深度资料】→【A股深度资料】→【新闻公告与媒体监测】。

（1）公司公告。

公司一旦上市，就要按规定，及时、真实、准确、完整、公平地以公告形式公开披露相关信息。这些信息内容丰富，所涉众多。原则而论，凡是可能对公司股价产生较大影响的、可能对投资者判断公司价值有重要参考依据的信息均应披露。因此，对绝大多数投资者而言，公告是了解一家上市公司基本面最可靠、最及时、最重要的窗口。而了解上市公司公告的基本框架，熟悉公告的要点所在，掌握解读公告的技能，则是一个成功投资者的基本功。

查询方式：【股票】→【多维数据】→【深度资料】→【A股深度资料】→【新闻公告与媒体监测】→【公司公告】。

如图 3 - 20 所示，进入【公司公告】界面，展示的信息为浦发银行的截至当前日期的最新公司公告，如 2022 年 6 月 11 日发布：《浦发银行：上海浦东发展股份有限公司 2021 年度股东大会会议资料》，点击即可查看。默认展现按时间排序的公告内容，顶端按钮提供相关搜索功能。

图 3 – 20　公司公告界面

资料来源：同花顺 iFinD 金融数据终端。

（2）公司新闻。

公司新闻与公司公告不同，主要是指第三方媒体对公司的新闻报道，虽然消息的来源不同，但是在股票交易市场上，公司的相关新闻报道也经常会对公司的股票交易产生较大影响。【公司新闻】界面主要展现当前公司相关新闻。默认展现按时间排序的新闻列表，顶端按钮提供相关搜索功能。

查询方式：【股票】→【多维数据】→【深度资料】→【A 股深度资料】→【新闻公告与媒体监测】→【公司新闻】。

如图 3 – 21 所示，进入【公司新闻】界面，可以查询到浦发银行最新的公司新闻。

图 3 – 21　公司新闻界面

资料来源：同花顺 iFinD 金融数据终端。

（3）同行新闻。

与公司新闻类似，同业公司新闻也是由媒体报道的新闻，只是针对的主体是与公司相关的同业公司。【同行新闻】界面主要展现当前公司相关同业公司新闻，同业公司一般是指处于相同行业或具有竞争关系的公司。默认展现按时间排序的新闻列表，顶端按钮提供相关搜索功能。

查询方式：【股票】→【多维数据】→【深度资料】→【A 股深度资料】→【新闻公告与媒体监测】→【同行新闻】。

如图 3 - 22 所示，进入【同行新闻】界面，可以查询到与浦发银行相关公司的新闻报道。

图 3 - 22 同行新闻界面

资料来源：同花顺 iFinD 金融数据终端。

（4）行业新闻。

行业新闻主要内容是当前公司所在行业的相关新闻。默认展现按时间排序的新闻列表，顶端按钮提供相关搜索功能。

查询方式：【股票】→【多维数据】→【深度资料】→【A 股深度资料】→【新闻公告与媒体监测】→【行业新闻】。

如图 3 - 23 所示，进入【行业新闻】界面，展示的信息是与浦发银行所在行业相关的新闻报道。

10. 行业比较。

同业比较分析是指将企业指标的实际值与同行业的平均标准值所进行的比较分析。

由于市场、经营模式等因素的影响，行业与行业表现可能存在一定差异，因此，同行业公司进行对比将大大提高可比性。对企业短期偿债能力强弱的判断必须要结合所在行业的平均标准，因此，对于不同股票的分析需要根据行业的不同

图 3 - 23　行业新闻界面

资料来源：同花顺 iFinD 金融数据终端。

进行具体分析。例如，不同行业因其具有不同的生产经营特点，资产、负债占用的比例不同，流动比率等反映短期偿债能力的指标会有较大的差异。

在 iFinD 数据库中，行业比较主要是将查询公司与其所处行业的前 20 位或全部成分股进行五个方面的比较，即市场表现比较、价值分析比较、盈利预测比较、财务比率比较、财务数据比较。通过行业比较，可以发现查询公司在行业中所处的位置，对其投资价值等进行比较，从而为投资人士提供参考。

查询方式：【股票】→【多维数据】→【深度资料】→【A 股深度资料】→【行业比较】。

（1）市场表现比较。

市场表现是指上市公司股票价格在股票交易市场的表现，其中关键的内容是在一定时期内股价的涨跌幅。股价上涨幅度越高，则市场表现越好，反之则说明市场表现较差。

查询方式：【股票】→【多维数据】→【深度资料】→【A 股深度资料】→【行业比较】→【市场表现比较】。

如图 3 - 24 所示，进入【市场表现比较】界面，表格默认展现该公司与其所处证监会行业中前 20 位成分股的市场表现比较，可以通过界面上方的功能按钮选择不同的行业分类，或者选择全部成分股进行比较。

如图 3 - 24 所示，选择【行业】为"新证监会门类行业"，【查看行业内】为"前 20 条成份股"，得到浦发银行在上市公司同业中的市场表现排名，数据显示，2022 年 6 月 10 日，浦发银行市场表现排名上市公司同业的第 89 位。

图 3 – 24 市场表现比较界面

资料来源：同花顺 iFinD 金融数据终端。

（2）价值分析比较。

价值分析比较是指从企业内在价值角度出发，对处于同行业的公司的内在价值进行对比分析，在股票数据库深度资料中，主要表现为用若干指标，如市净率、市盈率、市销率、涨跌幅、股价、总市值、流通市值等进行比较。

查询方式：【股票】→【多维数据】→【深度资料】→【A 股深度资料】→【行业比较】→【价值分析比较】。

如图 3 – 25 所示，进入【价值分析比较】界面，表格主要展示当前公司和同业其他公司的估值比较，主要有市盈率、市净率、市销率等。默认展现该公司与其所处证监会行业中前 20 位成分股的估值比较，可以通过界面上方的功能按钮选择不同的行业分类，或者选择全部成分股进行比较。

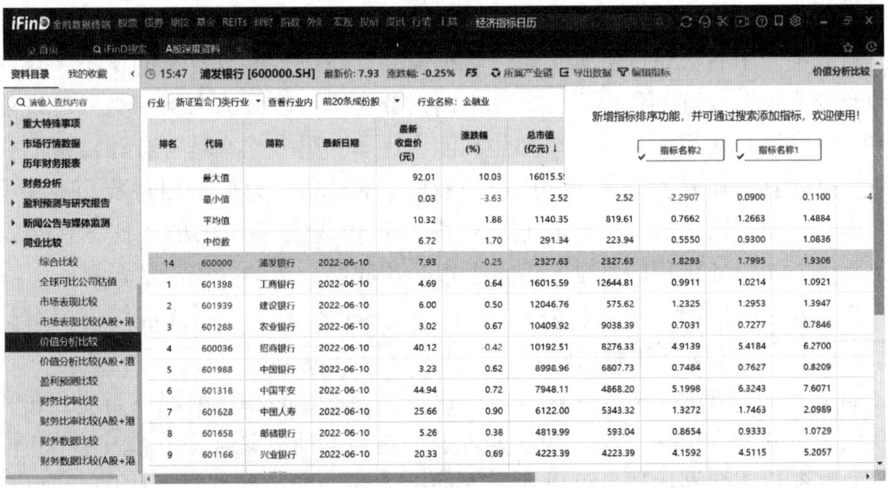

图 3 – 25 价值分析比较界面

资料来源：同花顺 iFinD 金融数据终端。

（3）盈利预测比较。

盈利预测是指预测主体在合理的预测假设和预测基准的前提下，对未来会计期间的利润总额、净利润、每股收益、市盈率等重要财务事项作出的预计和测算。

查询方式：【股票】→【多维数据】→【深度资料】→【A 股深度资料】→【行业比较】→【盈利预测比较】。

如图 3 - 26 所示，进入【盈利预测比较】界面，表格主要展示当前公司和同业其他公司的盈利预测比较，例如每股收益、销售毛利率等。默认展现该公司与其所处证监会行业中前 20 位成分股的盈利预测比较，可以通过界面上方的功能按钮选择不同的行业分类、基准报告期，或者选择全部成分股进行比较。

图 3 - 26 盈利预测比较界面

资料来源：同花顺 iFinD 金融数据终端。

（4）财务比率比较。

财务比率是以财务报表资料为依据，将两个相关的数据进行相除而得到的比率。财务报表中有大量的数据，可以根据需要计算出很多有意义的比率，这些比率涉及企业经营管理的各个方面，基本的财务比率可以分为以下四类：变现能力比率、资产管理比率、负债比率和盈利能力比率。财务比率是各会计要素的相互关系，反映其内在联系，比率的比较是最重要的分析。它们是相对数，排除了规模的影响，使不同比较对象建立起可比性。iFinD 数据库中的财务比率比较是在对比上市公司财务比率的基础上，对上市公司股票分析的一项深度资料。

查询方式：【股票】→【多维数据】→【深度资料】→【A 股深度资料】→【行业比较】→【财务比率比较】。

如图 3 - 27 所示，进入【财务比率比较】界面，表格主要展现当前公司和同业其他公司的财务比率比较。默认展现该公司与其所处证监会行业中前 20 位成分股的财务比率数据比较，可以通过界面上方的功能按钮选择不同的行业分类、基准报告期，或者选择全部成分股进行比较。

图 3 - 27　财务比率比较界面

资料来源：同花顺 iFinD 金融数据终端。

（5）财务数据比较。

财务数据是公司财务报表中的指标和数据，财务数据分析的指标和基本分析方法围绕长、短期偿债能力、营运能力、获利能力、发展能力几个部分展开。

查询方式：【股票】→【多维数据】→【深度资料】→【A 股深度资料】→【行业比较】→【财务数据比较】。

如图 3 - 28 所示，在【财务数据比较】界面，表格主要展现当前公司和同业其他公司的财务数据比较。默认展现该公司与其所处证监会行业中前 20 位成分股的财务数据比较，可以通过界面上方的功能按钮选择不同的行业分类、基准报告期，或者选择全部成分股进行比较。

图 3 - 28　财务数据比较界面

资料来源：同花顺 iFinD 金融数据终端。

3.2.3 股票统计报表

股票统计报表是根据股票交易市场的信息和数据进行编制和统计得到的报表。使用统计报表的形式，可以使投资者更加方便地获取所需要的信息，也便于统计分析所得到的数据。

证券交易市场可分为两大类：一类是大型、活跃而有秩序的场内交易，即在证券交易所内进行的交易；另一类是没有固定地点的场外交易，大多是电话中成交。股票由发行者推销出售和股票公开出售并到达投资公众手中是两个不同的阶段。证券市场一般被分为"一级证券市场"（或称"初级证券市场"）和"二级证券市场"两类。

iFinD 数据库中的股票统计报表主要包括沪深统计报表、三板统计报表、港股统计报表。本节将从【沪深统计报表】切入，对股票市场统计报表系统进行详细介绍。

沪深统计报表可以分为五类：市场类统计数据、公司类统计数据、机构类统计数据、事件类专题以及其他类专题（见表 3-2）。

表 3-2　　　　　　　　　　　数据分类及报表对应关系

数据分类	对应报表名称
市场类统计数据	市场概况、一级市场、二级市场、权证统计
公司类统计数据	公司研究、公司财务
机构类统计数据	盈利预测、机构研究
事件类专题	并购事件
其他类专题	证券市场概况（图表展示）、新旧会计准则变化研究、央企及金融公司统计

对于有其他数据统计需求的用户，可以通过【我来提交数据需求】提交数据需求申请，从而得到人工帮助。

1. 市场概况。

市场概况主要是统计沪深两市的市场规模统计、上市公司（另外包含三板股票、代办股份转让市场）的基本资料、上市公司的备查资料等信息。通过市场概况，可以对沪深两市上市公司，三板市场、代办股份市场的市场大致情况有一定的了解。且针对部分特殊的信息，如实施 ST、撤销 ST 的公司等，可以很方便地获取相关信息。

查询方式：【股票】→【专题统计】→【A 股报表】→【市场概况】。

如图 3-29 所示，进入【市场规模统计（同花顺统计）】界面，将【报表类型】设定为月报，【时间】范围设为 2012 年 1 月至 2014 年 1 月，点击【提取数据】按钮，可以提取如图 3-29 所示的信息，按照 2014 年 1 月数据可知，公司总数为 2 532 家，其中 A 股为 2 511 家；总股本为 40 003.96 亿股，其中总流通股为 36 208.306 亿股。

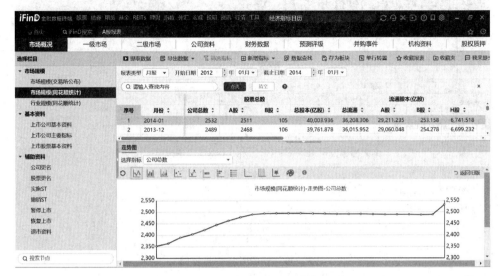

图 3 – 29　市场概况界面

资料来源：同花顺 iFinD 金融数据终端。

在数据显示区域下方用户可以同时得到走势图，修改【选择指标】和图表类型，实现数据的图片化。

2. 一级市场。

股票一级市场是指股票的初级市场也即发行市场，在这个市场上投资者可以认购公司发行的股票。通过一级市场，发行人筹措到了公司所需资金，而投资人则购买了公司的股票成为公司的股东，实现了储蓄转化为资本的过程。

股票数据库中关于一级市场的信息与数据主要包括证券发行统计、新股发行、网下配售信息、IPO 申报企业财务数据、增发与配股、上市公司发债、募集资金投向、发审委、主承销商、发行中介名录十个方面的信息与数据。主要是有关一级市场的市场信息，市场主体、中介与服务主体、监管主体等方面的信息与数据。

查询方式：【股票】→【专题统计】→【A 股报表】→【一级市场】。

进入【一级市场】→【新股发行】→【新股发行资料】界面，该表格展示新股发行中的新股发行资料，时间范围为 2013 年 1 月 3 日至 2014 年 1 月 3 日，按【招股日期】，点击【提取数据】按钮，可以提取出如图 3 – 30 所示的数据界面。在界面上半部分可以查询到最新发行的新股、上市板块、省份、行业等信息。在界面下半部分可以查询到单只股票的新股发行详细资料。

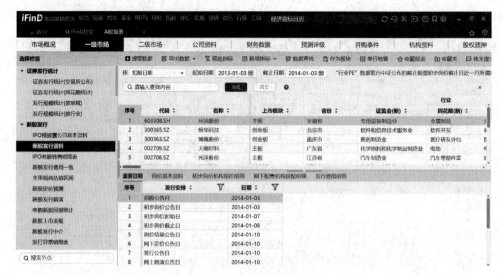

图 3 – 30　新股发行资料界面

资料来源：同花顺 iFinD 金融数据终端。

3. 二级市场。

二级市场是一个资本市场，使已公开发行或私下发行的金融证券买卖交易得以进行。换句话说，二级市场是任何旧金融商品的交易市场，可为金融商品的最初投资者提供资金的流动性。这里的金融商品可以是股票、债券、抵押、人寿保险等。

二级市场在新证券被发行后即存在，有时也被称作"配件市场"（aftermarket）。一旦新发行的证券被列入证券交易所里，也就是做市商（market maker）开始出价和提供新证券之后，投资者和投机客便可以比较轻易地进行买卖交易。各国的股票市场一般都是二级市场。与美国等西方国家比较，抵押贷款、人寿保险等金融产品的二级市场在中国基本上还没有形成。股票数据库中的二级市场主要是指我国的股票交易市场。

在 iFinD 数据库中，二级市场主要包括交易统计、市值变化、资金流向、市场表现、强弱势股票五个方面的数据。可以通过点击界面左侧的导航栏进行选择，在设定相关参数后提取数据，即可得到想要的数据。

查询方式：【股票】→【专题统计】→【A 股报表】→【二级市场】。

如图 3 – 31 所示，进入【融资融券交易统计】→【融资融券个股交易统计】界面，设定时间范围为 2013 年 4 月 5 日至 2014 年 1 月 3 日，市场类型为沪市。点击【提取数据】按钮，得到沪市所有融资融券标的股票在此期间的融资融券信息。数据显示，浦发银行截至 2014 年 1 月 2 日的融资余额为 719 696.43 万元，融资余量为 67 308.09 万股。

4. 公司资料。

公司资料是从对上市公司的公开数据、信息等进行分析的角度，从股本结构、重要持股人、薪酬及股权激励、分红送转、证券及股权投资、重大事项这五个方面进行分类展示数据的。

图 3 - 31 融资融券个股交易统计

资料来源：同花顺 iFinD 金融数据终端。

公司研究这个板块可以了解上市公司的详细情况、股东明细以及具体变动等情况。相对于市场概况而言，该板块更加强调对上市公司本身数据和信息的汇总。

查询方式：【股票】→【专题统计】→【A 股报表】→【公司资料】。

如图 3 - 32 所示，进入【薪酬及股权激励】→【股权激励一览】界面，该表格展现方案、激励、激励数量、价格、公告日、条件和行业数据。设置【时间】区间为 2013 年 1 月 3 日至 2014 年 1 月 3 日，【方案进度】为全部，【激励标的物】为全部，点击【提取数据】，得到图 3 - 32 中数据，数据显示，2013 年 12 月 24 日，东信和平实施了标的物为股票的股权激励方案。通过这样的查询，部分投资者可以了解和关注当前市场股权激励题材的热门股票等，当然实施股权激励方案未必一定意味着股价会上涨，这需要结合具体的投资行情和背景进行分析。

图 3 - 32 股权激励一览界面

资料来源：同花顺 iFinD 金融数据终端。

5. 财务数据。

公司财务是指公司资金运动和由资金运动所引发的公司与各有关利益主体之间的经济利益关系（即财务关系）。在 iFinD 数据库中，要关注相关的财务指标和数据，不仅要关注公司自身的财务指标、数据，对于行业、同业公司、外部相关机构的信息和数据也要特别注重。同时，由于我国股票交易市场的特殊性，对于 ST 类特别处理的股票，可以单独进行研究分析。

iFinD 数据库中的公司财务板块主要介绍上市公司的业绩预告、行业和公司财务数据以及财务相关的其他信息。具体来说包括业绩预告、行业财务数据、公司财务数据、财务报表附注、ST 风险预警、聘任中介机构六大板块，主要为公司财务及其相关方面的数据和信息。

查询方式：【股票】→【专题统计】→【A 股报表】→【财务数据】→【财务分析】。

如图 3-33 所示，进入【财务数据】→【财务分析】→【每股指标】界面，设置【报告期】参数。该界面可以查询所有 A 股选定报告期的每股指标及增长变化。用户可以根据自己的需要进行排序和分析，查询自己所需要的数据。

图 3-33 财务分析每股指标界面

资料来源：同花顺 iFinD 金融数据终端。

6. 预测评级。

预测评级是指在汇总各家机构研究报告、投资评级等信息和数据的基础上，对个股或者行业的股价、业绩进行的预测。

需要注意的是，在 iFinD 数据库中，股票统计报表中的盈利预测不同于深度资料中的盈利预测，深度资料中的盈利预测侧重于对单只股票的盈利预测，股票统计报表中的盈利预测侧重于行业、所有股票的盈利预测及其比较。

查询方式：【股票】→【专题统计】→【A 股报表】→【盈利预测】。

如图 3-34 所示，进入【个股评级】→【最新买入评级股票】界面，设置【时间区间】，可以查询到研究和评级数据，数据显示，国泰君安证券的韩其成在 2022 年 6 月 10 日推荐买入鑫铂股份，上次的评级为增持。点击【摘要】可以查看其评级具体信息。

图 3 – 34 盈利预测最新买入评级股票界面

资料来源：同花顺 iFinD 金融数据终端。

7. 机构资料。

机构研究是主要针对各种金融投资主体的数据、信息、资料的汇总，主要包括机构持股、基金、合格境外机构投资者（QFII）、人民币合格境外机构投资者（RQFII）、合格境内机构投资者（QDII）、券商、银行、金融租赁公司、保险公司、社保基金、信托公司、财务公司、年金等机构。

查询方式：【股票】→【专题统计】→【A 股报表】→【机构资料】（如图 3 – 35 所示）。

图 3 – 35 机构研究界面

资料来源：同花顺 iFinD 金融数据终端。

举例说明，如进入【机构持股统计】→【机构持股（按股票）】界面，查询2022 年一季度全部机构数据，依次设置【报告期】为 2022 年一季度，【机构类型】为全部，点击【提取数据】，可以查询到平安银行持股机构数量为 329 家，新进出家数为 636 家，本期持股数量为 1 435 144.1121 万股。

通过机构研究模块的信息，可以方便地查询和掌握机构投资的信息、数据、资料等。

8. 并购事件。

并购的内涵非常广泛，一般是指兼并（merger）和收购（acquisition）。《中华人民共和国公司法》对公司的合并进行了明确的界定：公司合并可以采取吸收合并和新设合并两种形式。一个公司吸收其他公司为吸收合并，被吸收的公司解散；两个以上公司合并设立一个新的公司为新设合并，合并各方解散。公司合并时，合并各方的债权、债务，应当由合并后存续的公司或者新设的公司承继。

《上市公司收购管理办法》对上市公司收购作出了最新的界定，指出上市公司收购就是投资者通过股份转让活动或股份控制关系获得对一个上市公司的实际控制权的行为。投资者进行上市公司收购，可以采用要约收购、协议收购和证券交易所的集中竞价交易等多种方式进行。允许依法可转让证券和其他合法支付手段作为上市公司收购的对价，解决上市公司收购中可能出现的现金不足问题。

并购事件作为股票交易市场的一个热门题材，向来是股票交易者关注的事件和信息，因此，在 iFinD 数据库沪深统计报表中专门将其进行独立汇总统计。在并购事件模块，可以查询到公司并购事件信息，数据主要包括并购重组相关、并购重组委员名单等信息。

查询方式：【股票】→【专题统计】→【A 股报表】→【并购事件】。

如图 3-36 所示，进入【并购重组】→【公司并购事件】界面，该表格主要展示标的和交易标的相关数据。例如查询 2013 年 1 月 4 日至 2014 年 1 月 4 日之间的上市公司并购事件，设置【时间】区间均为 2014 年 1 月 4 日，【按公司类型】为全部，点击【提取数据】，由查询结果得知最新公告日期为 2014 年 1 月 4 日的信息，获得方为冠城大通股份有限公司，出让方为福州市国土资源局，编号为 2013-46 号宗地国有土地使用权，类型为无形资产。

图 3-36　公司并购事件界面

资料来源：同花顺 iFinD 金融数据终端。

除此之外，还可以按照公司进行检索，查询相关信息。

9. 其他数据功能。

沪深统计报表在以上八个功能模块之外，还包括证券市场概况、新旧会计准则变化研究、央企及金融公司研究。

（1）证券市场概况。

在股票统计报表中，证券市场概况主要提供的是精选的股票市场和行业的统计信息。

查询方式：【股票】→【专题统计】→【A 股报表】→【证券市场概况】。

如图 3 - 37 所示，在【证券市场概况】界面，可以在证券市场概况中看到，沪深两市总市值为 808 129.58 亿元，增长率为 - 11.69%。

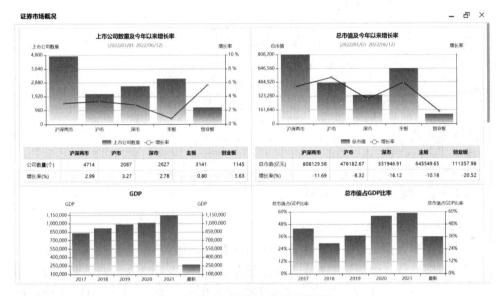

图 3 - 37　证券市场概况界面

资料来源：同花顺 iFinD 金融数据终端。

（2）新旧会计准则变化研究。

随着改革开放的深入，我国的经济进一步发展，技术的进步与创新成为企业在激烈的竞争中取胜的关键，从而使无形资产在企业中越发显现出它的重要性。我国于 2001 年颁布的旧无形资产准则已日益显现出其不适应性。因此，我国于 2006 年颁布了新的会计准则。新会计准则中对无形资产的诸多方面进行了修改与完善，并与国际会计相趋同，使其能适应企业无形资产的核算，促进企业健康成长，从而进一步促进我国经济的快速发展。

在 iFinD 数据库中，新旧会计准则变化研究主要是对上市公司财务报表中由于新旧会计准则变化导致的差异进行信息汇总和提供。可以查询单个上市公司的新旧会计准则变化。

查询方式：【股票】→【专题统计】→【A 股报表】→【新旧会计准则变化研究】。

如图 3 – 38 所示，可以查询到万科 A 的股东权益（旧准则）为 1 488 237. 13 亿元，股东权益（新准则）是 1 745 037. 13 亿元，差异小计是 256 800. 00 万元，差异率 17. 26% 。

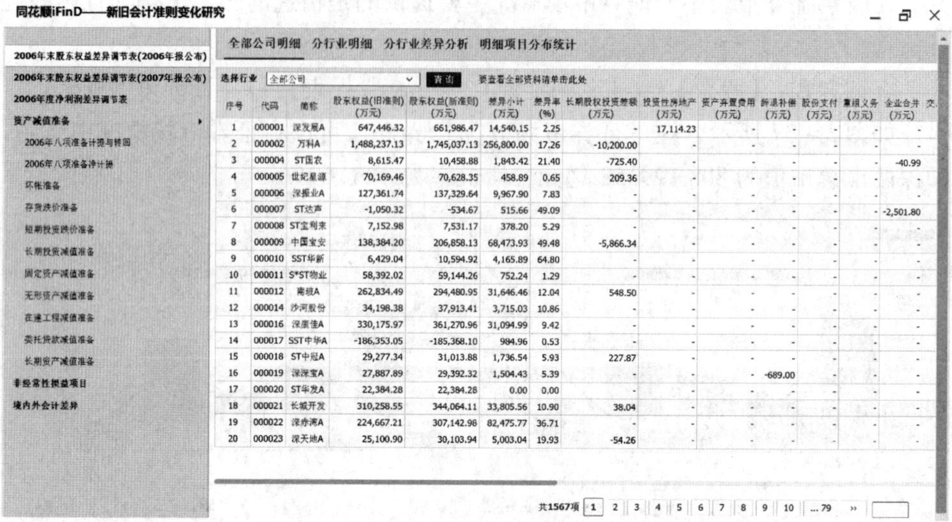

序号	代码	简称	股东权益(旧准则)(万元)	股东权益(新准则)(万元)	差异小计(万元)	差异率(%)	长期股权投资差额(万元)	投资性房地产(万元)	资产弃置费用(万元)	辞退补偿(万元)	股份支付(万元)	重组义务(万元)	企业合并(万元)
1	000001	深发展A	647,446.32	661,986.47	14,540.15	2.25	-	17,114.23	-	-	-	-	-
2	000002	万科A	1,488,237.13	1,745,037.13	256,800.00	17.26	-10,200.00	-	-	-	-	-	-
3	000004	ST国农	8,615.47	10,458.88	1,843.42	21.40	-725.40	-	-	-	-	-	-40.99
4	000005	世纪星源	70,169.46	70,628.35	458.89	0.65	209.36	-	-	-	-	-	-
5	000006	深振业A	127,361.74	137,329.64	9,967.90	7.83	-	-	-	-	-	-	-
6	000007	ST达声	-1,050.32	-534.67	515.66	49.09	-	-	-	-	-	-	-2,501.80
7	000008	ST宝利来	7,152.98	7,531.17	378.20	5.29	-	-	-	-	-	-	-
8	000009	中国宝安	138,384.20	206,858.13	68,473.93	49.48	-5,866.34	-	-	-	-	-	-
9	000010	SST华新	6,429.04	10,594.92	4,165.89	64.80	-	-	-	-	-	-	-
10	000011	S*ST物业	58,392.02	59,144.26	752.24	1.29	-	-	-	-	-	-	-
11	000012	南玻A	262,834.49	294,480.95	31,646.46	12.04	548.50	-	-	-	-	-	-
12	000014	沙河股份	34,198.38	37,913.41	3,715.03	10.86	-	-	-	-	-	-	-
13	000016	深康佳A	330,175.97	361,270.96	31,094.99	9.42	-	-	-	-	-	-	-
14	000017	SST中华A	-186,353.05	-185,368.10	984.96	0.53	-	-	-	-	-	-	-
15	000018	ST中冠A	29,277.34	31,013.88	1,736.54	5.93	227.87	-	-	-	-	-	-
16	000019	深深宝A	27,887.89	29,392.32	1,504.43	5.39	-	-	-	-689.00	-	-	-
17	000020	ST华发A	22,384.28	22,384.28	0.00	0.00	-	-	-	-	-	-	-
18	000021	长城开发	310,258.55	344,064.11	33,805.56	10.90	38.04	-	-	-	-	-	-
19	000022	深赤湾A	224,667.21	307,142.98	82,475.77	36.71	-	-	-	-	-	-	-
20	000023	深天地A	25,100.90	30,103.94	5,003.04	19.93	-54.26	-	-	-	-	-	-

图 3 – 38　新旧会计准则变化研究界面

资料来源：同花顺 iFinD 金融数据终端。

（3）央企及金融公司研究。

央企即中央企业，国有企业长期以来是中国国民经济的重要支柱。按照政府的管理权限划分，中国的国有企业可以分为中央企业（由中央政府监督管理的国有企业）和地方企业（由地方政府监督管理的国有企业）。早在 2003 年国务院国资委成立之初，国务院国资委所管理的央企数量是 196 家，经过重组，至 2013 年 5 月，央企数量 115 家。金融公司在 iFinD 数据库中主要是按照相关行业划分标准来确定的。

央企及金融公司研究主要是查询中央企业和金融类公司的具体信息，由于央企和金融类公司的重要性，这方面的信息和数据也是投资者相对较为关注的。

查询方式：【股票】→【专题统计】→【A 股报表】→【央企及金融公司研究】。

如图 3 – 39 所示，进入【央企及金融公司研究】界面，用户可以根据板块分类、报告期、股市日期进行查询，该界面主要展示央企和金融公司的基本情况、股票市场数据、财务数据及融资数据，如查询金融类（按交易所），二级板块为上海，板块日期、融资日期和股本市值日期为 2013 年 12 月 31 日，得到如图 3 – 39 所示的信息，2013 年 12 月 31 日总共有 39 家金融类公司。

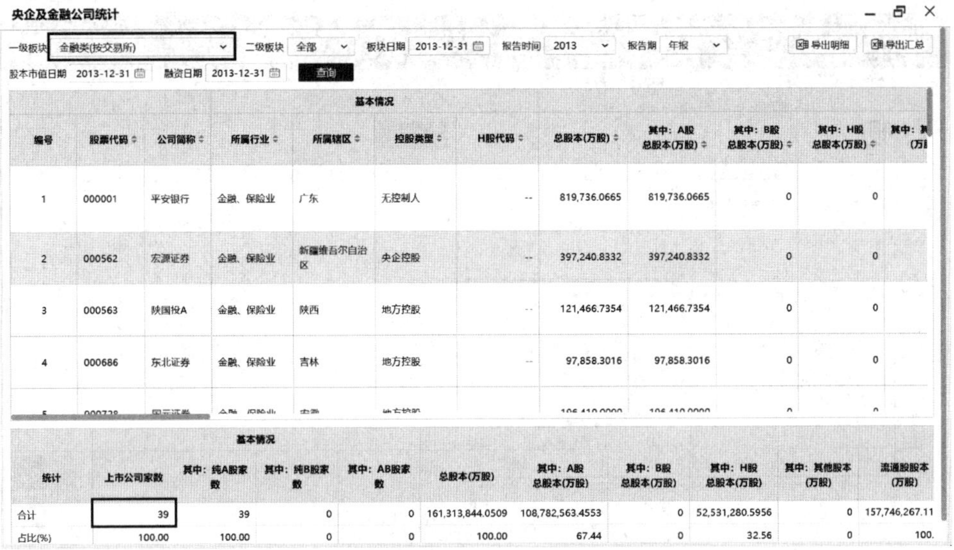

图 3－39　央企及金融公司统计界面

资料来源：同花顺 iFinD 金融数据终端。

3.2.4　智能选股

人工智能英文缩写为 AI。它是研究与开发用于模拟、延伸和扩展人的智能的理论、方法、技术及应用系统的一门新的技术科学。人工智能是计算机科学的一个分支，它企图了解智能的实质，并生产出一种新的能以与人类智能相似的方式作出反应的智能机器，该领域的研究包括机器人、语言识别、图像识别、自然语言处理和专家系统等。

智能选股就是利用人工智能技术，通过机器和计算机语言来理解自然语言和用户需求，从而选择出相应的符合用户需求的股票。智能选股是利用 iFinD 数据库中的数据和其他信息来选取符合用户需求的股票。

查询方式：【股票】→【多维数据】，包括【智能问财】和【条件选股】两个组成部分。

1. 智能问财。

智能问财是强大的智能选股引擎，用户可在【问财选股】的输入框内输入一句话，筛选出符合条件的证券品种。

查询方式：【股票】→【多维数据】→【智能问财】。如图 3－40 所示，在【智能问财】界面的输入区域输入条件问句，即可得到相应符合条件的股票。例如，当用户输入条件问句：疫苗概念？界面显示出如图 3－40 的信息，生物疫苗相关的 A 股公司有 55 家，当日上涨 49 家，下跌 4 家。在【智能问财】界面，问财选股大致分为三个区域，一排功能按钮。

图 3 – 40　AI 问财选股界面

资料来源：同花顺 iFinD 金融数据终端。

2. 条件选股。

条件选股，即用户可在系统板块或用户自定义板块的范围内，针对数千余项系统提供的指标或自定义指标进行参数设置，筛选出符合条件的证券品种。相应的筛选结果可以保存为自定义板块；筛选条件可保存到"我的方案"中，便于重复调用。

查询方式：【股票】→【多维数据】→【条件选股】。如图 3 – 41 所示，【条件选股】界面大致分为四个区域，两排功能按钮。

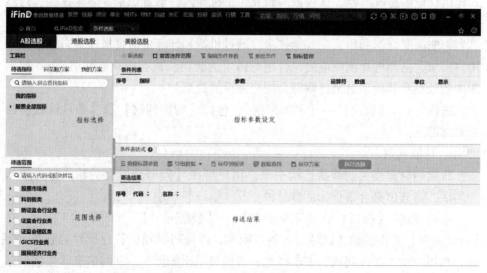

图 3 – 41　条件选股界面

资料来源：同花顺 iFinD 金融数据终端。

3.2.5　财务纵比

财务纵比是实现财务数据纵比、横比最便捷的工具，支持：（1）单个公司多报告期财务数据的纵比展示；（2）多个公司同报告期财务数据的横比展示；（3）多公司多报告期财务数据的并列展示，同时提供统计分析功能，辅以图表。

查询方式：【股票】→【多维数据】→【财务纵比】。

进入主界面，财务纵比的主体框架由四个区域及一组功能按钮组成。四个区域分别为选择指标、选择证券、数据报表、数据图形（如图 3－42 所示）。

图 3－42　财务纵比界面

资料来源：同花顺 iFinD 金融数据终端。

功能按钮包括提取数据、导出数据、导出图形、新建 Sheet 页、保存模板、修改指标次序、修改参数、删除指标（如图 3－43 所示）。

图 3－43　功能按钮

3.2.6　行情序列

行情序列是专用的行情数据导出工具。用户可以定义各种要素进行数据导出，包括证券类型、行情指标、时间范围、时间单位、数据组织方式、数据文件格式等。

股票行情指标包括：开盘价、收盘价、最高价、最低价、涨跌、涨跌幅、成交量、PE 市盈率、PB 市净率、总股本、流通股本、总市值等。用户可以自定义选择需要的指标。

查询方式：【股票】→【多维数据】→【行情序列】，图 3－44 为【行情序列】界面。

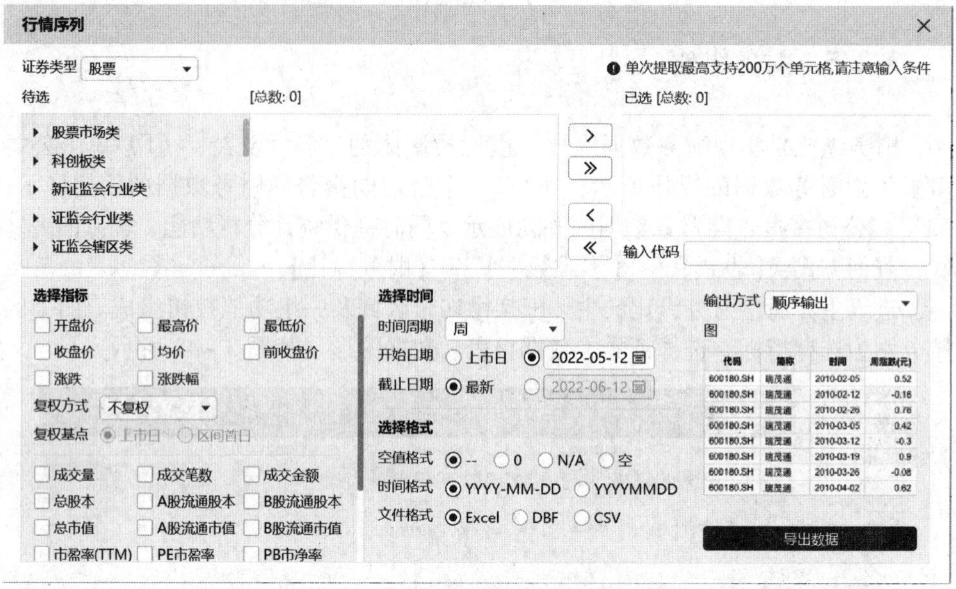

图 3 – 44　行情序列首页界面

资料来源：同花顺 iFinD 金融数据终端。

在图 3 – 45 的界面中，选择股票"精伦电子"，设定好相关参数，点击【导出数据】按钮，导出数据结果如图 3 – 45 所示，为 2002 年 6 月 14 日至 2002 年 11 月 29 日之间的每周最高价。

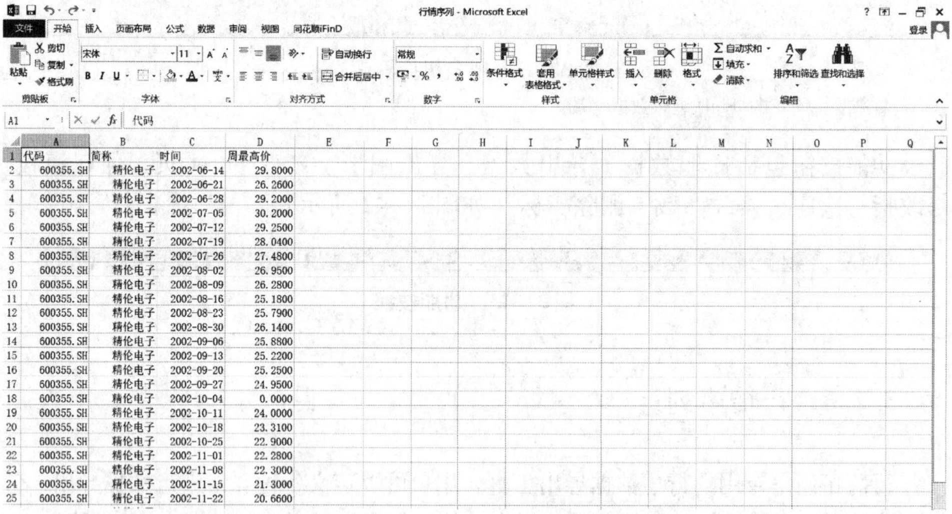

图 3 – 45　行情序列导出结果界面

资料来源：同花顺 iFinD 金融数据终端。

3.2.7　板块分析

板块分析是用于行业、指数、自定义板块等总体指标的计算，如计算全部 A

股的市盈率等，还可以实现总体指标的时间序列分析、横向对比等功能。

1. 板块数据浏览器。

不同于股票数据浏览器，板块数据浏览器是对特定范围的上市公司数据以指标为基础进行统计和计算，板块数据浏览器主要用于市场板块（全部 A 股、上证 180、上证 50、沪深 300 等）、行业板块（同花顺行业、申万行业、证监会行业等）等相应板块，除此之外，用户可以构建"我的自选股"股票池，使用提供的指标对股票池内的数据进行统计、计算，并实现与其他市场、行业、板块的对比工作。

查询方式：【股票】→【多维数据】→【数据浏览器】→【板块数据浏览器】。如图 3-46 所示，进入【板块数据浏览器】界面，界面主要由指标选择、范围选择、功能按钮、结果展示四个部分组成。类似于【股票数据浏览器】，用户需要通过输入指标和范围、修改参数（选择分类级别）等步骤完成查询过程。

图 3-46　板块数据浏览器首页界面

资料来源：同花顺 iFinD 金融数据终端。

2. 板块行情序列。

板块行情序列主要用于市场板块（全部 A 股、上证 180、上证 50、沪深 300 等）、行业板块（同花顺行业、申万行业、证监会行业等）等相应板块时间序列数据的提取，如板块的行情数据、财务数据、估值数据等。

查询方式：【股票】→【多维数据】→【行情序列】→【板块行情序列】。如图 3-47 所示，进入【板块行情序列】界面，界面主要由指标选择、范围选择、数据报表、数据图形四个部分组成。类似于【板块数据浏览器】，用户需要通过输入指标和范围、修改相关参数等步骤完成查询过程。

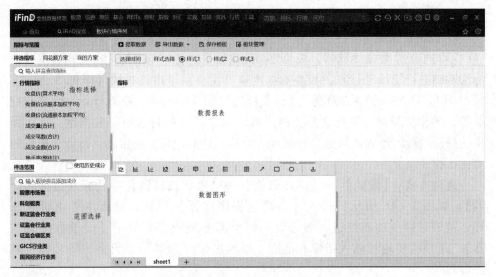

图 3 - 47　板块行情序列首页界面

资料来源：同花顺 iFinD 金融数据终端。

3. 板块财务纵比。

板块财务纵比主要用于市场板块（全部 A 股、上证 180、上证 50、沪深 300 等）、行业板块（同花顺行业、申万行业、证监会行业等）等相应板块财务数据的对比分析，如全部 A 股与沪深 300 的每股收益均值对比等。

查询方式：【股票】→【多维数据】→【财务纵比】→【板块数据浏览器财务纵比】。如图 3 - 48 所示，进入【板块财务纵比】界面，界面主要由指标选择、范围选择、数据报表、数据图形四个部分组成。类似于【板块数据浏览器】，用户需要通过输入指标和范围、修改相关参数等步骤完成查询过程。

图 3 - 48　板块行情序列首页界面

资料来源：同花顺 iFinD 金融数据终端。

3.3　分析工具

除提供基础数据查询功能以外，iFinD 金融数据终端还为用户提供较多可供
使用的投资分析工具，包括投资账户、组合管理、PE/PB Bands 导出器、Evalua-
tor 模型及参数计算器（Beta 计算器、WACC 计算器、DDM 计算器）（如图 3 – 49
所示）。

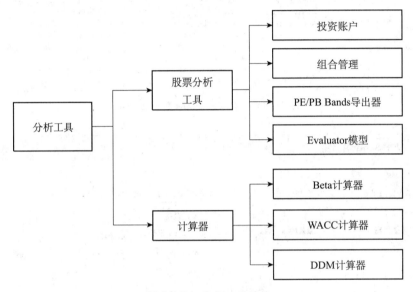

图 3 – 49　分析工具结构

资料来源：同花顺 iFinD 金融数据终端。

3.3.1　组合管理

由于内容较多，统一在附录展示

3.3.2　PE/PB Bands 导出器

所谓 PE-Bands 就是在原始股价行情图上画出 N 条每股收益的倍数连线，考
察股价游走于多大的 PE 值之间的状况。可以理解为 PE-Bands 就是股价与单纯的
PE 时间序列的综合分析。同理，PB-Bands 也是采用同样方法来考察股价与 PB
之间变动情况的一种图形分析方法。

查询方式：【股票】→【估值计算】→【PE/PB 导出器】（如图 3 – 50、
图 3 – 51 所示）。

图 3 – 50　PE/PB Bands 导出器路径

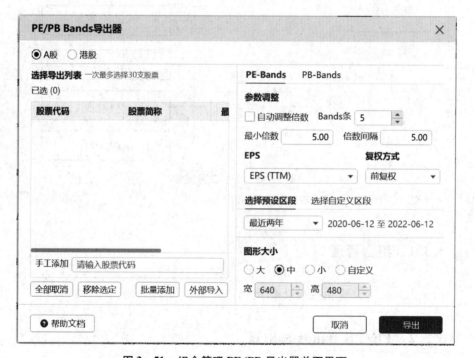

图 3 – 51　组合管理 PE/PB 导出器首页界面

资料来源：同花顺 iFinD 金融数据终端。

工具操作步骤：由于 PE/PB 导出器两者使用方式基本一致，就以 PE-bands 来展开说明。

第一步：在界面左侧选择需要研究的证券（可多选），同时也可以批量导入（如图 3 – 52、图 3 – 53 所示）。

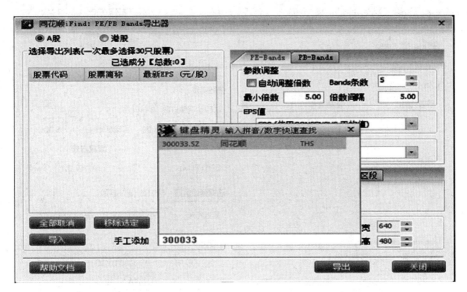

图 3 – 52 组合管理 PE/PB 导出器证券输入界面
资料来源：同花顺 iFinD 金融数据终端。

图 3 – 53 组合管理 PE/PB 导出器自定义成分文件导入界面
资料来源：同花顺 iFinD 金融数据终端。

第二步：进行参数设置，涉及倍数线、EPS、复权方式、时间周期等（如图 3 – 54 所示）。

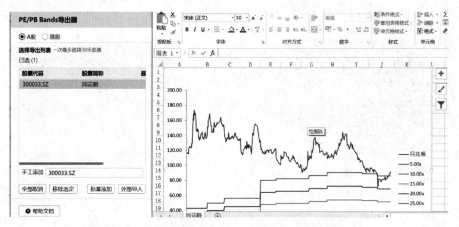

图 3 – 54　组合管理 PE/PB 导出器参数设置界面

资料来源：同花顺 iFinD 金融数据终端。

第三步：导出图形，全部参数设置好后，点击【导出】按钮，即可导出 PE-bands（如图 3 – 55 所示）。

图 3 – 55　组合管理 PE/PB 导出器图形导出界面

资料来源：同花顺 iFinD 金融数据终端。

3.3.3　Evaluator 估值模型

查询方式：【股票】→【分析工具】→【Evaluator 估值模型】，Evaluator 估值模型详见 Excel 中的内容。

3.3.4 估值计算器

1. Beta 计算器。

Beta 系数起源于资本资产定价模型（CAPM），它的真实含义就是特定资产（或资产组合）的系统风险度量。所谓系统风险，是指资产受宏观经济、市场情绪等整体性因素影响而发生的价格波动，换句话说，就是股票与大盘之间的联动性，系统风险比例越高，联动性越强。与系统风险相对的就是非系统性风险，即由公司自身因素所导致的价格波动。总风险 = 系统风险 + 非系统性风险，而 Beta 则体现了特定资产的价格对整体经济波动的敏感性，即，市场组合价值变动 1 个百分点，该资产的价值变动了几个百分点——或者用更通俗的说法：大盘上涨 1 个百分点，该股票的价格变动了几个百分点。

实际中，一般用单个股票资产的历史收益率对同期指数（大盘）收益率进行回归，回归系数就是 Beta 系数。

工具操作步骤：可以研究单公司，也可以研究行业，两者操作方式一致，这里主要阐述下单公司 Beta 计算器的操作方式。

第一步：选择参数，用户根据需求填写参数（如图 3－56 所示）。

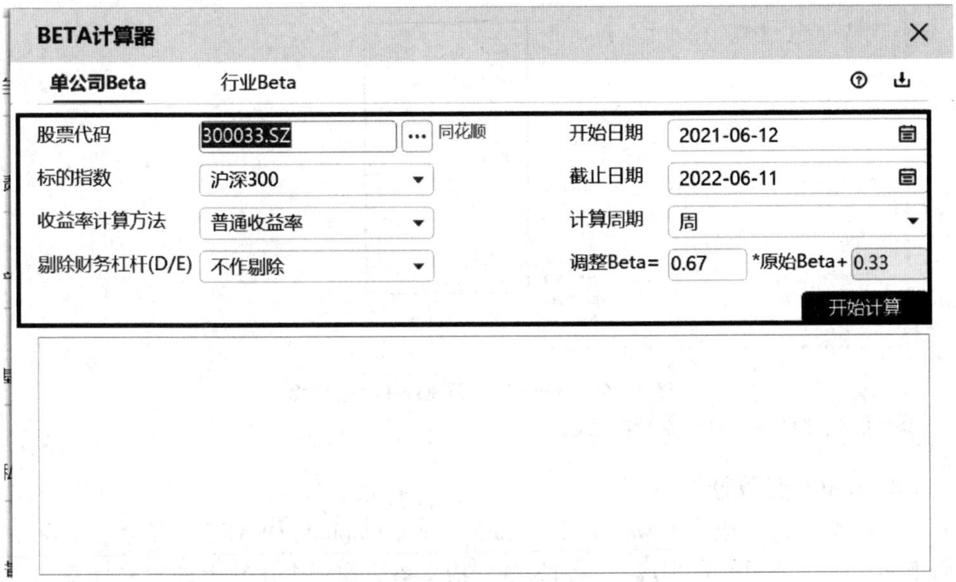

图 3－56 Beta 计算器参数选择界面

资料来源：同花顺 iFinD 金融数据终端。

第二步：开始计算，终端自动根据所填参数算出结果（如图 3－57 所示）。

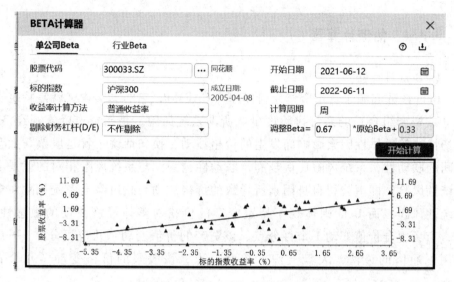

图 3 – 57 Beta 计算器计算界面

资料来源：同花顺 iFinD 金融数据终端。

第三步：导出 Excel，可以查询到明细数据（如图 3 – 58 所示）。

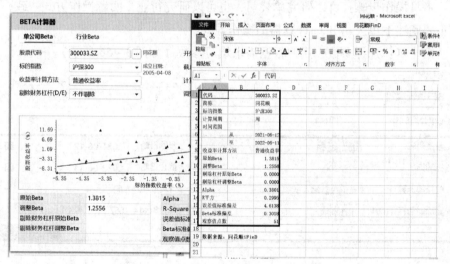

图 3 – 58 Beta 计算器 Excel 导出界面

资料来源：同花顺 iFinD 金融数据终端。

2. WACC 计算器。

加权平均资本成本（weighted average cost of capital，WACC）在金融活动中用来衡量一个公司的资本成本。因为融资成本被看作一个逻辑上的价格标签，过去被很多公司用作一个融资项目的贴现率。

加权平均资本成本反映一个公司通过股权和债务融资的平均成本，项目融资的收益率必须高于这个加权平均资本成本，该项目才具有投资价值。

工具操作步骤：具体步骤如下。

第一步：填入证券代码，系统会自动生成参数，用户可以编辑参数，点击【重新计算】（如图 3 - 59 所示）。

图 3 - 59　WACC 计算器数据输入界面

资料来源：同花顺 iFinD 金融数据终端。

第二步：导出 Excel（如图 3 - 60 所示）。

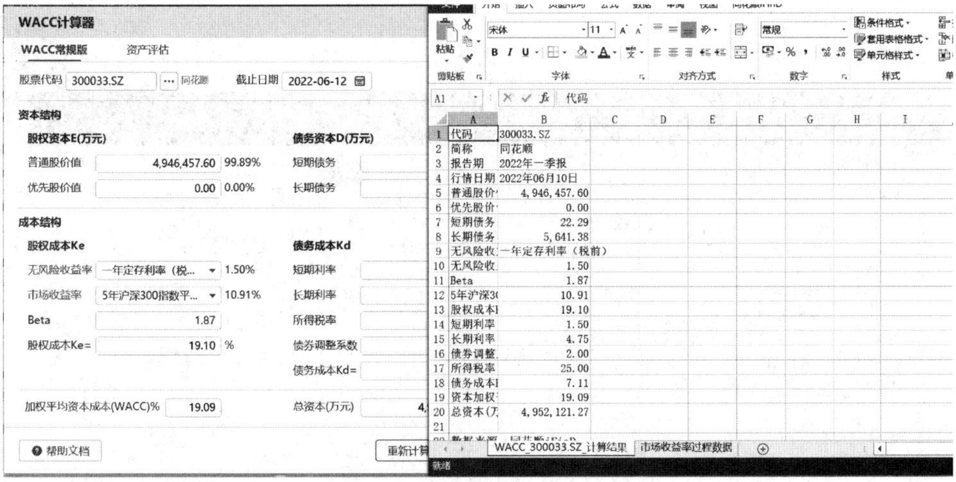

图 3 - 60　WACC 计算器 Excel 导出界面

资料来源：同花顺 iFinD 金融数据终端。

3. DDM 计算器。

DDM（dividend discount model）即股利贴现模型，假设投资者永远持有某一只股票，且发行这只股票的上市公司会通过每年发放股利的形式来回馈投资者，那么投资者逐年从公司获得股利的贴现值就是这个股票的理论价值。

工具操作步骤：DDM 可在零增长、稳定增长、阶段增长三种情况下分析证券的内在价值，由于三种操作模式类同，这里主要阐述零增长下的使用方式。

第一步：选择证券、填写参数。填入证券后，后台会自动计算出参数，用户可以在情景 1 和情景 2 下修改参数（如图 3 –61 所示）。

图 3 – 61　DDM 计算器参数选择界面

资料来源：同花顺 iFinD 金融数据终端。

第二步：导出 Excel（如图 3 – 62 所示）。

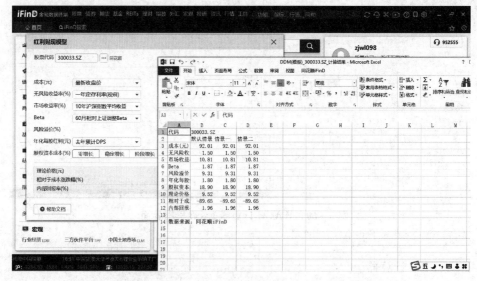

图 3 – 62　WACC 计算器 Excel 导出界面

资料来源：同花顺 iFinD 金融数据终端。

3.4 行情资讯

iFinD 金融数据库中，行情资讯栏主要包括全球市场概览、股票综合屏、新股中心、股市日历、创业板相关、经纪业务数据等功能。通过这些功能和数据，可以把握最新行情，进行合理的投资（如图 3 - 63 所示）。

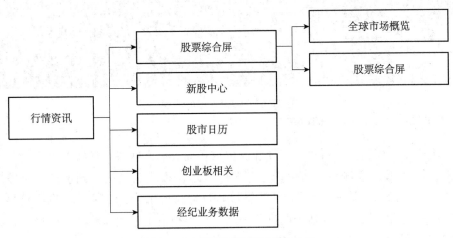

图 3 - 63 股票行情资讯板块结构

资料来源：同花顺 iFinD 金融数据终端。

3.4.1 股票综合屏

1. 全球市场概览。

全球市场概览提供美洲市场、欧非中东市场、亚太市场、大中华地区、全球主要商品、重要汇率等行情数据的查询服务。

查询方式：【股票】→【行情中心】→【全球概览】。

对指数数据有需求的用户可以进入【指数】模块，查询行情及指数深度数据。

2. 股票综合屏。

股票综合屏从指数、行业、个股出发提供具体的行情数据。

查询方式：【股票】→【行情中心】→【沪深京市场】（如图 3 - 64 所示）。

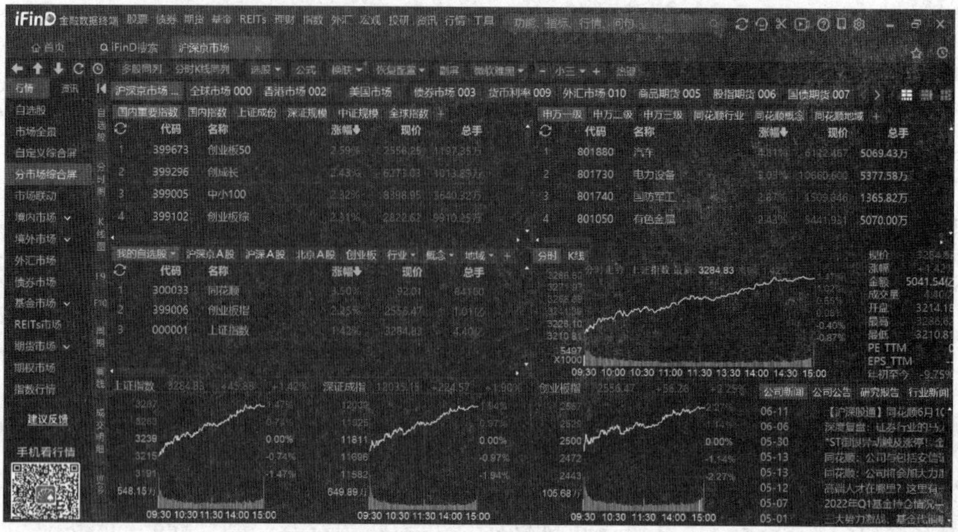

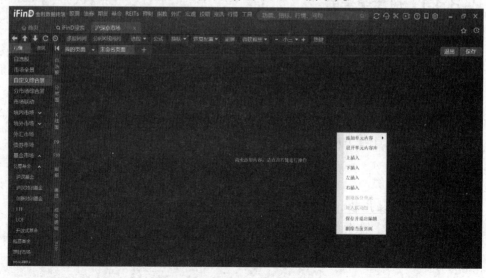

图 3 – 64　沪深京市场界面

资料来源：同花顺 iFinD 金融数据终端。

用户可以根据自己看盘的习惯和侧重点在标签页之间进行切换，图 3 – 64 所示界面是 DDE 决策侧重于当日资金动向的展示，板块轮动则是侧重板块个股之间的 K 线、分时等展示，个股追踪主要是用户自选股的信息展示，关联报价将个股所属板块概念的对应其他个股进行展示，短线狙击则是快速涨跌幅的展示，综合屏-mod 给用户一个默认 7 个显示窗口。

股票综合屏具有自定义综合屏的功能。新建主要就是方便用户进行页面自定义，用户点击新建标签页后会在综合屏-mod 后面出现一个未命名页面，在下面空白区域点击右键会出现插入选择项（如图 3 – 65 所示）。

图 3 – 65　股票综合屏未命名页面

资料来源：同花顺 iFinD 金融数据终端。

3.4.2 股市日历

股市日历是按照日历模式展示分类处理后的上市公司重要公告信息，信息分类主要包括出现每日特别提示、公告信息、财报披露、股东大会、分红配股增发、股份流通、特别处理共 7 个维度的公告信息。

查询方式：【股票】→【股市资讯】→【股市日历】，默认为单日日期，用户可以修改日期查询历史信息。

3.4.3 新股中心

新股就是指刚发行上市正常运作的股票。中国股票交易市场发展前期，申购（俗称"打新股"）新上市的股票是一个热点，因为中了新股就如"白捡"了一笔财，新股首日上市均有近 100% 的涨幅。近两年，"打新股"热度下降，甚至出现了新股上市首日跌破发行价的现象。这也使得"估价机构"重新按照市场价值规律来为新股定价，使之更趋合理。但是新股发行的资料以及信息依然是股票投资者十分关注的信息点。iFinD 数据库中，在行情资讯类，单独有一个新股中心模块。

新股中心提供最新的新股数据，包括新股日历、新股信息速递、新股上市一览、新股定价预测、新股资料速览、已上市新股追踪、新股发审会议 7 类数据。

查询方式：【股票】→【股市资讯】→【新股中心】。

3.4.4 经纪业务数据

证券经纪业务是指证券公司通过其设立的证券营业部，接受客户委托，按照客户要求，代理客户买卖证券的业务。证券经纪业务是随着集中交易制度的实行而产生和发展起来的。由于在证券交易所内交易的证券种类繁多，数额巨大，而交易厅内席位有限，一般投资者不能直接进入证券交易所进行交易，故此只能通过特许的证券经纪商作中介来促成交易的完成。

iFinD 数据库中提供证券经纪业务数据的查询和排名功能，可以对大额资金的买入卖出席位以及集中情况等有所展现。尤其是在中国股票交易市场，部分大的券商营业部，资金流向对股票市场的交易影响较大，因此，投资者需要对经纪业务的数据有所了解。

查询方式：【股票】→【专题统计】→【券商业务】。

1. 券商查询。

该模块提供全国所有券商资料的查询。

查询方式：【股票】→【专题统计】→【券商业务】→【券商大全】。如图 3-64 所示，进入【券商大全】界面，界面展示栏中显示的是单个券商的资料，包括基本资料、财务数据、营业部分布、基本报表、历史表现及横向对比等资料（如图 3 – 66 所示）。

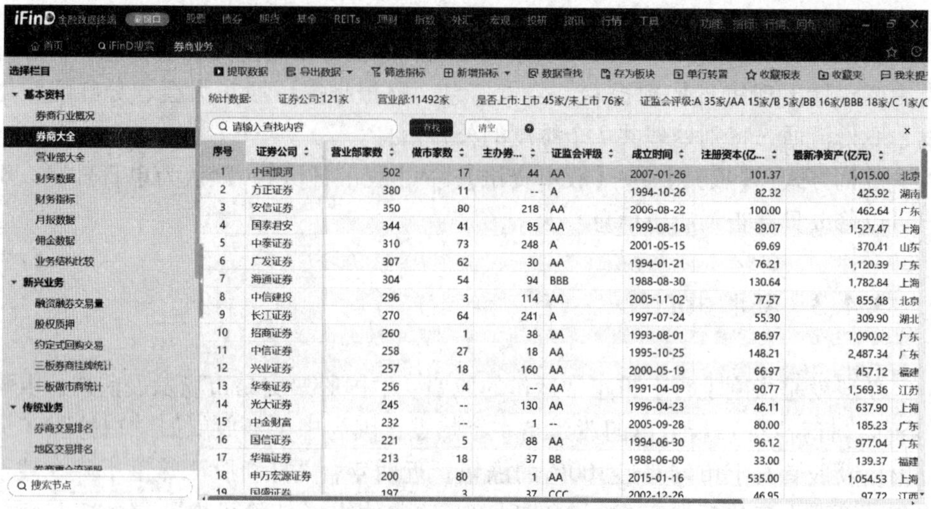

图 3 – 66　经纪业务数据界面

资料来源：同花顺 iFinD 金融数据终端。

2. 营业部查询。

营业部查询提供全国所有券商营业部资料的查询。

查询方式：【股票】→【专题统计】→【券商业务】→【营业部大全】。如图 3 – 67 所示，进入【营业部大全】界面，界面展示栏中显示的是单个券商营业部的资料，包括基本资料、交易情况、历史表现、横向对比、市场异动表现等资料。

图 3 – 67　营业部查询界面

资料来源：同花顺 iFinD 金融数据终端。

3. 券商交易排名。

券商交易排名提供全国所有券商交易排名的具体信息。

查询方式：【股票】→【专题统计】→【券商业务】→【券商交易排名】。如图 3 - 68 所示，进入【券商交易排名】界面，界面展示栏中显示的是全国所有券商交易排名情况，可分交易数据、市场份额、相对地位和部均来具体展示。

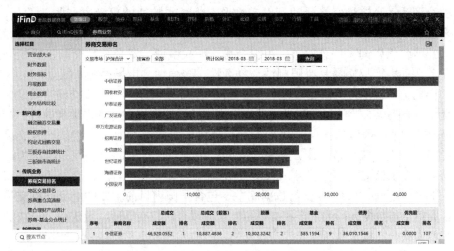

图 3 - 68　券商交易排名界面

资料来源：同花顺 iFinD 金融数据终端。

4. 地区交易排名。

地区交易排名提供全国分地区证券交易排名的具体信息。

查询方式：【股票】→【专题统计】→【券商业务】→【地区交易排名】。如图 3 - 69 所示，进入【地区交易排名】界面，界面展示栏中显示的是全国各地区证券交易排名情况，可分交易数据、市场份额、相对地位以及部均来具体展示。

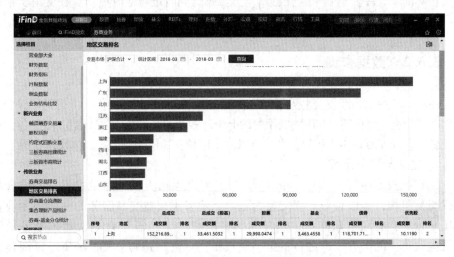

图 3 - 69　地区交易排名界面

资料来源：同花顺 iFinD 金融数据终端。

3.5　产权交易数据库

产权交易是指资产所有者将其资产所有权和经营权全部或者部分有偿转让的一种经济活动。这种经济活动是以实物形态为基本特征的出卖财产收益的行为，是多层资本市场的重要组成部分。其职能是为产权转让提供条件和综合配套服务，开展政策咨询、信息发布、组织交易、产权鉴证、资金结算交割、股权登记等业务活动。产权交易具有限制性、复杂性、多样性、市场性等特征。

产权交易所作为产权交易的中介服务机构，本身并不参与产权交易，只是为产权交易双方提供必要的场所与设施及交易规则，保证产权交易过程顺利进行。产权交易所的职能一般包括：（1）为产权交易提供场所和设施；（2）组织产权交易活动；（3）审查产权交易出让方和受让方的资格及转让行为的合法性；（4）为产权交易双方提供信息等中介服务；（5）根据国家的有关规定对产权交易活动进行监管。iFinD 数据库中的产权交易数据库主要包含了国内目前主要的七家产权交易所的各类信息与数据，即北京产权交易所、上海联合产权交易所、重庆联合产权交易所、西南联合产权交易所、天津产权交易所、杭州产权交易所、云南产权交易所。

iFinD 产权交易数据库主要展示了各个产权交易所的挂牌项目、投资意向、相关公告、相关法律等信息和数据。向投资者提供产权交易所的这些信息、数据，可以使投资者进行投资参考，也可以通过为项目出售者找到合适的交易方提供信息帮助。

3.5.1　产权交易数据库概况

在 iFinD 数据库这一平台中，产权交易数据库主要按照七大产权交易所分类，操作相对简单，主要信息来自交易所官方数据，同时进行适时更新。在交易所信息内部分类上，主要按照挂牌项目、投资意向、相关公告、相关法律等进行分类。

3.5.2　数据查询[①]

本小节介绍的是产权交易数据库的具体查询方式以及相关操作。考虑到产权交易数据库的分类，将按照 iFinD 数据库中的七个产权交易所进行分类介绍。由于各大产权交易所查询界面及操作相似，本小节以六个产权交易所为例进行具体操作介绍。

1. 北京产权交易所。

北京产权交易所（简称"北交所"）是经北京市人民政府批准设立的综合性产权交易机构，是以企业产权交易为基础、集各类权益交易服务为一体的专业化市场平台，具有双重职能：一是贯彻落实国家"十二五"计划，对国家各部委在机构改革中的国有资产进行重组、产权转让、资产并购、股权融资、资源整合

---

① 相关机构信息均来自重庆产权交易网。

等全要素、全流程服务。二是服务于多品种权益交易的基础性资本市场平台。北交所是中国最大的产权交易桥梁和纽带中心。

查询方式：【股票】→【企业智库】→【区域产权】→【北京产权交易所】。

如图 3-70 所示，进入【北京产权交易所】界面，数据目录包括挂牌项目、投资意向、相关公告、相关法律。挂牌项目主要提供的是产权交易所中供给方的项目信息；投资意向主要是产权交易所中需求方的一些需求信息或者投资意向；相关公告为产权交易所根据产权交易市场信息发布的公告；相关法律是各级政府机关和部门、司法部门等颁布的各种法律法规。

图 3-70 北京产权交易所首页界面

资料来源：同花顺 iFinD 金融数据终端。

点击相关公告标题（超链接），如图 3-71 所示，数据库会直接跳转到相应的北京产权交易所官网网页。

图 3-71 拍卖：北京市康泰拍卖有限责任公司拍卖公告

资料来源：同花顺 iFinD 金融数据终端。

2. 上海联合产权交易所。

上海联合产权交易所是经上海市人民政府批准设立的具有事业法人资格的综合性产权交易服务机构，是集物权、债权、股权、知识产权等交易服务为一体的专业化市场平台，是国务院国有资产监督管理委员会（以下简称"国资委"）选定的从事中央企业国有产权转让的指定机构，是长江流域产权交易共同市场理事会理事长单位。

其业务范围如表 3-3 所示。

表 3-3 上海联合产权交易所业务范围

各类所有制企业产权、股权交易	知识产权和科技成果（项目）的转让交易
国家"863"项目（上海）促进中心交易服务	国有资产进入和退出等战略性调整
中央企业国有产权转让交易指定场所	外资并购交易服务
企业重组并购服务	企业改制、上市的配套服务
中小企业融资服务	项目融资服务
风险创业投资的进入和退出服务	非上市股份有限公司的股权托管及转让服务
国家和地方政府授权经营的其他业务	—

查询方式：【股票】→【企业智库】→【区域产权】→【上海联合产权交易所】。

3. 重庆联合产权交易所。

重庆联合产权交易所是根据党中央国务院关于深化国有企业改革、规范国有产权有序流转的精神，经重庆市人民政府批准，于 2004 年 3 月 19 日组建成立的，附挂"重庆市国有资产产权交易中心"和"重庆技术产权交易中心"两块牌子，为重庆市国资委指定的重庆唯一国有产权交易平台。

查询方式：【股票】→【企业智库】→【区域产权】→【重庆联合产权交易所】。

4. 西南联合产权交易所。

西南联合产权交易所有限责任公司是经四川省人民政府第 38 次常务会议审议通过，在原四川省国投产权交易中心和成都联合产权交易所基础上组建而成的跨区域产权交易机构。是四川省、西藏自治区国资委授权的唯一一家从事川藏两省区国有产权转让业务的交易机构。

西南联合产权交易所下设国资产权交易中心、知识产权交易中心、矿权交易中心、金融资产交易中心和对外战略合作中心五大中心，遵循"公开、公平、公正、竞争"的原则，开展国有和非国有企业，以及自然人、其他法人和组织的产权、物权、债权、矿权、林权、排污权、特许经营权、商标权、技术和知识产权、文化创意产权、涉讼资产等交易服务。

查询方式：【股票】→【企业智库】→【区域产权】→【西南联合产权交易所】。

5. 天津产权交易所。

天津产权交易所成立于 1994 年，是国资委和财政部指定的中央企业和金融企业国有产权转让试点机构，国务院机关事务管理局指定的中央国家机关行政事业单位资产处置平台，同时是天津市国资委、财政局指定的天津市唯一的国有企事业和金融企业国有产权转让机构。

天津产权交易所包括国家级市场、大区域市场、省市级市场及专业市场四级市场体系，下辖五个直属单位，八个独资或合资设立的专业市场，具有完备的市场体系和完善的信息集散、价格发现、交易撮合、市场监管四大功能。主市场拥有 12 000 平方米的全国规模最大的办公场地，拥有天津产权交易中心和北方产权交易共同市场两个网站，六大支撑系统，基础设施完善，设备先进。京、津、沪、渝四个国家级市场实现了统一信息发布、统一交易规则、统一交易系统、统一监管。

天津产权交易所有 254 家会员，30 家国内产权交易机构和部分中央企业、四大资产经营公司、国内外知名的中介机构及会计师事务所、律师事务所、评估事务所、投资公司、各类基金、拍卖公司、咨询公司等均在场内设立席位，在北京和德国法兰克福分别设有办事处，在英国和荷兰分别设有代表处，能够为物权、股权、债权、知识产权各类交易提供跨所有制、跨行业、跨地区、跨国界的信息集散、价格发现、交易撮合的一站式全方位服务。

查询方式：【股票】→【企业智库】→【区域产权】→【天津产权交易所】。

6. 云南产权交易所。

云南产权交易所（以下简称"云交所"）是经云南省人民政府批准设立的从事全省企事业单位改制与国有产权交易的唯一机构。经营范围包括：各类所有制企业产（股）权交易；知识产权和科技成果的转让交易；产权租赁；企业重组并购和外资并购服务交易；协助兼并企业双方核算；企业改制、上市配套服务；投资策划及项目投融资；风险创业投资的进入和退出；法人产（股）权的委托管理；非上市股份有限公司股权托管；收集和发布资产供求信息；组织交易合同的鉴证。

根据有关法律、法规的规定，依法可在交易所挂牌转让的项目包括国有和非国有产权两大类，具体可分为：（1）股权类项目：上市公司法人股权、未上市股份公司股权、有限责任公司股权、股份合作制股权。（2）非股权类项目：专利或非专利技术、商标权、土地使用权、特许经营权及各类有形资产。

查询方式：【股票】→【企业智库】→【区域产权】→【云南产权交易所】。

本章小结

股票数据库是 iFinD 数据库中最核心的数据库之一，主要提供沪深两市、国内外股市和上市公司等方面的数据。

在 iFinD 数据库中，股票市场数据库共可分为两大模块：股票和产权交易，其中股票模块的数据是股票市场数据库的最重要组成部分。股票数据库主要可分为三大板块：深度数据、分析工具、行情资讯。

iFinD 数据库中股票数据库通过数据浏览器、深度资料、统计报表等形式多维度提供股票相关数据的查询；除了查询基础数据之外，用户可以使用专业的分析工具对基础数据、信息进行分析和处理；行情资讯板块提供全球各个交易市场的行情资讯，帮助用户了解最新的行情和资讯。

关键术语

股票；上市公司；数据浏览器

思 考 题

1. 利用 iFinD 股票数据库查询中国 A 股市场上市盈率低于 10、市净率低于 2、净利润为正的所有上市公司，并且导出到 Excel 中。在此基础上，挑选出三只你觉得具备投资价值的股票，并说明原因。

2. 利用 iFinD 数据库深度资料功能，挑选任意一只 A 股股票，进行深入分析，并说明其是否具备投资亮点和投资价值等，写成一份简单的股票投资分析报告。

3. 查询本月所有新股发行的日程和资料，挑选出三只进行简单的总结和汇总。

4. 利用 iFinD 智能选股功能，设定五条你觉得对你投资股票有用的相关问句，并查询出符合设定条件的股票列表。

5. 查询 2012 年 1 月至 2013 年 1 月我国券商中经纪业务排名前十的券商、营业部交易排名前十的营业部。

第4章 债 券

债券（bond）是一种金融契约，是政府、金融机构、工商企业等直接向社会借债筹措资金时，向投资者发行，同时承诺按一定利率支付利息并按约定条件偿还本金的债权债务凭证。债券的本质是债的证明书，具有法律效力。债券购买者或投资者与发行者之间是一种债权债务关系，债券发行人即债务人，投资者（债券购买者）即债权人。

本章以 iFinD 金融数据库为平台，介绍金融数据库在中国债券市场的应用。

4.1 债券数据库概况

债券数据库主要可分为深度数据、分析工具、行情资讯三大模块（如图4-1所示）。债券市场及债券相关数据主要分布在深度数据板块，行情资讯板块除配备债券、国债期货等行情数据外，同时提供基准利率速览和债券日历，以方便用户及时查找重要信息和跟踪最新资讯。

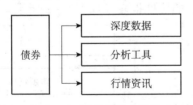

图4-1 债券数据库结构

资料来源：同花顺 iFinD 金融数据终端。

在提供深度数据的模块中，数据浏览器从各种角度进行分类，以满足用户比较各种数据的需要。深度资料主要提供个券的基本资料、信用分析、现金流等详细数据。债券统计报表从可量化的角度为用户提供各业务的历史情况以及最新发展。债券筛选操作方法及功能与"智能选股"相似，用户可对债券指标进行参数设置，筛选出符合条件的债券品种。利率走势主要提供了中债信息网、中证、银行间外汇交易中心（chinamoney）、上海清算所编制的一些曲线数据，也有货币市场、债券发行利率的曲线数据。期限结构板块可以提取数据进行对比。

　　分析工具中，债券组合管理模块主要让用户对自己的债券组合进行一定的数据分析。可转债分析模块几乎涵盖了可转债所有的分析和计算数据，包括可转债的实时行情、转股和纯债溢价数据、转债余额数据等。债券定价分析模块主要对附息债券的不同利率类型采用不同的模型进行定价。债券进阶分析采用信用利差分析、流动性分析、风险收益分析等对债券组合进一步分析。通过债券分析计算器，可以根据附息债券的不同利率类型，采用不同的模型对债券进行相关重要指标数据计算。

　　行情资讯板块中，国债期货模块主要展示了当前交易的国债期货的数据。债券综合屏展示了债券市场及个债的主要行情数据，债券日历则主要展示了选定日期的债券市场发生的重要事件。通过基准利率速览模块，用户可以知道包括 Shibor、Chibor、定期存款、贷款、回购等在内的当日债券利率市场的主要利率数据。银行间债券行情涵盖了现券、拆借、回购、远期、利率互换等品种的报价和交易行情，特点是全面快速。

4.2　深度数据

　　深度数据主要由数据浏览器、债券深度资料、债券统计报表、债券筛选、利率走势、期限结构等板块组成。这些板块既可提供近千个债券相关指标的数据，对国内近万个债券按债券类型、发行市场、计息方式、信用评级、行业分类等分类；也可以提供某一只债券详细的数据；还可以把海量数据按照不同的角度进行组合，为用户提供可对比的统计报表（如图 4-2 所示）。

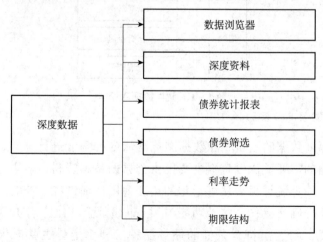

图 4-2　深度数据结构

资料来源：同花顺 iFinD 金融数据终端。

4.2.1 债券数据浏览器

微视频 4-1
债券数据浏览器

因为数据库使用者的立场不同，使用数据库的需求也就不一样，对于数据提炼的要求则是出自其研究的目的，例如需要对比不同市场之间的流动性，或者需要对比不同债券之间的收益率抑或需要比较不同期限债券的期限结构，因此，数据浏览器的分类树从各种角度进行分类，以满足各种数据提取比较的需要。使用者可以在数据浏览器中选取指标建表，方式灵活，操作简便。

债券数据浏览器模块可提供近千个债券相关指标的数据，对国内近万个债券按债券类型、发行市场、计息方式、信用评级、行业分类等进行分类，确定 800 多组范围可供选择。使用者可对自己关心的债券进行筛选输入，提取相关指标数据；或者建立自己的模板，这样再次提取时就更加简单快捷。该模块也提供将数据导出到 Excel 功能，在插件中也提供这些指标函数的提取功能。

查询方式：【债券】→【多维数据】→【债券数据浏览器】→【指标选择】→【范围选择】→【提取数据】→【导出到 Excel】。

例如，进入【债券】→【多维数据】→【数据浏览器】→【指标选择】，选择债券代码、债券名称、发行期限、发行价格等选项，选择完毕以后，再进行【范围选择】，选择概念板块、城投债，点击【提取数据】即可。如需导出到 Excel，则点击【导出到 Excel】（如图 4-3、图 4-4 所示）。

图 4-3　城投债数据提取

资料来源：同花顺 iFinD 金融数据终端。

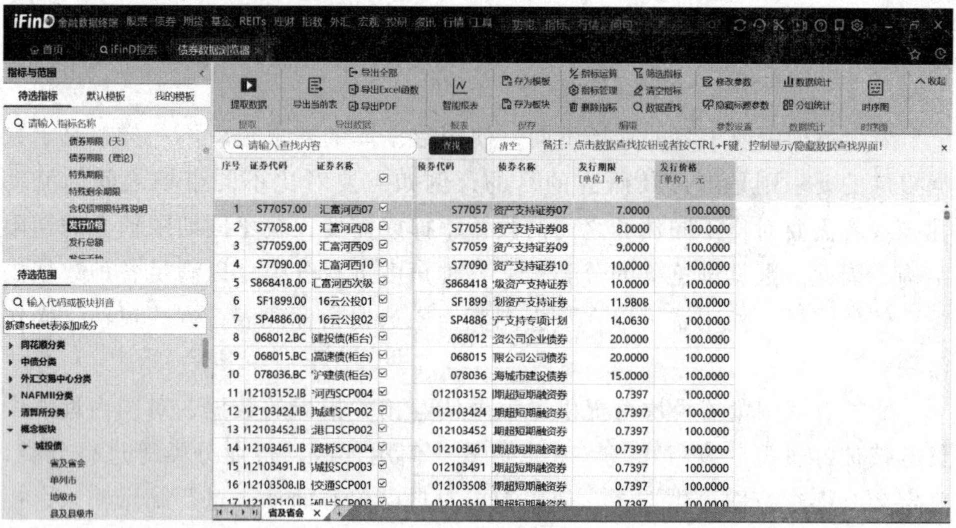

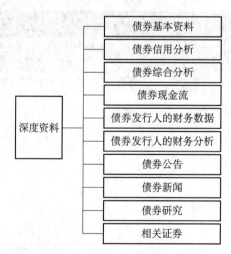

图 4-4　城投债数据范例

资料来源：同花顺 iFinD 金融数据终端。

4.2.2　深度资料

债券深度资料模块主要对某一只债券进行详细的数据提供，有关单券的相关信息几乎都可以在这里找到，包括债券基本资料、债券信用分析、债券综合分析、债券现金流、债券发行人的财务数据、债券发行人的财务分析、债券公告、债券新闻、债券研究，相关证券以及估值数据等（如图 4-5 所示），快捷键为 F9，可与行情界面快捷键 F5 相互切换。

深度资料

- 债券基本资料
- 债券信用分析
- 债券综合分析
- 债券现金流
- 债券发行人的财务数据
- 债券发行人的财务分析
- 债券公告
- 债券新闻
- 债券研究
- 相关证券

图 4-5　深度资料板块结构

资料来源：同花顺 iFinD 金融数据终端。

由于债券分为多种类型，有国债、央票、企业债、公司债、中期票据、短期融资券、集合票据、可转债、资产支持证券等，每类债券都有相应的属性及特点，因此，在深度资料中每类债券都有相应的界面展示。但是央票没有财务数据和财务分析。

微视频4-2
债券深度资料

查询方式：【债券】→【多维数据】→【债券深度资料】→【输入债券代码】。

1. 债券基本资料。

债券基本资料包含个债最基本的信息数据，包括债券基本资料、信用评级一览（债券和主体评级各自前10条数据）、债券发行情况、债券发行人资料等一系列信息（如图4-6所示）。

图4-6 债券基本资料

资料来源：同花顺iFinD金融数据终端。

以2012年吉安市城市建设投资开发公司企业债券为例，该债券代码为122685，如果需要查看该债券的详细资料，则输入债券代码122685，回车后点击左侧的选项，即可查询这只债券的基本资料、信用分析、综合分析、现金流等各项数据（如图4-7所示）。

2. 债券信用分析。

债券信用分析是信用债才有的模块，国债、地方债、央票没有此数据，主要为信用信息的数据。包括信用评级一览（全部评级数据）、债券余额分析、历史信贷额度、担保状况。

仍然以2012年吉安市城市建设投资开发公司企业债券122685为例，该债券信用分析如图4-8所示。查询方式：【债券】→【多维数据】→【债券深度资料】→【信用分析】→【信用评级】。

企业债基本资料

企业债基本资料			
债券全称	2012年吉安市城市建设投资开发公司企业债券	债券简称	12吉城投
债券代码	122685	交易市场	上交所,银行间债券市场(12
发行人	吉安市城市建设投资开发公司	上市日期	2012-06-28
期限(年)	7	剩余期限(天)/(年)	1931(5.2904)
债券类型	企业债	发行价格(元)	100.00
债券面值(元)	100	发行总额(亿元)	16.00
当期利率(发行利率)(%)	7.8000(7.8000)	息票品种	附息
最新信用评级	AA(2013-06-30)	评级机构	鹏元资信评估有限公司
利率类型	固定利率	年付息次数	1年1次
利率说明	7.80%	付息日说明	每年的4月20日,遇节假日则
计息方式	单利	距下一付息日天数	104
起息日期	2012-04-20	到期	
保底利率(%)	--	基准	
利息税率(%)	20.00	固定	
内含特殊条款	债券提前偿还条款	特殊	
担保人	--	担保	
兑付手续费(%)	--	担保	
发行日期	2012-04-20	摘牌	
债据券名称(简称)	104695(12吉城债)	拆分	

图4-7 2012年吉安市城市建设投资开发公司企业债券范例

资料来源:同花顺 iFinD 金融数据终端。

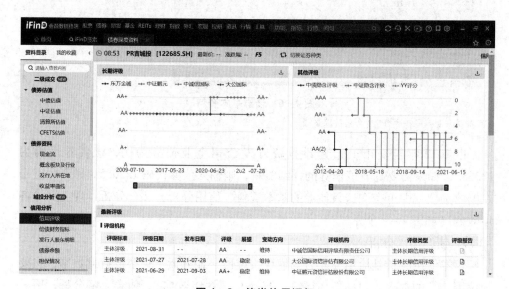

图4-8 债券信用评级

资料来源:同花顺 iFinD 金融数据终端。

3. 债券现金流。

债券现金流是个债的现金流详细数据(如图4-9所示)。

图 4 - 9 债券现金流

资料来源：同花顺 iFinD 金融数据终端。

4. 债券发行人的财务数据。

债券发行人的财务数据是债券发行人在具体报告期内的财务数据，这一数据和股票的财务数据相类似。

查询方式：【债券】→【深度数据】→【深度资料】→【历年财务报表】（如图 4 - 10 所示）。

图 4 - 10 债券发行人的财务数据

资料来源：同花顺 iFinD 金融数据终端。

5. 债券发行人的财务分析。

债券发行人的财务分析是债券发行人在具体报告期内的财务分析数据，这一数据和股票的财务数据类似。

查询方式：【债券】→【深度数据】→【深度资料】→【财务分析】（如图 4 - 11 所示）。

图 4 – 11　债券发行人的财务分析

资料来源：同花顺 iFinD 金融数据终端。

6. 债券公告。

债券公告展示了个债的相关公司公告。

查询方式：【债券】→【深度数据】→【深度资料】→【公司公告】（如图 4 – 12 所示）。

图 4 – 12　公司公告

资料来源：同花顺 iFinD 金融数据终端。

在这一模块中，"关键字"搜索框、"公告类型"筛选框和"日期"筛选框主要是对所有的公司公告进行一定的简单筛选。"关键字"搜索框是对公告的标题进行关键字匹配筛选；"公告类型"筛选框是对公告的类别进行筛选；"日期"筛选框是对公告的发布日期进行筛选。

用户设置筛选条件以后，按【检索】按钮可对这 3 个设置条件进行过滤筛选，选出符合要求的公司公告。

例如，需要检索吉安城投债 2013 年的付息兑付公告，则输入"吉安城投债"为关键字，选择付息兑付为公告类别，日期定为 2013 年 1 月 1 日至 2013 年 12 月 31 日，即可进行筛选。

7. 债券新闻。

债券新闻展示了整个债券市场的相关新闻，检索方法与上述公司公告的检索方法相同。

查询方式：【债券】→【深度数据】→【深度资料】→【债券新闻】→【填入关键字等选项并检索】（如图 4 – 13 所示）。

图 4 – 13 债券新闻

资料来源：同花顺 iFinD 金融数据终端。

8. 债券研究。

债券研究展示了整个债券市场的相关债券研究报告。

搜索所需的研报时，可以用"标题"关键字搜索框、"全文"关键字搜索框以及"日期"筛选框和"研究机构"选择框，对所有的债券研究报告进行一定的简单筛选（如图 4 – 14 所示）。

图 4 – 14 债券研究

资料来源：同花顺 iFinD 金融数据终端。

其中,"标题"关键字搜索框和"全文"关键字搜索框是对公告的标题或是全文进行关键字匹配筛选;"日期"筛选框是对公告的发布日期进行筛选;"研究机构"选择框可选择指定的研究机构来展示旗下的研究报告。

例如,用户需要搜索 2013 年关于城投债的研报,可在标题处输入"城投债"作为关键字,设置日期,检索即可。

9. 相关证券。

相关证券板块包括了相同发行人、相同信用等级、相同行业的具体相关证券(股票和债券)数据。

查询方式:【债券】→【深度数据】→【深度资料】→【相关证券】(如图 4 – 15 所示)。

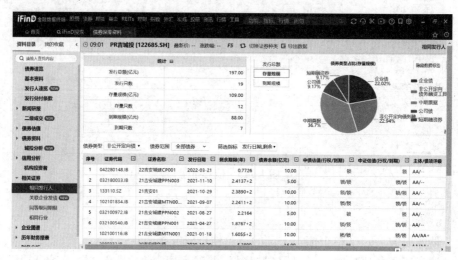

图 4 – 15　相关证券

资料来源:同花顺 iFinD 金融数据终端。

4.2.3　债券统计报表

债券统计报表是把海量的数据从不同的角度进行组合,从而形成时间序列数据或者面板数据。从横向上来看,债券统计报表涵盖了债券的所有品种以及其他可量化的性质;从纵向上来看,则包括了从发行到交易的业务。

债券统计报表的设计者试图站在专业使用者的角度进行数据挖掘,提炼出最为常用的统计数据制作成表。用户通过查看分析某一个专题报表的数据,就能基本了解这一块业务的历史情况以及最新发展。

查询方式:【债券】→【专题统计】。

债券统计报表共涵盖了 10 个大分类,将近 200 多张专题报表,具体内容如下。

1. 市场概况。

市场概况是对不同品种债券的基本性质的说明列表,包括不同品种债券的基本资料、相关概念板块、到期与利率变动情况、回购相关资料、中债托管情况以及其他资料（如图4-16所示）。

图4-16 市场概况

资料来源：同花顺 iFinD 金融数据终端。

（1）存量债券统计。

存量债券统计是所有现存流通债券的存量数据报表，按照债券种类分别统计，可以看出存量债的债券结构、流通规模。通过副表的"债券明细"和"结构图"，用户可以得到明细资料、看到债券的直观表现。

如用户需要截至2014年1月6日上海证券交易所交易的债券，按照剩余期限分类的数据，分别输入日期、交易市场和分类方式，就可提取数据。副表可显示债券明细和结构图（如图4-17所示）。

图4-17 存量债券统计范例

资料来源：同花顺 iFinD 金融数据终端。

（2）基本资料。

在基本资料中，债券按照品种分成小的子报表，每一张报表都阐述了一类债券的基本信息，包括"债券简称""债券代码""期限（年）"以及发行价格等基础指标。查询方式：【债券】→【债券专题】→【市场概况】→【基本资料】。

如用户需要查看截至 2014 年 1 月 6 日上海证券交易所未到期的国债数据，输入日期等选项即可提取（如图 4-18 所示）。

图 4-18 基本资料范例

资料来源：同花顺 iFinD 金融数据终端。

（3）概念板块。

在概念板块中，债券按照概念定义被分成小的子报表：其中有城投债、中小企业私募债、政府支持机构债、同业存单等，每一张报表都阐述了一类概念债券的基本信息，包括"债券简称""债券代码""期限（年）"以及发行价格等基础指标。提取数据的方式与上述基本资料中提取数据的方式一致。路径如图 4-19 所示。

图 4-19 城投债范例

资料来源：同花顺 iFinD 金融数据终端。

（4）到期与利率变动。

到期与付息包括即将到期债券列表、债券发行与到期和债券付息三个部分（如图 4 - 20 所示）。

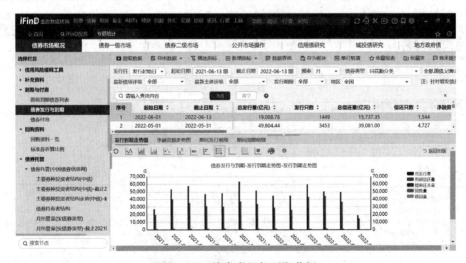

图 4 - 20   到期与利率变动

资料来源：同花顺 iFinD 金融数据终端。

其中，即将到期债券列表对即将到期债券的基本资料进行列示，提示用户哪些债券将要到期。债券付息是债券投资的主要收入，债券派息专题囊括了在一定时期内债券的付息情况。用户可以通过日期、交易市场和债券类型的筛选条件来进行数据提取。在债券的发行与到期统计报表中，展示了在一定频率（月、年等）内，债券的发行和到期情况，这类报表可有助于用户把握国家宏观政策以及市场基准利率趋势。

债券发行与到期的主表是对发行到期情况进行一定的统计。4 张附图展示了发行到期和净融资额的走势图，以及发行和到期的债券明细数据（如图 4 - 21 所示）。

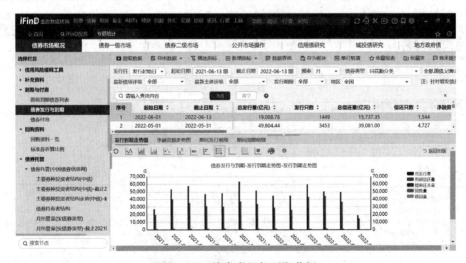

图 4 - 21   债券发行与到期范例

资料来源：同花顺 iFinD 金融数据终端。

债券派息：利息是债券投资的主要收入，债券派息专题囊括了在一定时期内债券的付息情况。用户可以通过日期、交易市场和债券类型的筛选条件来进行数据提取。

（5）回购相关。

回购相关主要包括"回购资料一览"和"标准券折算比例"。"回购资料一览"列举了现在市场中存在的所有回购的基本资料。用户选择交易市场和回购类型后，即可提取数据（如图 4 – 22 所示）。

图 4 – 22　回购资料一览范例

资料来源：同花顺 iFinD 金融数据终端。

"标准券折算比例"展示了沪深两市公布的"标准券折算比例"。如用户需要 2014 年 1 月 3 日上海证券交易所全部债券的标准券折算比例，则可以通过如图 4 – 23 所示的路径操作。

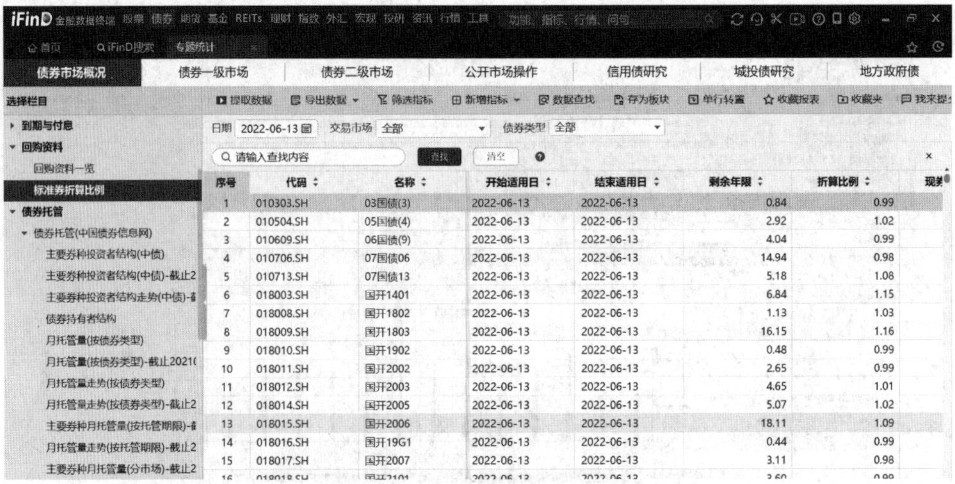

图 4 – 23　标准券折算比例范例

资料来源：同花顺 iFinD 金融数据终端。

（6）补充资料。

补充资料主要包括债券特殊条款、浮动利率债券信息、跨市场债券一览以及债市现金流汇总几个栏目（如图 4－24 所示）。

图 4－24　补充资料界面

资料来源：同花顺 iFinD 金融数据终端。

债券特殊条款摘录了债券特殊条款的内容和执行期间，有助于用户把握债券整体性质。如用户需要全部特殊条款的数据，选择条款类型后即可提取。双击条款内容处还可以查看条款内容明细（如图 4－25 所示）。

图 4－25　债券特殊条款界面

资料来源：同花顺 iFinD 金融数据终端。

浮息债作为一个特殊的债券品种，有一些自身的特性。浮动利率债券信息报表单独整理了浮动利率债券关于基准利率、利差、保底利率等的信息，有助于用户把握整个浮息债市场动向（如图 4－26 所示）。

图 4 - 26　浮动利率债券信息界面

资料来源：同花顺 iFinD 金融数据终端。

跨市场债券一览是同一债券的银行间市场以及交易所交易情况的数据整合，用户可以用来分析是否存在跨市场套利机会（如图 4 - 27 所示）。

图 4 - 27　跨市场债券一览界面

资料来源：同花顺 iFinD 金融数据终端。

债券现金流汇总是对于一个时期之内所有债券付息和兑付现金流的汇总表，通过图形能够看出一个周期之内债市现金流的趋势（如图 4 - 28 所示）。现金流的明细数据可以用来对债券进行定价。

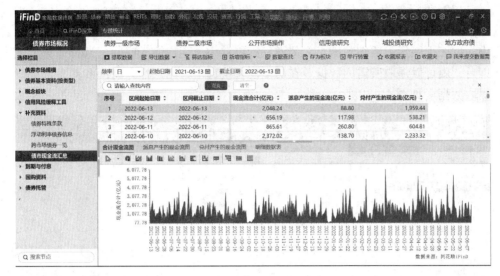

图 4 - 28 债券现金流汇总界面

资料来源：同花顺 iFinD 金融数据终端。

（7）债券托管。

债券托管模块包括 13 张从不同角度表现债券托管量的专题报表，例如按类型、期限、托管只数、市场等进行分类统计。这里的所有报表都是托管在中央国债登记结算有限责任公司的债券的统计数据（如图 4 - 29 所示）。

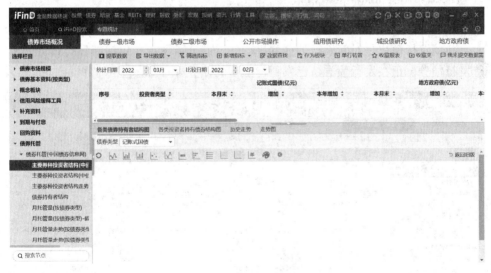

图 4 - 29 债券托管界面

资料来源：同花顺 iFinD 金融数据终端。

2. 一级市场。

一级市场模块从债券的发行总览、新债发行、发行注册、发行利率走势、承销统计等几个方面来展现债券的发行过程。

（1）发行总览。

发行总览是对债券发行统计和历史发行统计进行一定的概括。在归类统计中，副表中展示了明细数据。在债券发行统计中，用户输入时间、选择分类方式以后，就可以提取所需的数据。在历史发行统计中，用户输入时间和频率，可以提取数据（如图 4 - 30 所示）。

图 4 - 30　债券发行统计界面

资料来源：同花顺 iFinD 金融数据终端。

（2）新债发行。

新债发行模块是对新发行的债券进行一定的分类展示，包括新发行债券、等待发行债券、正在发行债券、已发行待上市的债券等（如图 4 - 31 所示）。

图 4 - 31　新债发行界面

资料来源：同花顺 iFinD 金融数据终端。

用户如果需要提取数据，输入日期等选项即可，查询方式：【债券】→【债券专题】→【债券一级市场】→【新债发行】→【已发行待上市债券一览】→【选择截止日期提取数据】。

图 4-32 为截止日期为 2022 年 6 月 13 日的已发行待上市债券数据。

图 4-32　已发行待上市债券范例

资料来源：同花顺 iFinD 金融数据终端。

（3）发行注册。

发行注册报表主要展示债券融资工具的发行注册情况，此数据主要为银行间协会上公布的注册式债券的一些相关注册信息。用户输入日期等其他选项，即可提取数据（如图 4-33 所示）。

图 4-33　债务融资工具发行注册

资料来源：同花顺 iFinD 金融数据终端。

（4）发行利率走势。

发行利率走势报表按照不同的债券类型对债券发行时的利率进行归纳总结，并给出走势图展示。主表分频率进行统计，附表为发行利率的走势及相关债券的明细数据。

如用户需要查询最近一年地方政府债招投标利率走势，输入时间等相关的选项，即可提取数据。查询方式：【债券】→【债券专题】→【债券一级市场】→

【发行利率走势】→【地方政府债招投标利率走势】→【选择时间、频率等选项并提取数据】（如图 4 – 34 所示）。

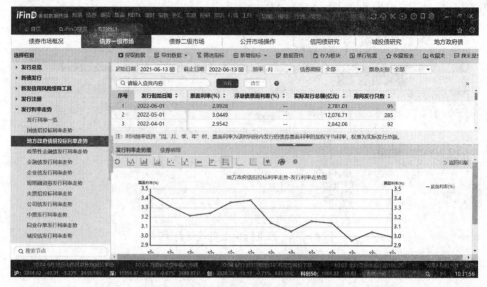

图 4 – 34　地方政府债招投标利率走势

资料来源：同花顺 iFinD 金融数据终端。

（5）承销统计。

承销统计展示债券发行时主承销商的承销情况，共分为 6 张子报表，包括按行业、地区进行统计等。主表为统计数据情况，附表为相应的明细数据。如用户需要公司债发行主承销商的报表，则输入日期、债券类型等选项，就可以提取数据。查询方式：【债券】→【债券专题】→【债券一级市场】→【主承销商统计】→【债券发行主承销商统计】→【选择时间、债券类型等选项并提取数据】（如图 4 – 35 所示）。

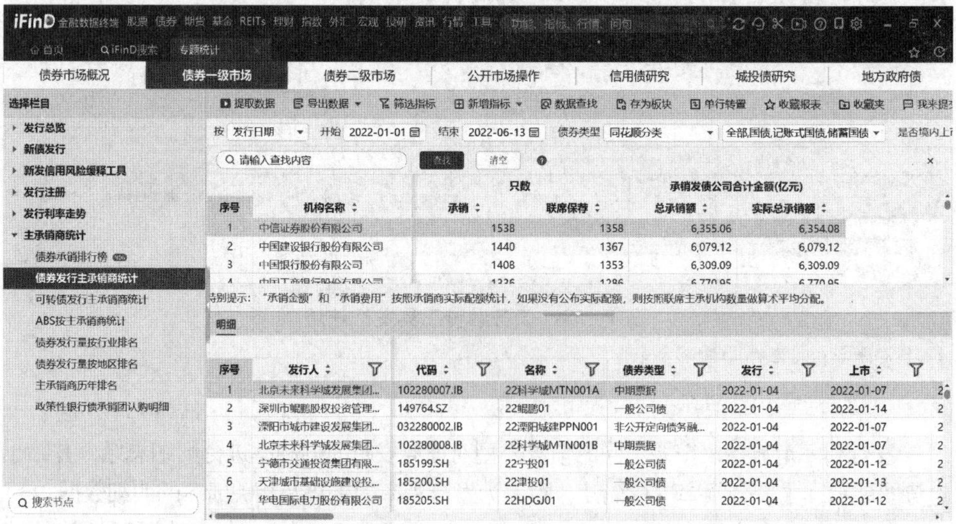

图 4 – 35　债券发行主承销商统计范例

资料来源：同花顺 iFinD 金融数据终端。

3. 二级市场。

"二级市场"模块主要向用户展示成交统计报表，包括成交总览、银行间市场成交统计、每日行情、债券指数、历史行情等一些相关成交数据，涵盖了各种性质机构的成交统计情况（数据主要来自中国货币网）以及不同品种债券以及指数的行情信息。

查询方式：【债券】→【债券专题】→【债券二级市场】。

（1）成交总览。

成交总览主要按不同的市场、期限及债券类型，对债券历史成交情况进行归纳统计。

如用户需要回购与现券成交统计，则可以填入时间、频率与交易场所，提取相应的数据。主表为数据统计，附表为成交走势图以及成交量占比图。

查询方式：【债券】→【债券专题】→【债券二级市场】→【成交总览】→【回购与现券成交统计】→【输入时间等选项提取数据】（如图4-36所示）。

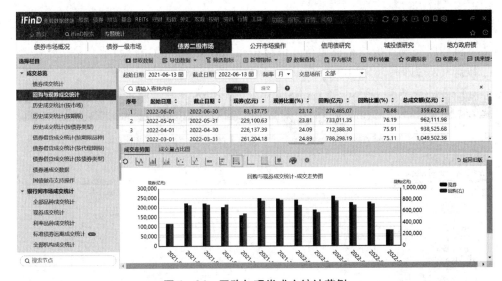

图4-36 回购与现券成交统计范例

资料来源：同花顺 iFinD 金融数据终端。

（2）银行间市场成交统计。

在银行间市场成交统计中，将银行间债券按不同的交易机构类型分类，为用户展示了银行间交易品种的成交情况。用户输入日期等选项，即可提取相关数据。如用户需要最近一年的现券成交统计报表，输入相应的时间和频率即可提取。

查询方式：【债券】→【债券专题】→【债券二级市场】→【银行间市场成交统计】→【现券成交统计】→【输入时间等选项提取数据】（如图4-37所示）。

图 4-37　现券成交统计范例

资料来源：同花顺 iFinD 金融数据终端。

（3）机构成交统计（旧版分类）。

机构成交统计板块是将银行间债券按照旧版分类，为用户展示交易机构类型的数据（如图4-38所示）。

图 4-38　机构成交统计（旧版分类）

资料来源：同花顺 iFinD 金融数据终端。

（4）每日行情。

每日行情板块为用户展示债券市场的每日收盘行情，包括现券、中债估值、利率互换月/日统计、柜台债券行情、交易所债券大宗交易（前）行情、回购行情、同业拆借行情等。用户输入时间等选项，即可提取相应数据。

利率互换日统计报表的查询方式：【债券】→【债券专题】→【债券二级市

场】→【其他行情】→【利率互换日统计报表】→【输入时间等选项提取数据】。
查询界面如图 4 - 39 所示。

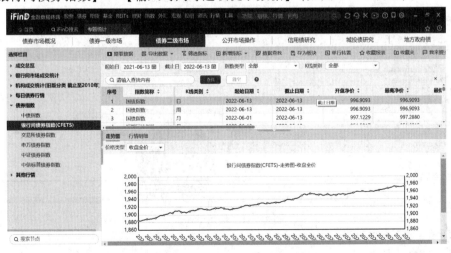

图 4 - 39 利率互换日统计报表范例

资料来源：同花顺 iFinD 金融数据终端。

（5）债券指数。

债券指数展示了不同机构发布的各类债券指数数据，包括中债、银行间债券（chinamoney）、交易所、申万、中证、中信标普等。

如用户需要银行间债券指数数据，则输入日期、指数类型等选项，就可以提取相应数据。统计报表可分为主表和附表，主表显示指数明细，附表显示走势图和行情明细。

查询方式：【债券】→【债券专题】→【债券二级市场】→【债券指数】→【银行间债券指数】→【输入时间等选项提取数据】（如图 4 - 40 所示）。

图 4 - 40 银行间债券指数范例

资料来源：同花顺 iFinD 金融数据终端。

（6）历史行情。

历史行情板块包括三张报表，主要展示远期交易和资产支持债券的成交明细。

4. 信用债研究。

信用债是不以公司任何资产作为担保的债券，有一定的特殊性。信用债是指政府之外的主体发行的、约定了确定的本息偿付现金流的债券，具体包括企业债、公司债、短期融资券、中期票据、分离交易可转债、资产支持证券、次级债等品种。信用债券与政府债券相比最显著的差异就是存在信用风险，所以信用债券比国债有着更高的收益。

信用债统计报表主要包括信用债的基本资料、发行信息、信用分析、特殊条款、发行人的财务状况统计、定价估值以及信用风险缓释工具。通过对这些信息的分析可以大致评价出一个债券的信用状况以及变化趋势。

信用债统计报表中，比较有信用债特色的两个模块是信用分析和发行人统计。

（1）信用债概览和发行统计。

信用债概览和发行统计是信用债券的存量数据报表，按照债券类型分别统计，展示信用债的债券结构、流通规模等。输入时间等选项提取数据时，附表显示债券明细和结构图。

查询方式：【债券】→【债券专题】→【债券二级市场】→【信用债】（如图 4 - 41 所示）。

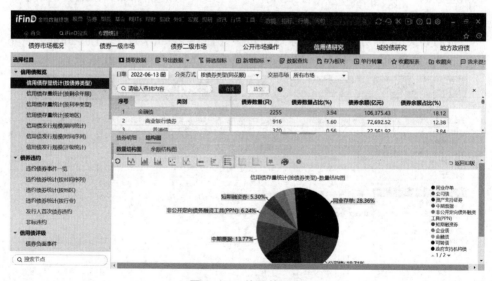

图 4 - 41　信用债研究

资料来源：同花顺 iFinD 金融数据终端。

（2）基本资料。

基本资料板块根据信用债券的品种，将其分成不同类型的子报表，每一张报表都阐述了一类信用债的基本信息，包括债券简称、债券代码、期限（年）、发行价格等基础指标。

如用户需要企业债的统计报表，输入时间等信息即可提取。

查询方式：【债券】→【债券专题】→【信用债】→【类别】→【企业债】→【输入时间等选项提取数据】（如图 4-42 所示）。

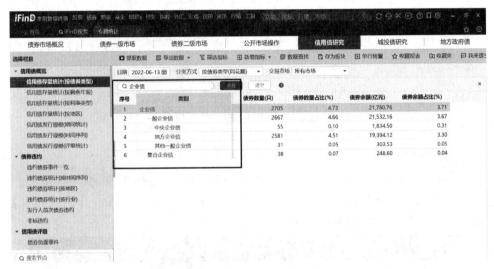

图 4-42　企业债范例

资料来源：同花顺 iFinD 金融数据终端。

（3）概念板块。

信用债研究中，概念板块与市场概况中的概念板块数据和用法相似，这里就不再赘述。

（4）发行信息。

发行信息展示了信用债的发行情况统计报表，包括等待发行信用债、已上市待发行信用债、可分离债发行等数据报表。

（5）信用分析。

信用分析展示信用债的评级情况，信用评级的根本目的在于揭示受评对象违约风险的大小，所评价的目标是经济主体按合同约定如期履行债务或其他义务的能力和意愿。信用分析板块有助于用户了解受评对象违约风险的大小及变化情况。

信用分析可分为总体的评级和分项评级，有债券评级、主体评级、担保人评级、发债公司的评级等。

查询方式：【债券】→【债券专题】→【信用债】→【信用债评级】。

如用户需要债项评级调低债券的明细数据，则输入时间和债券类型，即可得到债券名称、发行人、评级日期、信用等级等信息（如图 4-43 所示）。

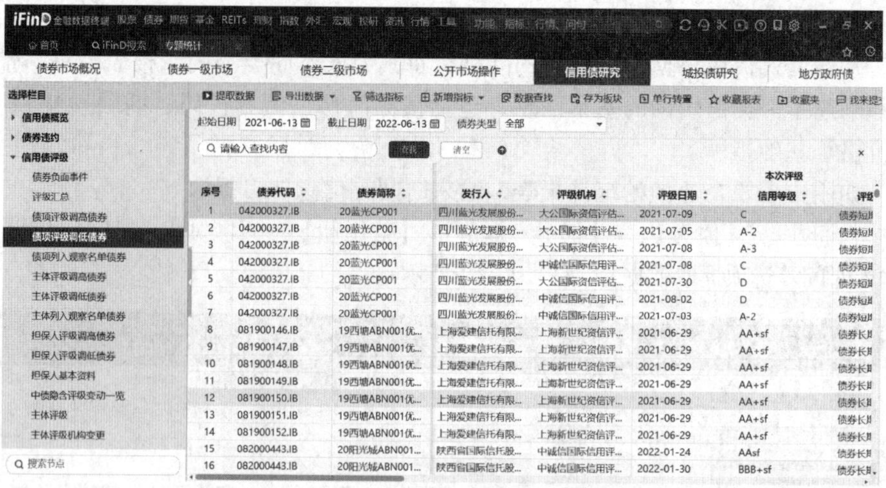

图 4 - 43　债项评级调低债券范例

资料来源：同花顺 iFinD 金融数据终端。

（6）特殊条款。

特殊条款统计报表包括企业债、公司债和中期票据三种类型的特殊条款具体信息。

如用户需要企业债特殊条款的具体信息，提取数据后，双击【条款内容】就可以看到条款明细（如图 4 - 44 所示）。

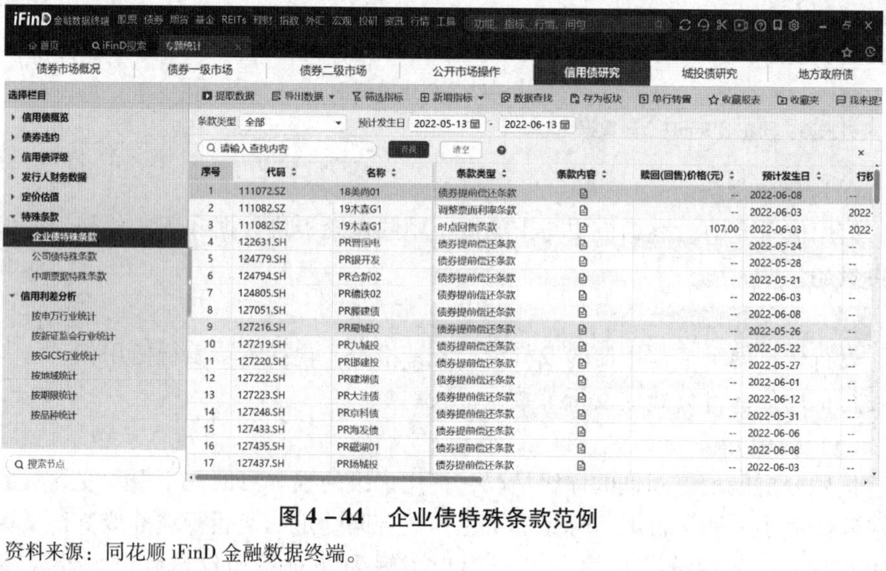

图 4 - 44　企业债特殊条款范例

资料来源：同花顺 iFinD 金融数据终端。

（7）发行人统计。

发行人统计板块是对于发债主体基本财务指标的分析，有助于用户了解投资该债券的信用风险；用户借助发行人授信额度、偿债能力分析、营运能力分析等指标，可以分析出债券的偿还能力及趋势。如发行人发债统计报表，附表显示的是发行人发行的债券明细（如图 4 - 45 所示）。

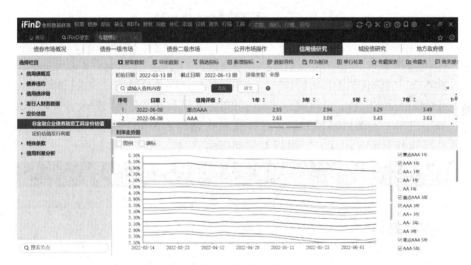

图 4-45 发行人统计界面

资料来源：同花顺 iFinD 金融数据终端。

（8）定价估值。

定价估值报表展示了非金融企业债务融资工具定价估值的数据，以及相关证券发行时与此定价估值数据的利差数据（如图 4-46 所示）。

图 4-46 定价估值界面

资料来源：同花顺 iFinD 金融数据终端。

5. 可转债研究。

可转换债券（以下简称可转债）是债券的一种，它可以转换为债券发行公司的股票，通常具有较低的票面利率。从本质上来讲，可转换债券是在发行公司债券的基础上附加了一份期权，并允许购买人在规定的时间范围内将其购买的债券转换成指定公司的股票。

可转债作为一种含权债券，自身具备一些特性，在发行、计息、特殊条款、价值分析方面都有一些独有的指标。本专题从这些业务入手制作专题报表，每一张报表反映可转债在一个方面的特性。

查询方式：【债券】→【债券专题】→【可转债】。

（1）发行信息。

发行信息模块包括发行预案、发行情况、发行结果和申购者名单四张专题报表。用户选择日期和类型后，即可提取所需的数据（如图 4 - 47 所示）。

图 4 - 47　可转债发行预案范例

资料来源：同花顺 iFinD 金融数据终端。

（2）基本资料。

基本资料模块包括上市可转债一览、可转债付息以及募投项目效益三张报表，展示了可转债的基本资料、可转债存续期内的付息情况及发债募集到资金的投向情况。

如用户需要上市可转债数据，选择交易状态和是否担保选项即可提取，双击票面利率和募集资金用途，还可以看到明细信息（如图 4 - 48 所示）。

图 4 - 48　上市可转债一览范例

资料来源：同花顺 iFinD 金融数据终端。

（3）市场表现。

市场表现模块包含可转债行情与分析、可转债的转换价值分析、可转债的区间价值分析（可转债市场和正股市场的比较分析）以及间隔市场的成交统计四种报表。

如用户想要比较可转债涨跌幅和正股涨跌幅，提取可转债区间价值分析报表即可（如图 4－49 所示）。

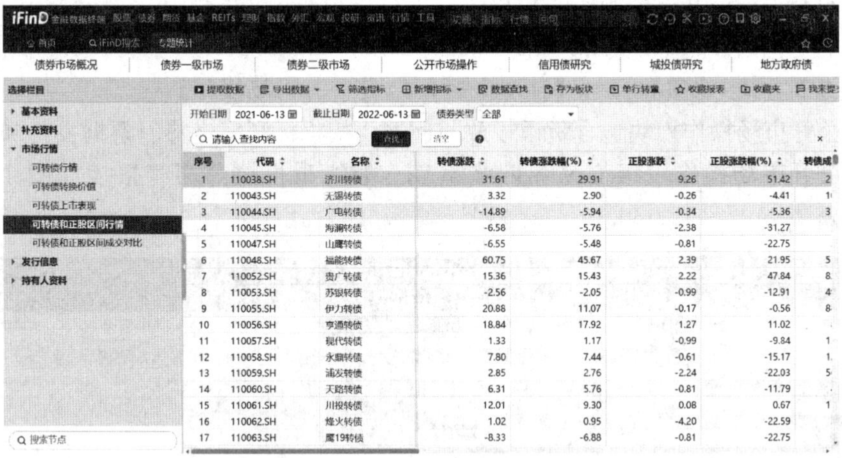

序号	代码	名称	转债涨跌	转债涨跌幅(%)	正股涨跌	正股涨跌幅(%)	转债成
1	110038.SH	济川转债	31.61	29.91	9.26	51.42	2
2	110043.SH	无锡转债	3.32	2.90	-0.26	-4.41	1
3	110044.SH	广电转债	-14.89	-5.94	-0.34	-5.36	3
4	110045.SH	海澜转债	-6.58	-5.76	-2.38	-31.27	
5	110047.SH	山鹰转债	-6.55	-5.48	-0.81	-22.75	
6	110048.SH	福能转债	60.75	45.67	2.39	21.95	5
7	110052.SH	贵广转债	15.36	15.43	2.22	47.84	8
8	110053.SH	苏银转债	-2.56	-2.05	-0.99	-12.91	4
9	110055.SH	伊力转债	20.88	11.07	-0.17	-0.56	8
10	110056.SH	亨通转债	18.84	17.92	1.27	11.02	
11	110057.SH	现代转债	1.33	1.17	-0.99	-9.84	1
12	110058.SH	永鼎转债	7.80	7.44	-0.61	-15.17	1
13	110059.SH	浦发转债	2.85	2.76	-2.24	-22.03	5
14	110060.SH	天路转债	6.31	5.76	-0.81	-11.79	
15	110061.SH	川投转债	12.01	9.30	0.08	0.67	1
16	110062.SH	烽火转债	1.02	0.95	-4.20	-22.59	
17	110063.SH	鹰19转债	-8.33	-6.88	-0.81	-22.75	

图 4－49　可转债区间价值分析范例

资料来源：同花顺 iFinD 金融数据终端。

（4）条款统计。

可转债作为一种含权债券，在条款设置上也比一般债券更加复杂。条款统计模块包含转股明细、转债余额变动、利率条款、转股价格以及转债余额五张报表。

（5）持有人资料。

持有人资料模块包含债券的十大持有人以及 QFII 持有可转债的情况，这些数据是从发行人的阶段性报表中获取的（如图 4－50 所示）。

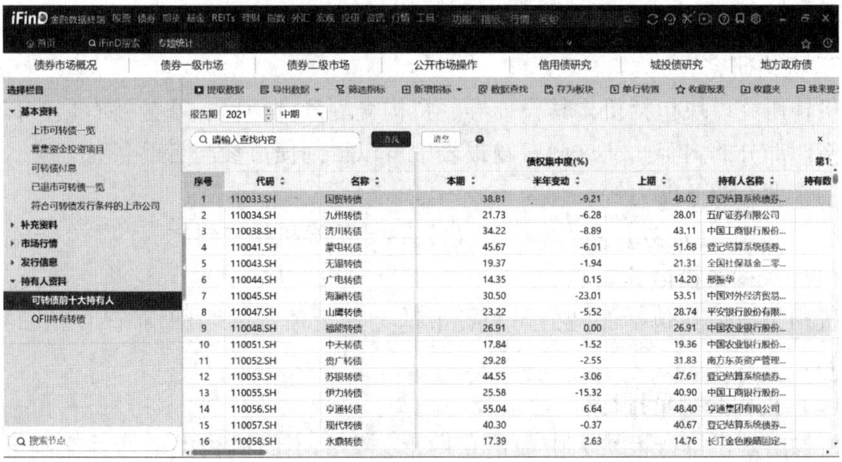

序号	代码	名称	债权集中度(%) 本期	半年变动	上期	持有人名称
1	110033.SH	国贸转债	38.81	-9.21	48.02	登记结算系统债券...
2	110034.SH	九州转债	21.73	-6.28	28.01	五矿证券有限公司
3	110038.SH	济川转债	34.22	-8.89	43.11	中国工商银行股份...
4	110041.SH	蒙电转债	45.67	-6.01	51.68	登记结算系统债券...
5	110043.SH	无锡转债	19.37	-1.94	21.31	全国社保基金二零...
6	110044.SH	广电转债	14.35	0.15	14.20	邢振华
7	110045.SH	海澜转债	30.50	-23.01	53.51	中国对外经济贸易...
8	110047.SH	山鹰转债	23.22	-5.52	28.74	平安银行股份有限...
9	110048.SH	福能转债	26.91	0.00	26.91	中国农业银行股份...
10	110051.SH	中天转债	17.84	-1.52	19.36	中国农业银行股份...
11	110052.SH	贵广转债	29.28	-2.55	31.83	南方东英资产管理...
12	110053.SH	苏银转债	44.55	-3.06	47.61	登记结算系统债券...
13	110055.SH	伊力转债	25.58	-15.32	40.90	中国工商银行股份...
14	110056.SH	亨通转债	55.04	6.64	48.40	亨通集团有限公司
15	110057.SH	现代转债	40.30	-0.37	40.67	登记结算系统债券...
16	110058.SH	永鼎转债	17.39	2.63	14.76	长汀金色晚晴固定...

图 4－50　可转债十大持有人范例

资料来源：同花顺 iFinD 金融数据终端。

6. 公开市场操作。

公开市场操作（公开市场业务）是中央银行吞吐基础货币、调节市场流动性的主要货币政策工具，通过中央银行与指定交易商进行有价证券和外汇交易，实现货币政策调控目标。中国人民银行的公开市场操作包括人民币操作和外汇操作两部分。

跟踪央行公开市场操作的数据，可以分析出当前市场的流动性状况和趋势、政策的变化以及利率走势的变化。

查询方式：【债券】→【债券专题】→【公开市场操作】。

公开市场操作模块包含货币投放与回笼、招投标利率走势、票据发行和到期以及公开市场操作一级交易商四张报表。如货币投放与回笼报表如图 4 – 51 所示。

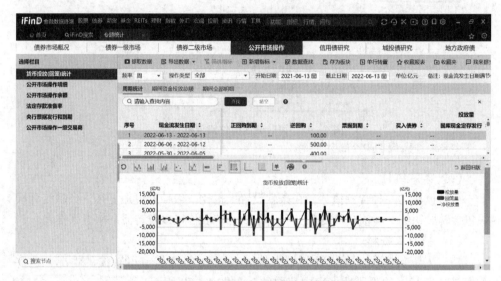

图 4 – 51　货币投放（回笼）统计范例

资料来源：同花顺 iFinD 金融数据终端。

7. 机构研究。

机构研究模块包括机构禁投债券、机构交割量排行榜、基金持有债券以及会员资格四部分的内容。从这些专题报表中可以得到债市参与者的各种信息，包括持债的额度、业务能力等。

查询方式：【债券】→【债券专题】→【债券机构资料】。

（1）机构禁投债券。

机构禁投债券包括保险公司和货币基金禁投债券的明细情况（如图 4 – 52 所示）。

（2）机构交割量排行。

机构交割量排行板块为中债信息网上公布的不同机构类型的月交割量数据（如图 4 – 53 所示）。

图4-52 保险公司禁投债券列表范例

资料来源：同花顺 iFinD 金融数据终端。

图4-53 机构交割量总排行表范例

资料来源：同花顺 iFinD 金融数据终端。

（3）基金持有债券。

此板块为基金报告期里持有债券的汇总及明细数据（如图4-54所示）。

（4）会员资格。

会员资格板块包括债券市场业务的各种会员情况（如图4-55所示）。

图 4 – 54　基金持有债券明细范例

资料来源：同花顺 iFinD 金融数据终端。

图 4 – 55　外汇交易中心会员范例

资料来源：同花顺 iFinD 金融数据终端。

8. 海外债券。

海外债券模块主要包括中国香港债券的基本信息及最新发行债券情况。

查询方式：【债券】→【债券专题】→【海外债券】（如图 4 – 56 所示）。

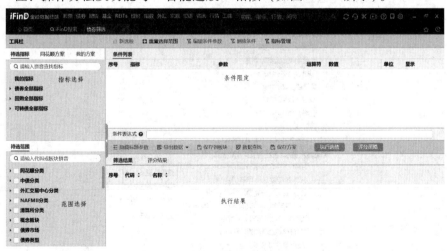

图 4 - 56　海外债券基本资料范例

资料来源：同花顺 iFinD 金融数据终端。

4.2.4　债券筛选

债券筛选主要分四块区域：指标选择区、范围选择区、条件限定区和执行结果区。用户可在系统板块或用户自定义板块的范围内，针对上千余项系统提供的指标或自定义指标进行参数设置，筛选出符合条件的债券品种。相应的筛选结果可以保存为自定义板块；筛选条件可保存到"我的方案"中，便于重复调用。

查询方式：【债券】→【多维数据】→【债券筛选】→【选择指标】→【选择债券类型】→【提取数据】→【导出数据】。

注：操作方法及功能与"智能选股"相似（如图 4 - 57 所示）。

图 4 - 57　债券筛选界面

资料来源：同花顺 iFinD 金融数据终端。

4.2.5　利率走势

利率走势模块主要提供了中债信息网、中证、银行间外汇交易中心（china-money）、上海清算所编制的一些曲线数据，也有货币市场、债券发行利率的曲线数据，可一次性选择多条曲线数据的进行提取，进行相应的比较。

查询方式：【债券】→【多维数据】→【利率走势】→【选择指标】→【提取数据】→【导出数据】（如图 4－58 所示）。

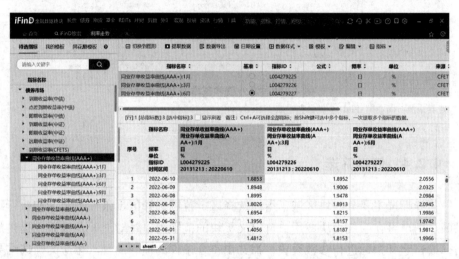

图 4－58　利率走势－1

资料来源：同花顺 iFinD 金融数据终端。

简单操作步骤：

第一步，在界面左边选择相应的曲线（如图 4－59 所示）。

图 4－59　利率走势－2

资料来源：同花顺 iFinD 金融数据终端。

第二步，双击或右击【添加指标】按钮，把相应的曲线添加到右上角的区域（如图 4 - 60 所示）。

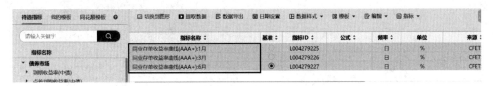

图 4 - 60 利率走势 - 3

资料来源：同花顺 iFinD 金融数据终端。

第三步，选中一条或多条曲线后提取数据（在左边选择曲线时右击【提取数据】按钮也可提取数据）（如图 4 - 61 所示）。

切换到图形	▶ 提取数据	数据导出	日期设置	数据样式 ▼	模板 ▼	编辑 ▼	指标 ▼		
指标名称 ⬍			**基准 ⬍**	**指标ID ⬍**	**公式 ⬍**	**频率 ⬍**	**单位 ⬍**	**来源**	
同业存单收益率曲线(AAA+):1月			○	L004279225		日	%	CFET	
同业存单收益率曲线(AAA+):3月			○	L004279226		日	%	CFET	
同业存单收益率曲线(AAA+):6月			◉	L004279227		日	%	CFET	

[行]:1 [总指标数]:3 [选中指标]:3 ☐ 显示利差 备注：Ctrl+A可选择全部指标；按Shift键可选中多个指标，一次提取多个指标的数据。

图 4 - 61 利率走势 - 4

资料来源：同花顺 iFinD 金融数据终端。

第四步，在数据图形展示区域查看数据或图形数据，如图 4 - 62、图 4 - 63 所示。

序号	指标名称 频率 单位 指标ID 时间区间	同业存单收益率曲线(AAA+) 同业存单收益率曲线(AAA+):1月 日 % L004279225 20131213 : 20220610	同业存单收益率曲线(AAA+) 同业存单收益率曲线(AAA+):3月 日 % L004279226 20131213 : 20220610	同业存单收益率曲线(AAA+) 同业存单收益率曲线(AAA+):6月 日 % L004279227 20131213 : 20220610
1	2022-06-10	1.8853	1.8952	2.0556
2	2022-06-09	1.8948	1.9006	2.0325
3	2022-06-08	1.8995	1.9478	2.0984
4	2022-06-07	1.8026	1.8913	2.0945
5	2022-06-06	1.6954	1.8215	1.9986
6	2022-06-02	1.3956	1.8157	1.9742
7	2022-06-01	1.4056	1.8187	1.9812
8	2022-05-31	1.4812	1.8153	1.9966
9	2022-05-30	1.5619	1.7963	1.9826
10	2022-05-27	1.5252	1.7953	1.9505
11	2022-05-26	1.5025	1.7728	1.9746
12	2022-05-25	1.5025	1.7728	1.9746
13	2022-05-24	1.4921	1.7927	1.9917
14	2022-05-23	1.4889	1.7913	2.0002

◄ ◄ ► ► sheet1

图 4 - 62 利率走势 - 5

资料来源：同花顺 iFinD 金融数据终端。

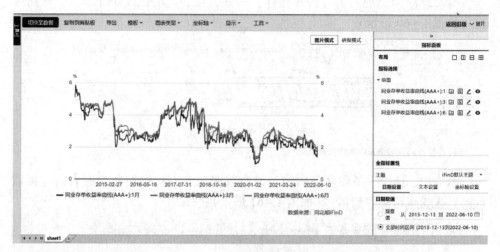

图 4 – 63　利率走势 – 6

资料来源：同花顺 iFinD 金融数据终端。

第五步，提取数据或作图以后，可将数据或图形导出到 Excel 或是 Word 中（如图 4 – 64、图 4 – 65 所示）。

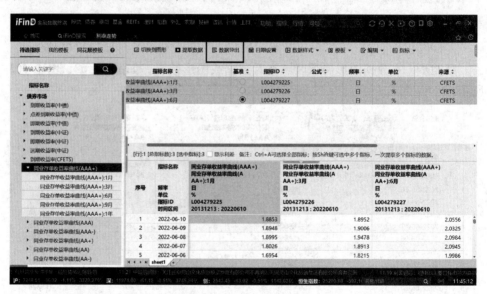

图 4 – 64　利率走势 – 7

资料来源：同花顺 iFinD 金融数据终端。

4.2.6　期限结构

此板块主要功能分为两部分：曲线选择区和图形数据展示区。

查询方式：【债券】→【多维数据】→【期限结构】。

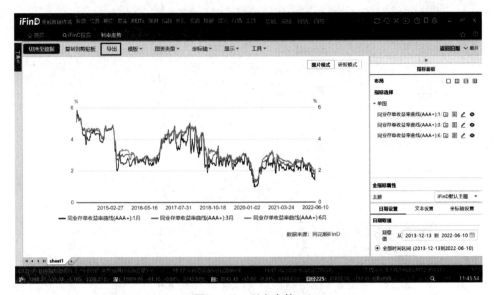

图 4 - 65　利率走势 - 8

资料来源：同花顺 iFinD 金融数据终端。

选择曲线后可按【提取数据】按钮直接提取数据（如图 4 - 66 所示）。

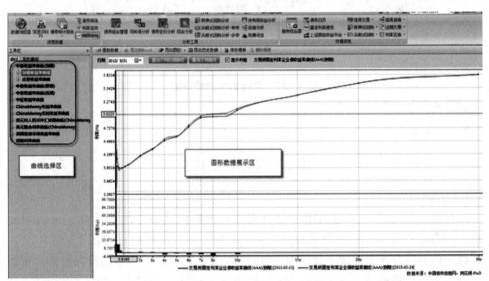

图 4 - 66　期限结构界面

资料来源：同花顺 iFinD 金融数据终端。

在图形界面中，有两种不同曲线的对比方式：叠加不同时间曲线和叠加不同曲线（如图 4 - 67 所示）。

数据展示情况：展示不同年期的数据情况（包括非关键年期），其中非关键年期（中债）的数据需要中债授权才能浏览数据。

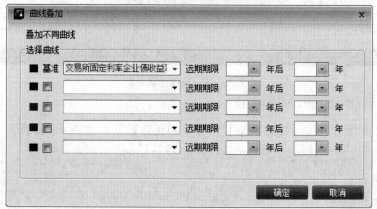

图 4 – 67　期限结构曲线叠加

资料来源: 同花顺 iFinD 金融数据终端。

4.3　分析工具*

　　分析工具的作用是帮助用户分析债券,主要包括债券组合管理、可转债分析、债券定价分析、债券进阶分析、债券分析计算器等模块(如图 4 – 68 所示)。其中,债券组合管理模块主要让用户对自己的债券组合进行一定的数据分析。可转债分析模块几乎涵盖了可转债所有的分析和计算数据,包括可转债的实时行情、转股和纯债溢价数据、转债余额数据等。债券定价分析模块主要针对附息债券的不同利率类型采用不同的模型对债券进行定价。债券进阶分析采用信用利差分析、流动性分析、风险收益分析等对债券组合进一步分析。通过债券分析计算器,可以根据附息债券的不同利率类型,采用不同的模型对债券进行相关重要指标数据计算。

---

　　* 鉴于债券组合管理模块主要让用户对自己的债券组合进行一定的数据分析。每个用户的数据不同,无法详述,故本节不做详细介绍。

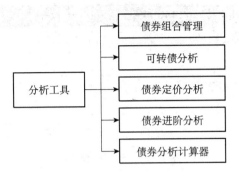

图 4 - 68   分析工具内容结构

资料来源：同花顺 iFinD 金融数据终端。

4.3.1   可转债分析

可转债分析模块几乎涵盖了可转债所有的分析和计算数据，包含可转债的实时行情、转股和纯债溢价数据、转债余额数据、各类条款（修正条款、回售条款、赎回条款和利率条款）的分析情况、正股指标分析及两个计算器（转债相关指标计算器和债券定价计算器）。

查询方式：【债券】→【分析工具】→【债券计算器】→【综合分析】→【可转债分析】（如图 4 - 69 所示）。

序号	代码	简称	现价	涨跌	涨跌幅	振幅	成交量	成交额	时间	正股名称	正股价格	正股涨跌幅
1	110038.SH	济川转债	137.800	0.520	0.38%	4.20%	506,730.00	70,430,040.00	13:31	济川药业	27.87	2.2(
2	110043.SH	无锡转债	116.790	-1.110	-0.94%	1.09%	450,910.00	52,698,977.00	13:31	无锡银行	5.48	-2.8(
3	110044.SH	广电转债	236.750	1.060	0.45%	0.82%	390,910.00	92,402,698.00	13:31	广电网络	5.88	-2.0(
4	110045.SH	海澜转债	107.710	-0.040	-0.04%	0.32%	135,990.00	14,657,941.00	13:31	海澜之家	5.16	-1.3(
5	110047.SH	山鹰转债	112.790	-0.210	-0.19%	0.51%	52,690.00	5,940,841.60	13:31	山鹰国际	2.74	-0.3(

序号	转债代码	转债名称	进入转股期 日期	进入转股期 进度	进入回售期 日期	进入回售期 进度	进入赎回期 日期	进入赎回期 进度	到期日	剩余期限	起息
1	110038.SH	济川转债	2018-05-17	已进入	2020-11-13	已进入	2018-05-17	进入	2022-11-13	153/1826,8.38%	2017-
2	110043.SH	无锡转债	2018-08-06	已进入	--	--	2018-08-06	进入	2024-01-30	596/2191,27.20%	2018-
3	110044.SH	广电转债	2019-01-03	已进入	2022-06-27	1447/1461,99.04%	2019-01-03	已进入	2024-06-27	745/2192,33.99%	2018-
4	110045.SH	海澜转债	2019-01-21	已进入	2022-07-13	1431/1461,97.95%	2019-01-21	进入	2024-07-13	761/2192,34.72%	2018-
5	110047.SH	山鹰转债	2019-05-27	已进入	2022-11-21	1300/1461,88.98%	2019-05-27	进入	2024-11-21	892/2192,40.69%	2018-
6	110051.SH	福能转债	2019-06-14	已进入	2022-12-07	1284/1461,87.89%	2019-09-11	进入	2024-12-07	908/2192,41.42%	2019-
7	110052.SH	贵广转债	2019-09-11	已进入	2023-03-05	1196/1461,81.86%	2019-09-11	进入	2025-03-05	996/2192,45.44%	2019-

图 4 - 69   可转债分析界面

资料来源：同花顺 iFinD 金融数据终端。

转债行情：展示了所有未到期可转债的实时行情数据及相应的计算指标数据（如图 4 - 70 所示）。

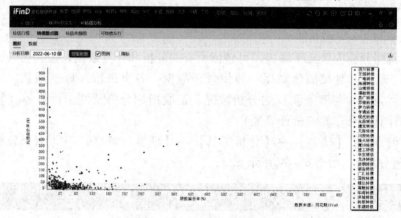

图 4 - 70　转债行情界面

资料来源：同花顺 iFinD 金融数据终端。

转债散点图：展示了所有未到期可转债的转股溢价和纯债溢价的相关数据及图形，转债散点图和转债余额图都可以以图形和数据两种形式呈现（如图 4 - 71 所示）。

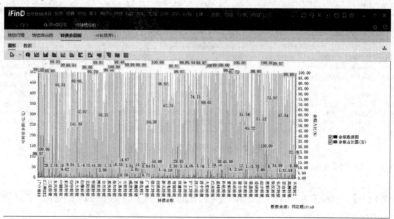

图 4 - 71　转债散点图界面

资料来源：同花顺 iFinD 金融数据终端。

转债余额图：展示了所有未到期可转债的余额情况及具体发生余额情况（如图 4 - 72 所示）。

图 4 - 72　转债余额图界面

资料来源：同花顺 iFinD 金融数据终端。

条款进度：展示了所有未到期可转债转股、回售、赎回、到期的进度情况（如图 4 - 73 所示）。

债股走势图对照	条款进度	修正条款	回售条款	赎回条款	利率条款	正股指标	转债走势	转债计算器	转债定价分析

序号	转债代码	转债名称	进入转股期 日期	进度	进入回售期 日期	进度	进入赎回期 日期	进度	到期日期 到期日	剩余期限	起息
1	110038.SH	济川转债	2018-05-17	已进入	2020-11-13	已进入	2018-05-17	已进入	2022-11-13	153/1826,8.38%	2017-
2	110043.SH	无锡转债	2018-08-06	已进入	--		2018-08-06	已进入	2024-01-30	596/2191,27.20%	2018-
3	110044.SH	广电转债	2019-01-03	已进入	2022-06-27	1447/1461,99.04%	2019-01-03	已进入	2024-06-27	745/2192,33.99%	2018-
4	110045.SH	海澜转债	2019-01-21	已进入	2022-07-13	1431/1461,97.95%	2019-01-21	已进入	2024-07-13	761/2192,34.72%	2018-
5	110047.SH	山鹰转债	2019-05-27	已进入	2022-11-21	1300/1461,88.98%	2019-05-27	已进入	2024-11-21	892/2192,40.69%	2018-
6	110048.SH	福能转债	2019-06-14	已进入	2022-12-07	1284/1461,87.89%	2019-06-14	已进入	2024-12-07	908/2192,41.42%	2019-
7	110052.SH	贵广转债	2019-09-11	已进入	2023-03-05	1196/1461,81.86%	2019-09-11	已进入	2025-03-05	996/2192,45.44%	2019-
8	110053.SH	苏银转债	2019-09-20	已进入	--		2019-09-20	已进入	2025-03-14	1005/2192,45.85%	2019-
9	110055.SH	伊力转债	2019-09-23	已进入	2023-03-15	1186/1461,81.18%	2019-09-23	已进入	2025-03-23	1006/2192,45.89%	2019-
10	110056.SH	亨通转债	2019-09-26	已进入	2023-03-19	1182/1461,80.90%	2019-09-26	已进入	2025-03-19	1010/2192,46.08%	2019-
11	110057.SH	现代转债	2019-10-08	已进入	2023-04-01	1169/1461,80.01%	2019-10-08	已进入	2025-04-01	1023/2192,46.67%	2019-
12	110058.SH	永鼎转债	2019-10-22	已进入	2023-04-16	1154/1461,78.99%	2019-10-22	已进入	2025-04-16	1038/2192,47.35%	2019-

图 4 - 73　条款进度界面

资料来源：同花顺 iFinD 金融数据终端。

修正条款：展示了可转债特别向下修正条款的具体情况及已发行修改转股价的情况（如图 4 - 74 所示）。

债股走势图对照	条款进度	修正条款	回售条款	赎回条款	利率条款	正股指标	转债走势	转债计算器	转债定价分析

序号	转债代码	转债名称	修正起始日	转股价	触发价	触发条件	触发进度	触发情况	触发日期	修正价格底线说明	修正次数限制	转
1	110038.SH	济川转债	2017-11-13	22.7200	18.1760	10/30,80%	0/0,0%	已触发3次			不限	
2	110043.SH	无锡转债	2018-01-30	5.6100	4.4880	15/30,80%	0/0,0%	已触发2次			不限	
3	110044.SH	广电转债	2018-06-27	6.8700	6.1830	10/20,90%	27/31,100%	已触发4次			不限	
4	110045.SH	海澜转债	2018-07-13	7.0400	5.9840	15/30,85%	63/63,100%	已触发3次			不限	
5	110047.SH	山鹰转债	2018-11-21	3.1900	2.5520	15/30,80%	0/0,0%	未触发			不限	
6	110048.SH	福能转债	2018-12-07	7.8500	7.0650	15/30,90%	0/0,0%	已触发1次			不限	
7	110052.SH	贵广转债	2019-03-05	7.9400	7.1460	10/20,90%	9/13,90%	已触发2次			不限	
8	110053.SH	苏银转债	2019-03-14	5.9700	4.7760	15/30,80%	0/0,0%	已触发1次			不限	
9	110055.SH	伊力转债	2019-03-15	16.4100	13.1280	15/30,80%	0/0,0%	已触发1次			不限	
10	110056.SH	亨通转债	2019-03-19	14.9500	12.7075	15/30,85%	39/44,100%	已触发3次			不限	
11	110057.SH	现代转债	2019-04-01	9.7900	7.8320	15/30,80%	0/0,0%	未触发			不限	
12	110058.SH	永鼎转债	2019-04-16	5.0400	4.2840	15/30,85%	71/86,100%	已触发5次			不限	
13	110059.SH	浦发转债	2019-10-28	13.9700	11.1760	15/30,80%	577/580,100%	已触发2次			不限	

图 4 - 74　修正条款界面

资料来源：同花顺 iFinD 金融数据终端。

回售条款：展示了可转债回售条款的具体情况及已发行过回售的历史情况（如图 4 - 75 所示）。

债股走势图对照	条款进度	修正条款	回售条款	赎回条款	利率条款	正股指标	转债走势	转债计算器	转债定价分析

序号	转债代码	转债名称	回售起始日	回售价	转股价	触发价	触发条件	触发进度	触发情况	触发日期	每年可回售次数	回售条影
1	110038.SH	济川转债	2020-11-13	106.0000	22.7200	11.3600	30/30,50%	0/0,0%	未触发		1	
2	110043.SH	无锡转债	--		5.6100			0/0,0%	未触发		1	
3	110044.SH	广电转债	2022-06-27	101.8000	6.8700	4.8090	30/30,70%	0/0,0%	未触发		1	
4	110045.SH	海澜转债	2022-07-13	101.3000	7.0400	4.9280	30/30,70%	0/0,0%	未触发		1	
5	110047.SH	山鹰转债	2022-11-21	102.0000	3.1900	2.2330	30/30,70%	0/0,0%	未触发		1	
6	110048.SH	福能转债	2022-12-07	101.8000	7.8500	5.4950	30/30,70%	0/0,0%	未触发		1	
7	110052.SH	贵广转债	2023-03-05	102.0000	7.9400	5.5580	30/30,70%	0/0,0%	未触发		1	
8	110053.SH	苏银转债	--		5.9700			0/0,0%	未触发			
9	110055.SH	伊力转债	2023-03-15	101.8000	16.4100	11.4870	30/30,70%	0/0,0%	未触发		1	
10	110056.SH	亨通转债	2023-03-19	101.8000	14.9500	10.4650	30/30,70%	0/0,0%	未触发		1	
11	110057.SH	现代转债	2023-04-01	101.8000	9.7900	6.8530	30/30,70%	0/0,0%	未触发		1	
12	110058.SH	永鼎转债	2023-04-16	101.8000	5.0400	3.5280	30/30,70%	0/0,0%	未触发		1	
13	110059.SH	浦发转债	--	103.2000	13.9700	--		0/0,0%	未触发			

图 4 - 75　回售条款界面

资料来源：同花顺 iFinD 金融数据终端。

赎回条款：展示了可转债赎回条款的具体情况及已发行过赎回的历史情况（如图 4 - 76 所示）。

序号	转债代码	转债名称	赎回起始日	赎回价	转股价	触发价	触发条件	触发进度	触发情况	触发日期	每年可赎回次数	赎回条款
1	110038.SH	济川转债	2018-05-17	106.0000	22.7200	28.4000	15/30,125%	0/0,0%	已触发1次		不限次数	
2	110043.SH	无锡转债	2018-08-06	101.8000	5.6100	7.2930	15/30,130%	0/0,0%	未触发		不限次数	
3	110044.SH	广电转债	2019-01-03	101.8000	6.8700	8.9310	15/30,130%	0/0,0%	已触发3次		不限次数	
4	110045.SH	海澜转债	2019-01-21	101.3000	7.0400	9.1520	15/30,130%	0/0,0%	未触发		不限次数	
5	110047.SH	山鹰转债	2019-05-27	102.0000	3.1900	4.1470	15/30,130%	0/0,0%	未触发		不限次数	
6	110048.SH	福能转债	2019-06-14	101.8000	7.8500	10.2050	15/30,130%	240/246,100%	已触发1次		不限次数	
7	110052.SH	贵广转债	2019-09-11	102.0000	7.9400	10.3220	15/30,130%	0/0,0%	未触发		不限次数	
8	110053.SH	苏银转债	2019-09-20	103.5000	5.9700	7.7610	15/30,130%	0/0,0%	未触发		不限次数	
9	110055.SH	伊力转债	2019-09-23	101.8000	16.4100	21.3330	15/30,130%	282/282,100%	已触发2次		不限次数	
10	110056.SH	亨通转债	2019-09-26	101.8000	14.9500	19.4350	15/30,130%	0/0,0%	未触发		不限次数	
11	110057.SH	现代转债	2019-10-08	101.8000	9.7900	12.7270	15/30,130%	0/0,0%	未触发		不限次数	
12	110058.SH	永鼎转债	2019-10-22	101.8000	6.5520	15.3120	15/30,130%	0/0,0%	未触发		不限次数	
13	110059.SH	浦发转债	2020-05-06	102.1000	13.9700	18.1610	15/30,130%	0/0,0%	未触发		不限次数	

图 4 – 76　赎回条款界面

资料来源：同花顺 iFinD 金融数据终端。

利率条款：展示了可转债每年的利率情况及其具体说明情况（如图 4 – 77 所示）。

序号	转债代码	转债名称	第一年利率	第二年利率	第三年利率	第四年利率	第五年利率	第六年利率	补偿利率(%)	利率说明	补偿利率说明
1	110038.SH	济川转债	0.20	0.50	0.80	1.50	6.00	--			
2	110043.SH	无锡转债	0.30	0.50	0.80	1.00	1.30	1.80	1.65		
3	110044.SH	广电转债	0.40	0.60	1.00	1.50	1.80	2.00	2.22		
4	110045.SH	海澜转债	0.30	0.50	0.80	1.00	1.30	1.80	1.98		
5	110047.SH	山鹰转债	0.40	0.60	1.00	1.50	2.00	3.00	3.08		
6	110048.SH	福能转债	0.40	0.60	1.00	1.50	1.80	2.00	2.38		
7	110052.SH	贵广转债	0.50	0.80	1.00	1.70	2.00	2.20	3.17		
8	110053.SH	苏银转债	0.20	0.60	1.00	2.30	3.50	4.00	3.22		
9	110055.SH	伊力转债	0.50	0.70	1.00	1.50	1.80	2.00	2.58		
10	110056.SH	亨通转债	0.30	0.50	1.00	1.50	1.80	2.00	2.52		
11	110057.SH	现代转债	0.20	0.50	1.00	1.50	1.80	2.00	1.83		
12	110058.SH	永鼎转债	0.40	0.60	1.00	1.00	2.00	2.55			
13	110059.SH	浦发转债	0.20	0.80	1.50	2.10	3.20	4.00	2.97		

图 4 – 77　利率条款界面

资料来源：同花顺 iFinD 金融数据终端。

正股指标：展示了可转债对应的正股的相关重要指标数据（如图 4 – 78 所示）。

序号	正股代码	正股名称	转债代码	转债名称	转股全价	正股收盘价	转股价	所属证监会行业	所属同花顺行业	市盈率(倍)	市净率(倍)
1	000060.SZ	中金岭南	127020.SZ	中金转债	120.330	4.6100	4.6300	有色金属冶炼及压延…	铅锌	12.9533	1.3423
2	000065.SZ	北方国际	127014.SZ	北方转债	133.725	8.5000	7.8600	土木工程建筑业	专业工程	20.2916	1.3794
3	000070.SZ	特发信息	127021.SZ	特发转2	115.106	5.8900	7.3300	通信设备制造业	通信线缆及配套	175.5523	2.6015
4	000301.SZ	东方盛虹	127030.SZ	盛虹转债	146.905	17.4200	13.3800	综合类	涤纶	37.6224	3.8725
5	000401.SZ	冀东水泥	127025.SZ	冀东转债	111.741	10.5600	13.2600	非金属矿物制品业	水泥	-30.0973	0.8977
6	000411.SZ	英特集团	127024.SZ	英特转债	118.950	12.2400	13.2200	药品及医疗器械批发业	医药商业Ⅲ	16.4388	1.7029
7	000552.SZ	靖远煤电	127027.SZ	靖远转债	158.355	4.9300	3.0800	煤炭采选业	煤炭开采Ⅲ	6.4943	1.3442
8	000582.SZ	北部湾港	127039.SZ	北港转债	123.700	8.3100	8.1700	交通运输辅助业	港口Ⅲ	15.8334	1.3433
9	000589.SZ	贵州轮胎	127063.SZ	贵轮转债	118.001	4.2500	4.6000	橡胶制品业	汽车零部件Ⅲ	21.6691	1.6661
10	000623.SZ	吉林敖东	127006.SZ	敖东转债	107.850	14.8300	20.2200	医药制造业	化学制剂	72.7188	0.7099
11	000665.SZ	湖北广电	127007.SZ	湖广转债	172.080	8.5900	5.5800	塑料制造业	有线电视网络	-23.8572	1.5454
12	000688.SZ	国城矿业	127019.SZ	国城转债	111.058	16.7200	21.0600	有色金属矿采选业	铅锌	110.9655	7.6296
13	000700.SZ	模塑科技	127004.SZ	模塑转债	200.100	4.7900	7.2400	交通运输设备制造业	汽车零部件Ⅲ	11.7995	1.8332

图 4 – 78　正股指标

资料来源：同花顺 iFinD 金融数据终端。

转债计算器：计算可转债的重要相关指标数据（如图 4 – 79 所示）。

图 4 – 79　转债计算器界面

资料来源：同花顺 iFinD 金融数据终端。

转债定价分析：采用 zheng-lin 和 B-S 两种模型对可转债进行估值定价（如图 4 – 80、图 4 – 81 所示）。

理论价格计算	◉ Zhang Lin模型	○ Black Scholes模型	计算	帮助文档	
正股价　年波动率(%)	40	45	50	55	60
26.2700					
26.7700					
27.2700					
27.7700					
28.2700					

试算结果比较

序号	债券代码	分析日期	剩余期限	转股价格	T-1日正股价格	年化波动率	无风险利率	纯债贴现率	Z_L理论价	Z_L市场价	Z_L价差	B_S理论价	B_S市场价	B_S…

图 4 – 80　转债定价分析范例

资料来源：同花顺 iFinD 金融数据终端。

☑ 只显示关键年期		☑ 显示利差	请与中国债券信息网联系购买浏览年期关键年期数据的授权		
		交易所固定利率企业债收益率曲线(AAA)(到期)[201…		交易所固定利率企业债收益率曲线(AAA)(到期)[201…	
序号	期限(年)	利率(%)		利率(%)	利差(bp)
1	0.0000	4.3907		3.3937	99.7000
2	0.0800	4.1177		3.9638	15.3900
3	0.2500	3.9302		3.8923	3.7900
4	0.5000	3.9324		3.9251	0.7300
5	0.7500	3.9625		3.9578	0.4700
6	1.0000	3.9975		3.9898	0.7700
7	2.0000	4.1811		4.1646	1.6500
8	3.0000	4.3180		4.3036	1.4400
9	4.0000	4.4842		4.5211	-3.6900
10	5.0000	4.5652		4.5793	-1.4100
11	6.0000	4.7632		4.7980	-3.4800
12	7.0000	4.9515		4.9813	-2.9800
13	8.0000	4.9743		5.0251	-5.0800
14	10.0000	5.1000		5.1343	-3.4300
15	15.0000	5.4043		5.4051	-0.0800
16	20.0000	5.6431		5.6388	0.4300
17	30.0000	5.8116		5.8095	0.2100

图 4 – 81　转债定价分析范例

资料来源：同花顺 iFinD 金融数据终端。

提取数据或图形后还可将数据或图形导出（如图 4 – 82 所示）。

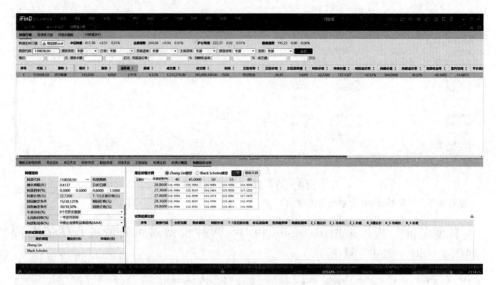

图 4 - 82　转债定价分析提取及导出数据

资料来源：同花顺 iFinD 金融数据终端。

4.3.2　债券定价分析

债券定价分析模块主要针对附息债券的不同利率类型采用不同的模型对债券进行定价，每种模型的实质就是对未来现金流进行折现的过程。

查询方式：【债券】→【分析工具】→【债券定价分析】（如图 4 - 83 所示）。

图 4 - 83　债券定价分析界面

资料来源：同花顺 iFinD 金融数据终端。

固息债定价分析：采用即期收益率法和到期收益率法两种方法对固息债未来确定的现金流进行贴现，将其所有贴现值加总后得到的就是目前的估值（如图 4 - 84 所示）。

浮息债定价分析：由于浮息债未来利率是不确定的，对于所有需要对其进行未来利率的估算，这里采用远期利率法和 BDT 模型两种方法对浮息债进行利率估算，然后再进行价格估算（如图 4 - 85 所示）。

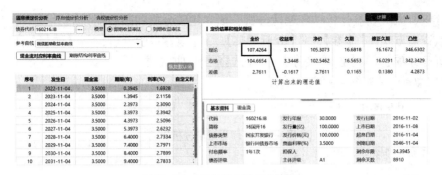

图4-84 固息债定价分析界面

资料来源：同花顺 iFinD 金融数据终端。

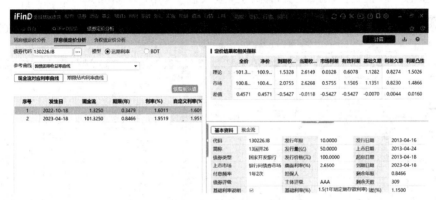

图4-85 浮息债定价分析界面

资料来源：同花顺 iFinD 金融数据终端。

含权债定价分析：由于含权债含有期权，情况比较复杂，这里只采用 BDT 模型对其进行估价（如图4-86所示）。

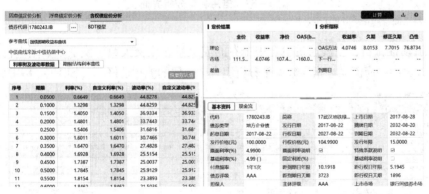

图4-86 含权债定价分析界面

资料来源：同花顺 iFinD 金融数据终端。

4.3.3 债券进阶分析

此模块主要分六小部分对债券组合进一步分析，分别为信用利差分析、流动性分析、风险收益分析、合理性分析、债券比较分析和敏感性分析。

查询方式:【债券】→【分析工具】→【债券进阶分析】→【选择信用利差分析等选项】→【选择债券】→【选择参考曲线类型】→选择【分析日】→【提取数据】(如图 4 – 87 所示)。

图 4 – 87　债券进阶分析界面

资料来源:同花顺 iFinD 金融数据终端。

信用利差分析:主要通过个券的到期收益率数据和相应的曲线数据进行比较,差值一般就是信用风险所带来的利差收益(如图 4 – 88 所示)。

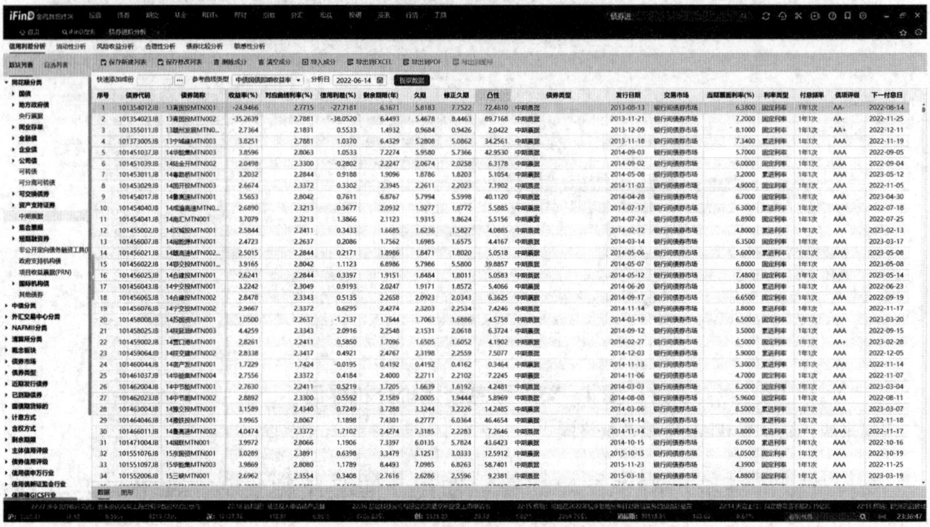

图 4 – 88　信用利差分析界面

资料来源:同花顺 iFinD 金融数据终端。

流动性分析:主要通过组合中个券的成交量、成交天数、换手率数据进行标准化后计算出相应流动性指标数据来分析组合中个债的流动性好坏(如图 4 – 89 所示)。

图 4 – 89　流动性分析界面

资料来源:同花顺 iFinD 金融数据终端。

风险收益分析：通过比较类型的选择来分析个债的相关分析情况，以图形展示（如图 4 - 90 所示）。

图 4 - 90 风险收益分析界面

资料来源：同花顺 iFinD 金融数据终端。

合理性分析：主要分析个债的到期收益率是否落在选定收益率曲线上下浮动的范围之内（如图 4 - 91 所示）。

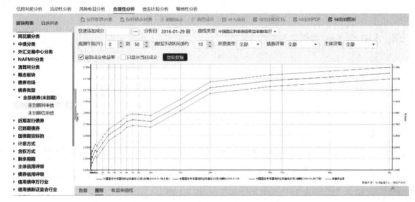

图 4 - 91 合理性分析界面

资料来源：同花顺 iFinD 金融数据终端。

债券比较分析：选择少于 5 个债券，其中一个是基准券，然后进行比较分析（如图 4 - 92 所示）。

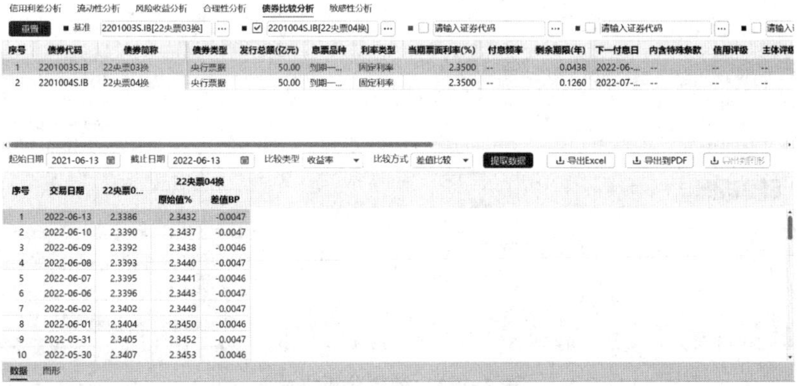

图 4 - 92 债券比较分析界面

资料来源：同花顺 iFinD 金融数据终端。

敏感性分析：选择少于 5 个债券，然后进行价格、收益率、久期的相关分析（如图 4 – 93 所示）。

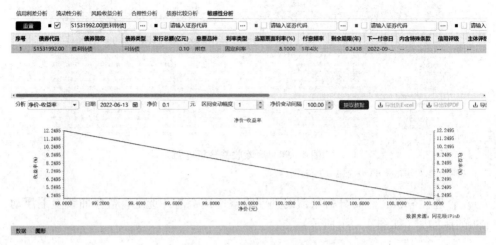

图 4 – 93　敏感性分析界面

资料来源：同花顺 iFinD 金融数据终端。

4.3.4　债券分析计算器

1. 综合分析。

债券综合分析主要对附息债券的不同利率类型采用不同的模型进行相关重要指标数据计算，可通过相应的参数（主要是收益率和价格）设置来相互计算，还可通过假设基本资料来计算修改过后的指标数据。

查询方式：【债券】→【分析工具】→【债券计算器】→【综合分析】（如图 4 – 94 所示）。

图 4 – 94　综合分析界面

资料来源：同花顺 iFinD 金融数据终端。

2. 质押式回购分析。

质押式回购分析主要对质押券进行质押式回购操作所带来的收益情况进行分析，通过选择的回购代码，进行一定的回购操作，输入相应的结算价或回购利率中的1个，就可计算出另一个数据，从而也可计算出正回购方和逆回购方在此操作过程中的收益情况（如图4－95所示）。

图4－95　质押式回购分析界面

资料来源：同花顺 iFinD 金融数据终端。

3. 买断式回购分析——单券。

买断式回购分析主要分析质押券进行买断式回购（只质押一只债券）操作所带来的收益情况，通过选择的回购代码，进行一定的回购操作，输入相应的计算模式后可计算相应的数据，回购利率、到期交易价、首次交易价三者中知道两者就可计算出第3个数据，从而也可计算出正回购方和逆回购方在此操作过程中的收益情况。

界面查询方式：【债券】→【分析工具】→【买断式回购分析——单券】→【选择回购代码】→【选择债券代码】→【选择计算模式】→【计算】（如图4－96所示）。

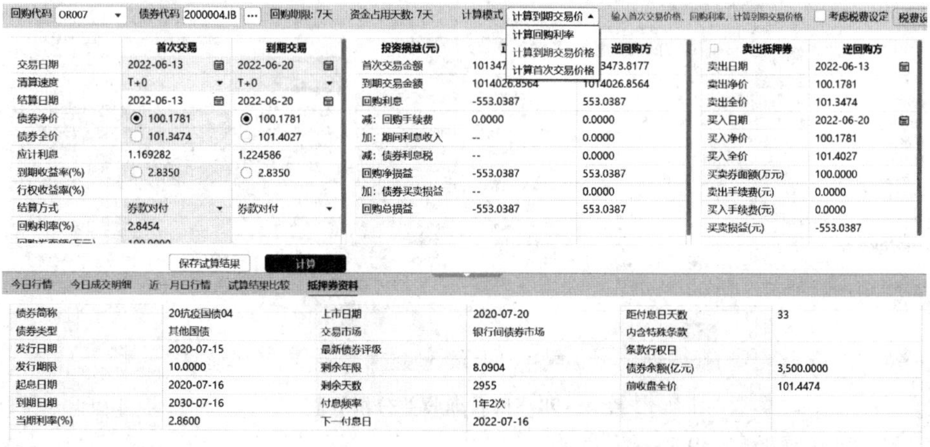

图4－96　买断式回购分析——单券界面

资料来源：同花顺 iFinD 金融数据终端。

4. 买断式回购分析——多券。

此计算器主要对质押券进行买断式回购（多个债券）操作所带来的收益情况进行分析，首先需要选择多个债券进行组合，其次通过选择的回购代码进行一定的回购操作，计算出相应的回购利率，从而也可计算出正回购方和逆回购方在此操作过程中的收益情况（如图 4 - 97 所示）。

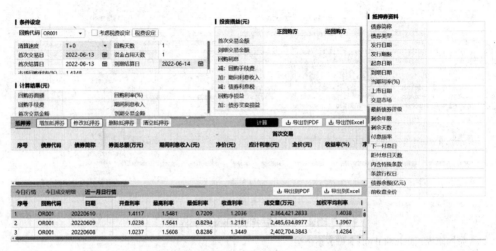

图 4 - 97   买断式回购分析——多券界面

资料来源：同花顺 iFinD 金融数据终端。

5. 持有期收益分析（单券）。

持有期收益分析主要分析个券进行一段时间的持有所带来的收益情况，首先输入相应的计算模式，然后就可计算出相应的数据，持有期收益率、买入价格和卖出价格中设定两个值后就可通过相应的计算公式算出第三个数据，从而也可计算出在此持有期间的收益情况（如图 4 - 98 所示）。

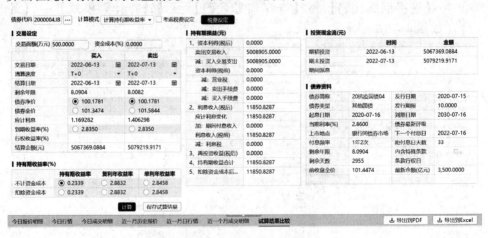

图 4 - 98   持有期收益分析界面

资料来源：同花顺 iFinD 金融数据终端。

6. 拆借分析。

拆借分析选择拆借代码或是修改结算日，确定资金占有天数，然后输入拆借利率、期初金额、期末金额中的两者就可计算出第3个数据。

查询方式：【债券】→【分析工具】→【拆借分析】→【选择拆借代码】→【修改结算日，确定资金占有天数】→【输入拆借利率、期初金额、期末金额中的两者】→【计算出第3个数据】（如图4-99所示）。

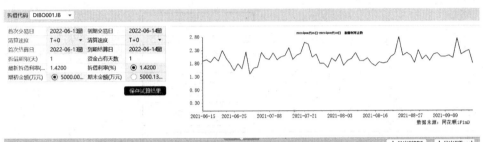

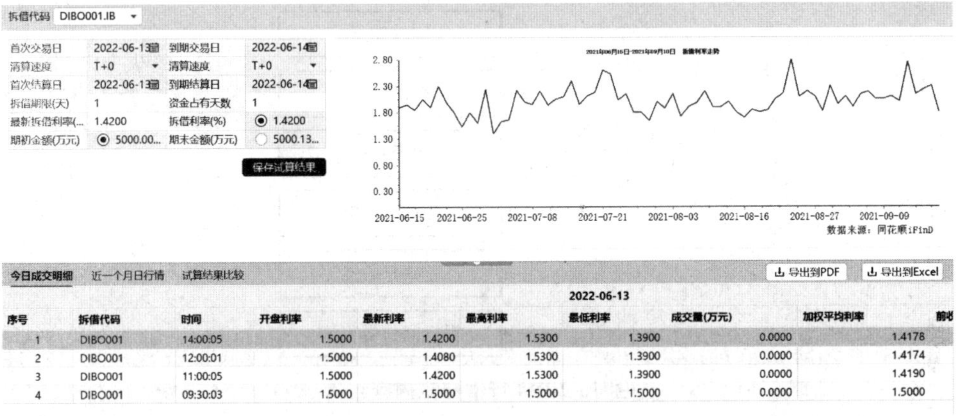

图4-99 拆借分析界面

资料来源：同花顺 iFinD 金融数据终端。

7. 税费设定。

税费设定主要是为了计算在以上的分析计算中，选择"考虑税费设定"时计算税费用的税费情况（如图4-100所示）。以上计算费率情况时都是根据此模块的设定数据来计算的。

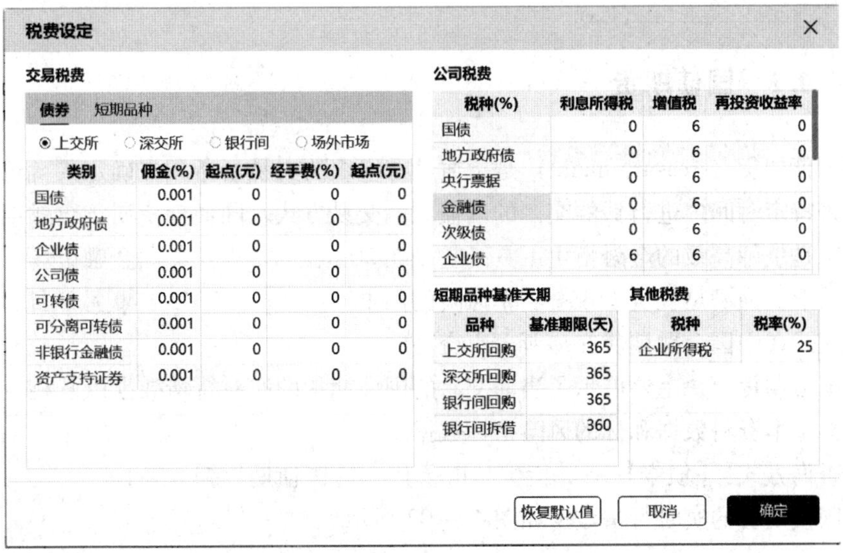

图4-100 税费设定界面

资料来源：同花顺 iFinD 金融数据终端。

4.4 行情资讯

行情资讯主要包括国债期货、债券综合屏、债券日历、基准利率速览、上证所固定收益平台、银行间债券行情等模块（如图 4 - 101 所示）。

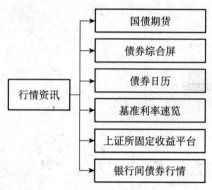

图 4 - 101 行情资讯内容结构

资料来源：同花顺 iFinD 金融数据终端。

国债期货模块主要展示了当前交易的国债期货的数据。债券综合屏展示了债券市场及个债的主要行情数据。债券日历则主要展示了选定日期的债券市场发生的重要事件。通过基准利率速览模块，用户可以知道包括 Shibor、Chibor、定期存款、贷款、回购等在内的当日债券利率市场的主要利率数据。银行间债券行情涵盖了现券、拆借、回购、远期、利率互换等品种的报价和交易行情，特点是全面快速。

4.4.1 国债期货

国债期货（treasury future）是指通过有组织的交易场所预先确定买卖价格并于未来特定时间内进行钱券交割的国债派生交易方式。国债期货属于金融期货的一种，是一种高级的金融衍生工具。它是在 20 世纪 70 年代美国金融市场不稳定的背景下，为满足投资者规避利率风险的需求而产生的。2013 年 9 月 6 日，国债期货正式在中国金融期货交易所上市交易。

国债期货模块主要展示了当前交易的国债期货的实时行情数据以及相应的国债标的基本资料数据和标的风险指标数据。

查询方式：【债券】→【衍生品市场】→【国债期货综合屏】。

国债期货的实时行情数据如图 4 - 102 所示。

图4-102 国债期货的实时行情数据

资料来源：同花顺 iFinD 金融数据终端。

4.4.2 债券综合屏

债券综合屏模块主要通过一个屏幕展示债券市场及个债的主要行情数据，包括债券指数行情数据、重要利率行情数据、银行间债券报价数据、各类债券的行情数据、重要收益率曲线数据及外汇行情数据、债券公告新闻和研报六大屏。

查询方式：【债券】→【行情资讯】→【债券综合屏】（如图4-103所示）。

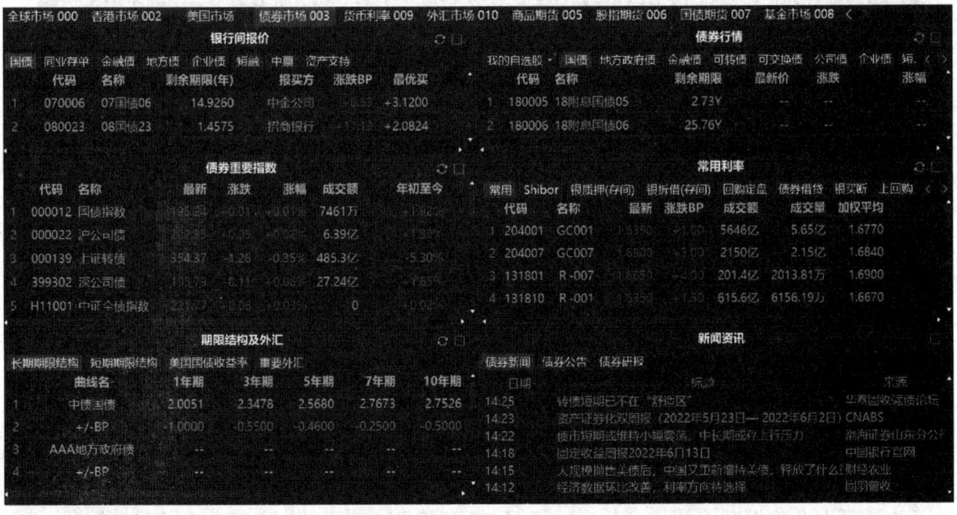

图4-103 债券综合屏

资料来源：同花顺 iFinD 金融数据终端。

债券指数行情数据：第一屏，债券市场上的重要指数行情，包括国债指数、企债指数等（如图4－104所示）。

	代码	名称	最新	涨跌	涨幅	成交额	年初至今	时间
1	000012	国债指数	195.24	+0.01	+0.01%	7471万	+1.92%	14:33
2	000022	沪公司债	222.35	+0.05	+0.02%	6.41亿	+1.39%	14:33
3	000139	上证转债	354.46	-1.17	-0.33%	490.6亿	-5.27%	14:33
4	399302	深公司债	195.79	+0.11	+0.06%	28.35亿	+1.65%	14:33
5	H11001	中证全债指数	221.77	+0.03	+0.03%	0	+0.02%	06/10
6	H11006	中证国债指数	209.12	+0.02	+0.01%	0	+0.02%	06/10
7	H11007	中证金融债	216.75	+0.03	+0.03%	0	+0.01%	06/10
8	H11016	中证50债	178.43	+0.03	+0.02%	0	+0.01%	06/10
9	H11008	中证企业债	248.02	+0.08	+0.03%	0	+0.02%	06/10
10	I00509	中债长期债券	129.08	+0.01	+0.01%	--	+0.01%	06/10
11	I00433	中债短融总净	99.38	+0.00	+0.00%		+0.00%	06/10

图4－104　债券指数行情数据

资料来源：同花顺 iFinD 金融数据终端。

重要利率数据行情：第二屏，Shibor、Chibor、回购定盘、各类回购利率、利率互换等（如图4－105所示）。

	常用 Shibor	银质押(存间)	银拆借(存间)	回购定盘	债券借贷	银买断	上回购	深回购	银银回购定盘
	代码	名称	最新	涨跌BP	成交额	成交量	加权平均	前加权平均	时间
1	204001	GC001	1.6250	+0.00	5806亿	5.81亿	1.6760	--	14:34
2	204007	GC007	1.6850	+3.50	2192亿	2.19亿	1.6840	--	14:34
3	131801	R-007	1.6750	+3.00	203.2亿	2032.44万	1.6900	--	14:34
4	131810	R-001	1.6250	+0.50	646.3亿	6463.23万	1.6660	--	14:34
5	ShiborON	Shibor隔夜	1.4080	+0.50					11:00
6	Shibor1W	Shibor1周	1.7000	+2.50					11:00
7	DIBO001	DIBO001	1.4800	+6.00		0	1.4187	1.4140	14:28
8	DIBO007	DIBO007	2.0000	+37.00		0	1.6893	1.6552	14:12
9	FR001	FR001	1.4500	+1.00					11:32
10	FR007	FR007	1.6500	+3.00					11:32
11	OR001	OR001	1.4372	+23.36			1.3991	1.4038	14:26
12	OR007	OR007	1.1518	+15.50			1.4522	1.5642	14:26

图4－105　重要利率数据行情

资料来源：同花顺 iFinD 金融数据终端。

银行间债券报价数据：第三屏，所有银行间债券的做市商报价行情数据（如图4－106所示）。

各类债券的行情数据：第四屏，所有上市债券的实时行情数据（如图4－107所示）。

	代码	名称	剩余期限(年)	报买方	涨跌BP	最优买	最优卖	涨跌BP	报卖方	买净价	卖净价	报价笔数	报价时间
1	070006	07国债06	14.9260	中金公司	+6.53	+3.1200	+2.9700	-8.47	中金公司	113.6356	115.5783	1	08:33
2	080023	08国债23	1.4575	招商银行	+11.13	+2.0824	+1.8524	-11.87	招商银行	102.1858	102.5185	1	08:38
3	110016	11附息国债16	19.0274	招商银行	+6.73	+3.1468	+2.9168	-16.27	招商银行	119.2596	122.9902	1	08:38
4	120015	12附息国债15	0.1945	招商银行	+10.75	+1.5873	+1.3573	-12.25	招商银行	100.3469	100.3915	1	08:38
5	120018	12附息国债18	10.2904	招商银行	+12.22	+2.8550	+2.6250	-10.78	招商银行	111.0253	113.2167	1	08:38
6	130005	13附息国债05	0.6932	渤海银行	+22.56	+1.8111	+1.5210	-6.45	渤海银行	101.1611	101.3611	1	08:50
7	130011	13附息国债11	0.9425	渤海银行	+11.89	+2.0089	+1.7289	-16.11	中金公司	101.2698	101.5325	2	08:57
8	130018	13附息国债18	1.1918	渤海银行	+12.92	+1.7814	+1.5014	-15.08	中金公司	102.6939	103.0298	2	08:57
9	140005	14附息国债05	1.7671	招商银行	+20.49	+1.8651	+1.6351	-2.51	招商银行	104.4164	104.8270	2	08:50
10	140012	14附息国债12	2.0164	招商银行	+13.95	+2.0700	+1.8400	-9.07	招商银行	103.7872	104.2507	2	08:50
11	140021	14附息国债21	2.2658	渤海银行	+23.26	+2.0750	+1.7850	-5.74	渤海银行	104.5133	105.1713	1	08:50
12	140029	14附息国债29	2.5151	九江银行	+11.56	+2.1591	+1.9591	-8.44	九江银行	103.9165	104.4159	2	09:01
13	150005	15附息国债05	2.8219	招商证券	+8.45	+2.3140	+2.1201	-10.94	中信证券	103.5970	104.1366	13	10:52
14	150016	15附息国债16	3.0904	招商证券	+4.30	+2.3330	+2.2230	-6.70	招商证券	103.4861	103.8195	24	11:09
15	150021	15附息国债21	13.2767	招商银行	+8.93	+3.0446	+2.8146	-14.07	招商银行	107.5422	110.1864	1	08:38
16	150023	15附息国债23	3.3397	邮储银行	+10.54	+2.5250	+2.3301	-8.95	中信证券	101.4767	102.1044	11	10:15
17	150025	15附息国债25	23.3534	招商银行	+10.94	+3.2619	+3.0319	-12.06	招商银行	107.7684	111.7847	1	08:38

图4-106 银行间债券报价数据

资料来源：同花顺 iFinD 金融数据终端。

	代码	名称	剩余期限	最新价	涨跌	涨幅	最新YTM	卖一价	卖一收益率	买一收益率	买一价	成交量	成交额	时间
1	110038	济川转债	153D	137.57	+0.29	+0.21%	-54.7460	137.640	-54.8395	-54.7593	137.880	63444	8794万	14:39
2	110043	无锡转债	1.63Y	116.61	-1.29	-1.09%	-5.0033	116.620	-5.0083	-5.0033	116.610	61826	--	14:39
3	110044	广电转债	2.04Y	235.75	+0.06	+0.03%	-31.2165	235.800	-31.2238	-31.2078	235.690	46303	1.09亿	14:39
4	110045	海澜转债	2.08Y	107.46	-0.29	-0.27%	1.2793	107.460	1.2793	1.2839	107.450	17227	1856万	14:39
5	110047	山鹰转债	2.44Y	112.63	-0.37	-0.33%	1.4190	112.630	1.4190	1.4340	112.590	7431	837.8万	14:39
6	110048	福能转债	2.48Y	186.04	-7.73	-3.99%	-18.6304	186.180	-18.6554	-18.6376	186.060	122786	--	14:39
7	110052	贵广转债	2.73Y	114.32	-0.57	-0.50%	0.7720	114.330	0.7687	0.7752	114.310	26836	3073万	14:39
8	110053	苏银转债	2.75Y	121.16	-1.07	-0.88%	-1.3572	121.160	-1.3572	-1.3541	121.150	126984	1.54亿	14:39
9	110055	伊力转债	2.75Y	208.52	-0.92	-0.44%	-20.1046	208.600	-20.1158	-20.1074	208.540	291246	6.04亿	14:39
10	110056	亨通转债	2.76Y	123.30	-0.65	-0.52%	-3.0584	123.370	-3.0786	-3.0613	123.310	39208	4836万	14:39
11	110057	现代转债	2.80Y	114.18	-0.46	-0.40%	-1.5720	114.240	-1.5908	-1.5783	114.200	28281	3234万	14:39
12	110058	永鼎转债	2.84Y	113.90	+1.23	+1.09%	-0.1885	113.900	-0.1885	-0.1854	113.890	39134	--	14:39
13	110059	浦发转债	3.38Y	106.00	-0.05	-0.05%	3.0112	106.010	3.0082	3.0112	106.000	172297	--	14:39
14	110060	天路转债	3.38Y	114.13	-1.68	-1.45%	0.0450	114.140	0.0424	0.0450	114.130	36817	4206万	14:39
15	110061	川投转债	3.41Y	139.91	-1.25	-0.89%	-6.8564	139.930	-6.8603	-6.8544	139.900	31080	--	14:39

图4-107 各类债券的行情数据

资料来源：同花顺 iFinD 金融数据终端。

重要收益率曲线数据及外汇行情数据：第五屏，重要期限结构数据及外汇行情（如图4-108所示）。

	曲线名	1年期	3年期	5年期	7年期	10年期	30年期	时间
1	中债国债	2.0051	2.3478	2.5680	2.7673	2.7526	3.2622	06/10
2	+/-BP	-1.0000	-0.5500	-0.4600	-0.2500	-0.5000	-0.2400	06/09
3	AAA地方政府债	--	--	--	--	--	--	01/01
4	+/-BP	--	--	--	--	--	--	01/01
5	国开行金融债	2.0426	2.5726	2.7510	3.0509	2.9756	3.4452	06/10
6	+/-BP	-0.9700	-1.4100	-0.7600	-0.8700	-0.7900	0.0100	06/09
7	AAA企业债	2.4181	2.8948	3.3107	3.3911	3.5860	3.9384	06/10
8	+/-BP	0.0000	-2.6200	-0.7700	-1.2400	-1.9400	-1.9400	06/09
9	AA+企业债	2.5490	3.0449	3.5208	3.6214	3.8357	4.1884	06/10
10	+/-BP	0.0000	-1.6200	-0.7700	-1.2400	-1.9400	-1.9400	06/09
11	AA企业债	2.6290	3.2349	4.0208	4.1514	4.3757	4.7284	06/10
12	+/-BP	-1.0000	-2.6200	-0.7700	-1.2400	-1.9400	-1.9400	06/09
13	AA-企业债	4.9990	5.5949	6.3808	6.5114	6.7357	7.0884	06/10
14	+/-BP	0.0000	-2.6200	-0.7700	-1.2400	-1.9400	-1.9400	06/09

图4-108 重要收益率曲线数据及外汇行情数据

资料来源：同花顺 iFinD 金融数据终端。

债券公告新闻和研报：第六屏，包括债券市场的最新公告、新闻及研报等（如图 4 – 109 所示）。

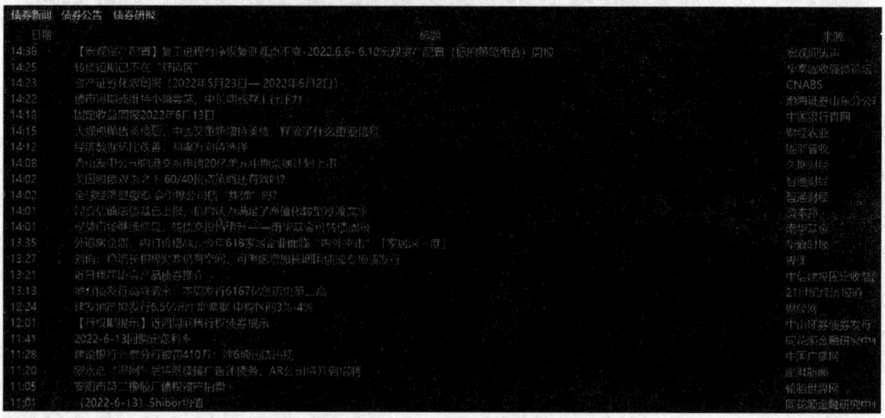

图 4 – 109　债券公告新闻和研报

资料来源：同花顺 iFinD 金融数据终端。

4.4.3　债券日历

债券日历主要展示了选定日期债券市场发生的重要事件，包括债券的发行、付息兑付、上市、评级变更等一系列具体信息。

查询方式：【债券】→【一级市场】→【债券日历】。

如用户需要查询当天的公告信息，则可按照以下方式查询：【债券】→【一级市场】→【债券日历】→【选择指定日期】（如图 4 – 110 所示）。

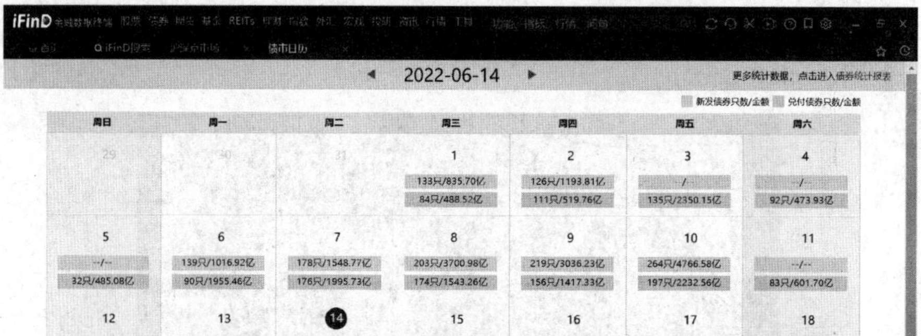

图 4 – 110　债券日历

资料来源：同花顺 iFinD 金融数据终端。

4.4.4 基准利率速览

基准利率速览模块主要展示了当日债券利率市场的主要利率数据，包括 Shibor（上海银行间同业拆放利率，shanghai interbank offered Rate，简称 Shibor）、Chibor（中国银行间同业拆借利率，China interbank offered rate，简称 Chibor）、定期存款、贷款、回购等一些重要利率以及央行最新公开市场情况。

查询方式：【债券】→【行情资讯】→【基准利率速览】（如图 4 - 111 所示）。

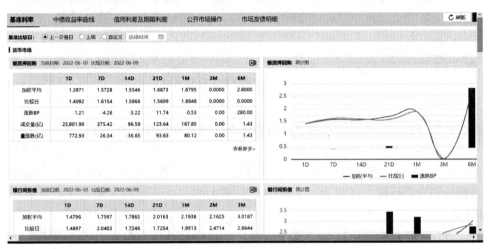

图 4 - 111 基准利率速览

资料来源：同花顺 iFinD 金融数据终端。

4.4.5 上证所固定收益平台

上证所固定收益平台全称为上海证券交易所固定收益综合电子平台，自 2007 年 7 月 25 日开始运行。经过 6 年多的发展，上证所固定收益平台在债券交易中的作用将日益显现，更多的债券将会在这个平台上报价交易。

查询方式：【债券】→【市场行情】→【上证所固定收益平台】→【选择今日报价等选项查询】（如图 4 - 112 所示）。

4.4.6 银行间债券行情

银行间债券市场是指依托于中国外汇交易中心暨全国银行间同业拆借中心（简称同业中心）和中央国债登记结算公司（简称中央登记公司）的，包括商业银行、农村信用联社、保险公司、证券公司等金融机构进行债券买卖和回购的市场。经过近几年的迅速发展，银行间债券市场已成为我国债券市场的主体部分。

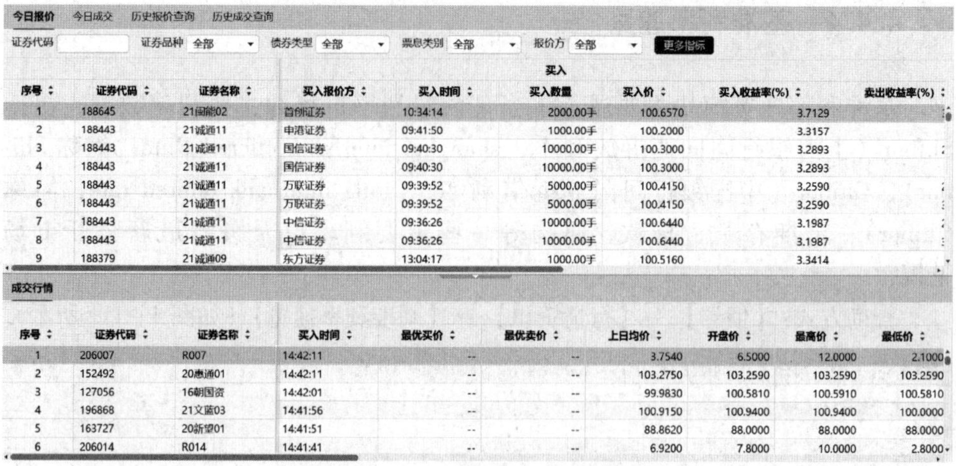

图 4 – 112　上证所固定收益平台

资料来源：同花顺 iFinD 金融数据终端。

记账式国债的大部分、政策性金融债券都在该市场发行并上市交易。

银行间债券行情的特点是行情新、快、全面，报价信息丰富，历史行情数据可供查询比较。行情数据主要涵盖了现券、拆借、回购、远期、利率互换等品种的报价和交易行情，还包含了影响力日益重大的"上证所固定收益平台"的行情数据。

查询方式：【债券】→【市场行情】→【CFETS 债券】→【现券交易】→【选择最优报价等选项】→【选择债券类型等选项查询】。

1. 现券交易。

现券交易板块包括报价数据、今日以及历史的行情与成交数据。历史行情和报价需要点击【提取数据】方能有数据展示，其他报价直接点击选项，直接展现数据（如图 4 – 113、图 4 – 114 所示）。

图 4 – 113　现券交易

资料来源：同花顺 iFinD 金融数据终端。

2. 信用拆借。

信用拆借是金融机构之间以各自的信用为担保进行的短期资金融通业务。根据央行现行政策规定，可以作人民币信用拆借业务的金融机构有商业银行、外资银行、财务公司、农信社和证券公司。中国外汇交易中心暨全国银行间同业拆借中心是信用拆借的服务主体。

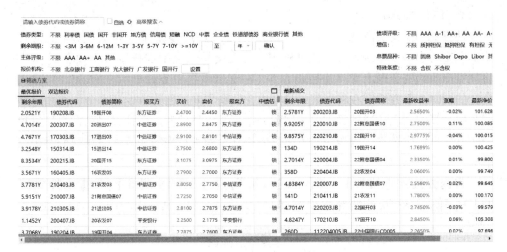

图4-114 现券交易——最优报价

资料来源：同花顺 iFinD 金融数据终端。

信用拆借板块包括了银行间拆借交易的所有品种，提供了品种统计数据以及明细数据（如图4-115、图4-116所示）。

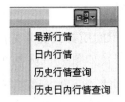

图4-115 信用拆借

资料来源：同花顺 iFinD 金融数据终端。

序号	拆借代码	开盘利率	最新利率	最高利率	最低利率	成交量(万元)	加权平均利率	前收盘利率	前加权平均利率
1	DIBO001	1.4400	1.4130	1.5300	1.4000		1.4234	1.4080	1.4193
2	DIBO007	1.8000	1.6560	2.2000	1.5800	--	1.6796	1.8000	1.7071
3	DIBO014	1.5800	1.7000	1.8000	1.5800	--	1.6384	1.7000	1.6294
4	DIBO1M	2.1000	2.1150	2.1150	2.1000	--	2.1082	2.4500	2.4443
5	DIBO2M	2.1000	2.1000	2.1000	2.1000	--	2.1000	2.6000	2.6000
6	DIBO3M	2.5000	2.5000	2.5000	2.5000	--	2.5000	2.9000	2.7888
7	DIBO6M	3.5000	3.4000	3.5000	3.3000	--	3.4000	3.5000	3.2667
合计		--	--	--	--	0.0000	--	--	--

2022-06-14

序号	拆借代码	时间	开盘利率	最新利率	最高利率	最低利率	加权平均利率	前收盘利率	前加权平均利率
1	DIBO001	11:14:51	1.4400	1.4130	1.5300	1.4000	1.4234	1.4080	1.4193
2	DIBO001	10:58:56	1.4400	1.4900	1.5300	1.4000	1.4251	1.4080	1.4193
3	DIBO001	10:43:35	1.4400	1.4200	1.5100	1.4000	1.4226	1.4080	1.4193
4	DIBO001	10:29:20	1.4400	1.4600	1.5100	1.4000	1.4271	1.4080	1.4193
5	DIBO001	10:10:39	1.4400	1.5000	1.5000	1.4000	1.4149	1.4080	1.4193
6	DIBO001	09:57:19	1.4400	1.4400	1.4400	1.4400	1.4193	1.4080	1.4193
合计			--	--	--	--	--	--	--

图4-116 信用拆借——最新行情

资料来源：同花顺 iFinD 金融数据终端。

3. 质押式回购行情。

质押式回购是交易双方以债券为权利质押所进行的短期资金融通业务。在质押式回购交易中，资金融入方（正回购方）（在交易系统中委托显示"融资"*）在将债券出质给资金融出方（逆回购方）（在交易系统中委托显示"融券"*）融入资金的同时，双方约定在将来某一日期由正回购方向逆回购方返还本金和按约定回购利率计算的利息，逆回购方向正回购方返还原出质债券。质押式回购在交易过程中所有权不发生转移，该券一般由第三方托管机构进行冻结托管，并在到期时予以解冻。

查询方式：【债券】→【市场行情】→【CFETS 债券】→【质押式回购】→【选择最新行情等选项查询】（如图 4 - 117 所示）。

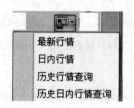

图 4 - 117　质押式回购

资料来源：同花顺 iFinD 金融数据终端。

质押式回购板块包括了银行间质押式交易的所有品种，提供了这些品种的最新行情数据以及历史行情数据（如图 4 - 118 所示）。

最新行情　日内行情　全市场历史行情　历史日内行情查询　存间机构历史行情　　注：该数据表2014-12-16起展示为存间机构的行情信息，成交量为全市场的成交量。

					2022-06-13		
序号	回购代码	开盘利率	最高利率	最低利率	最新利率	成交量(万元)	加权平均利率	前收盘利率
1	DR001	2.0000	2.0000	1.3500	1.4122	--	1.4069	1.45
2	DR007	2.1000	2.1000	1.4000	1.5627	--	1.6084	1.55
3	DR014	1.7000	1.7000	1.5000	1.5569	--	1.5738	1.55
4	DR021	1.7500	1.9000	1.5200	1.9000	--	1.6796	1.70
5	DR1M	1.7500	1.9000	1.7500	1.8500	--	1.8471	1.80
6	DR4M	2.0000	2.0000	2.0000	2.0000	--	2.0000	
	合计	--				0.0000		

日内行情　近一月日行情

						2022-06-13		
序号	回购代码	时间	开盘利率	最高利率	最低利率	最新利率	加权平均利率	前收盘利率
1	DR001	14:44:52	2.0000	2.0000	1.3500	1.4122	1.4069	1.4500
2	DR001	14:30:00	2.0000	2.0000	1.3500	1.4116	1.4066	1.4500
3	DR001	14:14:59	2.0000	2.0000	1.3800	1.4064	1.4063	1.4500
4	DR001	13:59:56	2.0000	2.0000	1.3800	1.4071	1.4062	1.4500
5	DR001	13:44:38	2.0000	2.0000	1.3800	1.4096	1.4060	1.4500
6	DR001	11:59:44	2.0000	2.0000	1.3800	1.4088	1.4056	1.4500
7	DR001	11:44:56	2.0000	2.0000	1.3800	1.4033	1.4055	1.4500

图 4 - 118　质押式回购——最新行情

资料来源：同花顺 iFinD 金融数据终端。

4. 买断式回购行情。

买断式回购是正回购方先将债券卖给逆回购方，再在约定时间回购相同数量的同种债券。在这段时间内，逆回购方拥有债券的所有权，只需要在回购时间交出相同数量的相同债券就可以了。

买断式回购板块包括了银行间买断式交易的所有品种，提供了此品种的最新行情数据以及历史行情数据查询（如图4−119、图4−120所示）。

图4−119　买断式回购

资料来源：同花顺iFinD金融数据终端。

最新行情	日内行情	历史行情	历史日内行情查询					
						2022-06-13		
序号	回购代码	时间	开盘利率	最高利率	最低利率	最新利率	加权平均利率	前收盘利率
1	OR014	14:48:48	1.5793	1.5793	1.5791	1.5791	1.5792	2.0988
2	OR014	11:16:46	1.5793	1.5793	1.5793	1.5793	1.5793	2.0988
3	OR007	14:51:47	1.3960	2.5978	1.0005	1.3974	1.5094	0.9968
4	OR007	14:43:57	1.3960	2.5978	1.0005	1.5985	1.5122	0.9968
5	OR007	14:25:43	1.3960	2.5978	1.0005	1.1518	1.4522	0.9968
6	OR007	13:43:04	1.3960	2.5978	1.0005	1.0617	1.5597	0.9968
7	OR007	13:40:05	1.3960	2.5978	1.0005	1.1000	1.6148	0.9968
8	OR007	13:38:03	1.3960	2.5978	1.0005	2.5978	1.6873	0.9968
9	OR007	11:56:30	1.3960	1.6020	1.0005	1.0005	1.3355	0.9968

最新行情	近一月日行情						
序号	回购代码	交易日期	开盘利率	最高利率	最低利率	收盘利率	收盘成交量(万元)	加权平均利率
1	OR014	20220610	1.5507	2.0988	1.3995	2.0988	155677.1573	
2	OR014	20220609	1.3989	1.8014	0.9999	1.4998	130415.2887	
3	OR014	20220608	1.6009	1.8014	1.4990	1.6087	126068.9445	
4	OR014	20220607	1.7986	1.8514	0.6864	0.6864	121797.2339	
5	OR014	20220606	1.5010	1.6010	1.3990	1.3992	131874.0419	
6	OR014	20220602	1.5894	1.7507	1.5893	1.5905	216735.2483	
7	OR014	20220601	1.5993	1.6014	1.5993	1.6014	116522.6000	

图4−120　买断式回购——最新行情

资料来源：同花顺iFinD金融数据终端。

5. 远期交易。

远期交易（forward transaction）是指买卖双方签订远期合同，规定在未来某一时期进行交易的一种交易方式。远期交易的对象是交易双方私下协商达成的非标准化合约，它主要采用商品交收方式，并且具有很高的信用风险。

查询方式：【债券】→【市场行情】→【CFETS债券】→【远期交易】→【选择最新行情等选项】→【选择交易品种和报价方式查询】（如图4−121所示）。

最新行情	历史行情查询							
交易品种 全部		报价方式 净价						
						2013-01-08		
序号	交易品种	债券代码	债券名称	开盘远期净价	最高远期净价	最低远期净价	最新远期净价	加权平均远期净价
1	BFD0007	0412520...	12沪电气C...	100.0454	100.0454	100.0454	100.0454	100.0454

图4−121　远期交易

资料来源：同花顺iFinD金融数据终端。

本章小结

债券数据库主要可分为深度数据、分析工具、行情资讯三大模块。债券市场及债券相关数据主要分布在深度数据板块，行情资讯板块除了配备债券、国债期货等行情数据外，同时提供基准利率速览和债券日历以便用户及时查找重要信息和跟踪最新资讯。

关键术语

债券；国债；数据浏览器

思 考 题

1. 利用金融数据库，对截至上一年底可转债转换价值进行分析。

2. 假如 2013 年 1 月 2 日买入 500 万元 109102. IB 债券，资金成本为 2%，请计算扣除资金成本后的复利年收益率。

3. 请作出买断式回购分析：080225. IB，回购期限分别为 7 天和 21 天。

4. 请筛选出债券最新信用评级在 AA 级以上、到期收益率大于 7% 的债券。

5. 假如 2013 年 12 月 31 日买入 100 万 050602. IB 债券，2014 年 12 月 31 日卖出，资金成本为 6%，在不考虑税费的前提下，请计算持有期收益。

6. 查找截至当前，浙江省未到期 6 年以上有担保的（银行间）企业债，并列出债券代码、债券名称、债券发行规模、担保人。

7. 查找最新的欧元区、法国及德国的 1 年期、2 年期和 5 年期的公债收益率。

8. 请筛选出债券最新信用评级在 AAA 级以上、到期收益率大于 7% 的债券。

第5章 期 货

　　期货是现在进行买卖但是在将来进行交收或交割的标的物，这个标的物可以是某种商品（例如黄金、原油、农产品），也可以是金融工具，还可以是金融指标。交收期货的日子可以是1周之后，1个月之后，3个月之后，甚至1年之后。买卖期货的合同或者协议叫作期货合约。买卖期货的场所叫作期货市场。投资者可以对期货进行投资或投机。对期货的不恰当投机行为，例如无货沽空，会导致金融市场的动荡。

　　本章以 iFinD 金融数据库为平台，讨论金融数据库在中国期货市场的应用。

5.1　期货数据库概况

　　iFinD 金融数据库中的期货数据库包含深度数据、分析工具和行情资讯三大模块（如图5-1所示）。

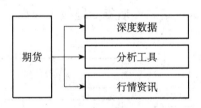

图5-1　期货数据库结构

资料来源：同花顺 iFinD 金融数据终端。

　　深度数据模块主要有数据浏览器、深度资料、期货专题报表、期货行业数据四个子数据库。这些子数据库中，数据浏览器可提供大连商品交易所、上海期货交易所、郑州商品交易所和中国金融期货交易所国内四大交易所几十个期货品种包括合约基础、行情指标、技术指标、持仓指标和仓单指标等相关指标的具体数据；深度资料可提供对某一具体期货品种进行详细研究的数据；期货专题报表可以利用现成报表对股指期货、商品期货等进行持仓、库存等分类专题研究；另外，期货研究涉及期货品种的基本面研究，期货行业数据子数据库还分行业提供现货产品价格、产品产量、储备、进出口等基础数据。

　　分析工具模块的作用是帮助用户进行一些专门研究，主要包括套利分析、股指套保、提油套利和股指估值四个子功能。其中，套利分析模块主要方便套利交易者就套利机会、套利交易等进行一定的数据分析；股指套保分析模块主要为需要对股票组合进行套期保值以规避风险的用户提供专门的套保工具，方便其操作；大豆与豆粕、豆油作为原料和成品之间的关系，其价格间的波动趋同性强、关联度高，这为在这三种商品之间进行跨商品套利提供了机会，提油套利分析模块专门为大豆提油套利提供便利；股指估值计算器对股指提供两种算法的理论价格，还可针对沪深 300 提供自由资产套利和融资融券套利两种方式的套利方案。

行情资讯模块主要包括国债期货综合屏、股指期货综合屏、商品期货综合屏、期货日历和行业新闻研报五个数据库。国债期货综合屏主要展示了当前交易的国债期货的数据；股指期货综合屏和商品期货综合屏分别展示了股指期货和商品期货市场的主要行情数据；期货日历则主要展示了选定日期的期货市场发生的重要事件；通过行业新闻研报模块，用户可以知道来自《中国证券报》《第一财经日报》《证券时报》等媒体的即时行业新闻，基于宏观、农产品、能源化工、金属和金融期货分类提供新闻和研报信息。

5.2 深度数据

微视频 5 – 1
期货数据浏览器

深度数据模块整合了海量的行情和基本面的基础数据，并配合强大的指标计算和图形功能，是企事业单位、教育部门用户重要的期货数据应用工具。深度数据模块由数据浏览器、深度资料、期货专题报表和期货行业数据四大板块组成（如图 5 – 2 所示）。

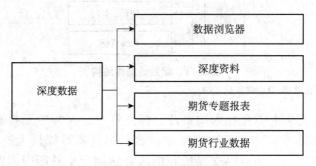

图 5 – 2 期货深度数据结构

资料来源：同花顺 iFinD 金融数据终端。

5.2.1 数据浏览器

iFinD 金融数据库中的期货数据浏览器包括合约基础、行情指标、持仓指标、技术指标和仓单指标五大类别。进入数据浏览器，可以方便地对某个期货

图 5-4 沪深 300 股指期货 2206 [IF2206] 深度资料

资料来源：同花顺 iFinD 金融数据终端。

1. 股票期货。

（1）期货合约。

期货合约是期货交易的买卖对象或标的物。数据库中的合约简介显示当前正在上市交易股指期货沪深 300 合约的简介信息。

查询方式：【期货】→【研究分析】→【深度资料】→【股指期货】→【合约简介】。

图 5-4 上方展示对应所选 IF2206 合约交割月份为 2022-6、涨跌幅限制10%、交易保证金12%、合约上市日 2021-10-18、最后交易日 2022-6-17 及最后交割日 2022-6-17 等信息。下方展示合约对应的股指期货品种交易单位为1 手、最小变动价位为 0.2000、交割方式为现金交割等信息。

（2）价差矩阵。

查询方式：【期货】→【研究分析】→【深度资料】→【股指期货】→【价差矩阵】。

价差矩阵以矩阵的方式跟踪合约间的价差变化。图 5-5 是利用数据库中的价差矩阵分析沪深 300 股指期货 2206 [IF2206] 在选定日期（2022 年 6 月 1 日）的市场表现行情以及合约 IF2207、IF2209、IF2212 之间价差矩阵。上方展示选定日期期货合约之间收盘价价差矩阵图，其中 IF2206 和 IF2212 价差较大，达77.20 元之多。下方展示 2022 年 6 月 1 日正在上市期货合约 IF2206、IF2207、IF2209、IF2212 的市场表现，包括代码、开盘价、最高价、最低价、收盘价、结算价、涨跌、成交量、持仓量、日增仓、前结算价等。

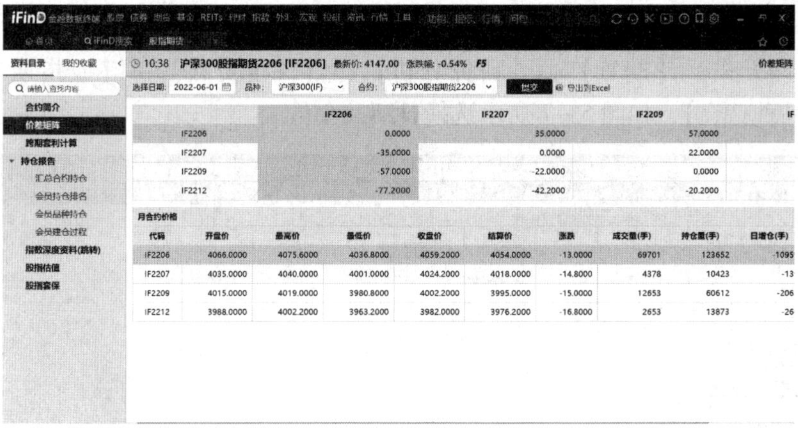

图 5-5　2022 年 6 月 1 日沪深 300 股指期货 2206 价差矩阵

资料来源：同花顺 iFinD 金融数据终端。

（3）持仓报告。

一般情况下，如果成交量、持仓量与价格同向，其价格趋势可继续维持一段时间；如两者与价格反向，价格走势可能转向。期货市场中持仓分析十分重要。iFinD 金融数据库中深度资料的持仓报告包括成交持仓、持仓结构、建仓过程、持仓均价、盈亏分析五张报表，展示选定日期期货合约持仓报表总览，包括名次、会员简称、成交量持买单量、持卖单量及各指标与上交易日增减等值。

查询方式：【期货】→【研究分析】→【深度资料】→【股指期货】→【会员持仓排名】。

例如图 5-6 利用数据库中的成交持仓分析 2022 年 6 月 1 日交易合约沪深 300 股指期货 2206［IF2206］的持仓排名信息和最新变动情况。可以看到，前 20 名多单 88 095 手，前 20 名空单 93 295 手，可见空头力量盛于多头力量；总量增减方面，前 20 名空单比上一交易日减少要略低于多单，表明空头力量减少较慢；净空头龙虎榜和净多头龙虎榜方面则显示不相上下。

图 5-6　2022 年 6 月 1 日沪深 300 股指期货 2206 成交持仓

资料来源：同花顺 iFinD 金融数据终端。

持仓结构分析指定期货公司在指定交易品种上的持仓结构。

查询方式：【期货】→【研究分析】→【深度资料】→【股指期货】→【会员品种持仓】，如图 5－7 所示选择日期及会员。

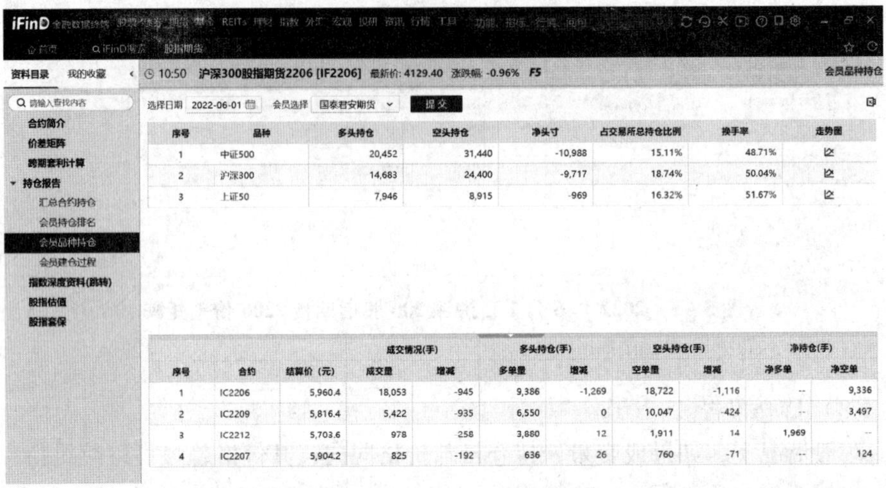

序号	品种	多头持仓	空头持仓	净头寸	占交易所总持仓比例	换手率	走势图
1	中证500	20,452	31,440	-10,988	15.11%	48.71%	
2	沪深300	14,683	24,400	-9,717	18.74%	50.04%	
3	上证50	7,946	8,915	-969	16.32%	51.67%	

			成交情况(手)		多头持仓(手)		空头持仓(手)		净持仓(手)	
序号	合约	结算价（元）	成交量	增减	多单量	增减	空单量	增减	净多单	净空单
1	IC2206	5,960.4	18,053	-945	9,386	-1,269	18,722	-1,116	--	9,336
2	IC2209	5,816.4	5,422	-935	6,550	0	10,047	-424	--	3,497
3	IC2212	5,703.6	978	-258	3,880	12	1,911	14	1,969	--
4	IC2207	5,904.2	825	-192	636	26	760	-71	--	124

图 5－7　2022 年 6 月 1 日国泰君安沪深 300 股指期货 2206 的持仓结构

资料来源：同花顺 iFinD 金融数据终端。

图 5－7 显示了国泰君安 2022 年 6 月 1 日 IF2206 成交 18 053 手，持有多单 9 386 手，持有空单 18 722 手，净空单 9 336 手。

建仓过程分析指定期货公司在指定交易合约上的建仓过程。

查询方式：【期货】→【研究分析】→【深度资料】→【股指期货】→【会员建仓过程】，如图 5－8 所示选择日期及会员。

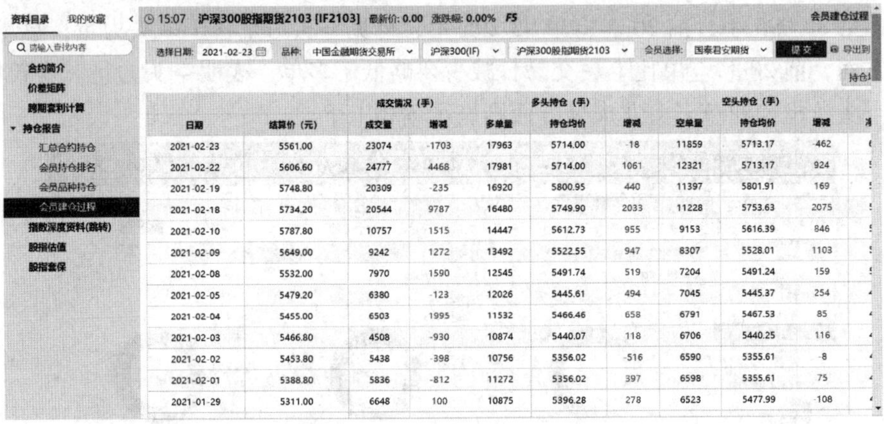

		成交情况（手）		多头持仓（手）			空头持仓（手）		
日期	结算价（元）	成交量	增减	多单量	持仓均价	增减	空单量	持仓均价	增减
2021-02-23	5561.00	23074	-1703	17963	5714.00	-18	11859	5713.17	-462
2021-02-22	5606.60	24777	4468	17981	5714.00	1061	12321	5713.17	924
2021-02-19	5748.80	20309	-235	16920	5800.95	440	11397	5801.91	169
2021-02-18	5734.20	20544	9787	16480	5749.90	2033	11228	5753.63	2075
2021-02-10	5787.80	10757	1515	14447	5612.73	955	9153	5616.39	846
2021-02-09	5649.00	9242	1272	13492	5522.55	947	8307	5528.01	1103
2021-02-08	5532.00	7970	1590	12545	5491.74	519	7204	5491.24	159
2021-02-05	5479.20	6380	-123	12026	5445.61	494	7045	5445.37	254
2021-02-04	5455.00	6503	1995	11532	5466.46	658	6791	5467.53	85
2021-02-03	5466.80	4508	-930	10874	5440.07	118	6706	5440.25	116
2021-02-02	5453.80	5438	-398	10756	5356.02	-516	6590	5355.61	-8
2021-02-01	5388.80	5836	-812	11272	5356.02	397	6598	5355.61	75
2021-01-29	5311.00	6648	100	10875	5396.28	278	6523	5477.99	-108

图 5－8　国泰君安沪深 300 股指期货 2103 的建仓过程

资料来源：同花顺 iFinD 金融数据终端。

图 5－8 显示了国泰君安 IF2103 从 2021 年 1 月 14 日开始至 2021 年 2 月 23 日的建仓过程，可以看到具体某一天的成交情况、多头持仓、空头持仓和净持仓情况。

2. 商品期货。

商品期货与股指期货数据分类和界面操作大体相同，但和股指期货相比，因为商品期货实行实物交割，涉及库存问题。商品期货合约到交割月需对未平仓头寸进行交割，交易所都有交割库，库存指的就是交割库的库存。库存与商品价格的关系，简单来说，一般库存低对价格上涨有利，高库存说明现货压力比较大。同花顺 iFinD 金融数据库中的库存报告展示选定日期期货合约对应的期货品种库存报告总览。

查询方式：【期货】→【研究分析】→【深度资料】→【商品期货】→【注册仓单】，选择时间区间。

如图 5 - 9 所示，在该界面输入代码【CU2101】查找 2021 年阴极铜库存报告。

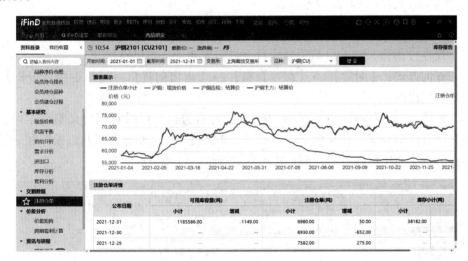

图 5 - 9　2021 年阴极铜库存报告

资料来源：同花顺 iFinD 金融数据终端。

3. 国债期货。

国债期货与股指期货和商品期货相比，由于交易标的特殊性，国债期货深度资料数据库有许多不同于前两者的功能，如国债期货基础、现券综合分析等。

（1）国债期货基础。

国债期货基础主要展示国债期货标准合约及交易交割基本规则，便于用户查询和下载。

查询方式：【期货】→【研究分析】→【深度资料】→【国债期货】→【国债期货基础】。

如图 5 - 10 所示国债期货基础资料，可以看到合约标的、可交割国债、报价方式、最小变动价位等。

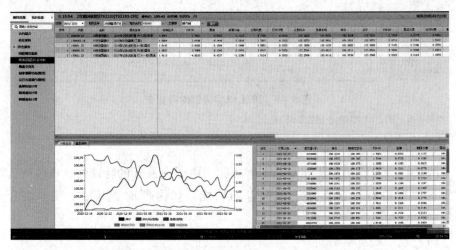

图 5 – 10　国债期货基础资料

资料来源：同花顺 iFinD 金融数据终端。

（2）现券（国债）综合分析。

现券（国债）综合分析需要先行查询国债期货合约代码。

查询方式：【期货】→【深度资料】→【国债期货】→【现券综合分析】，选择期货代码。

如图 5 – 11 所示国债期货 TF2103 现券综合分析，可以看到可交割债券列表及其隐含回购利率、转换因子、基差、到期收益率、久期等常用基础指标和分析指标，在下面还可以看到上面选中现券的行情走势和基本资料。

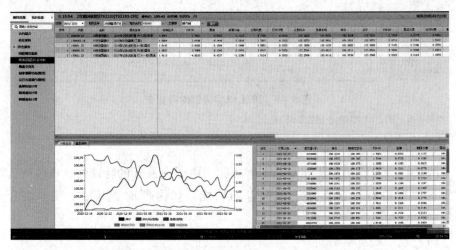

图 5 – 11　国债期货 TF2103 现券（国债）综合分析

资料来源：同花顺 iFinD 金融数据终端。

（3）利率期限结构和公开市场操作。

利率期限结构和公开市场操作两部分内容与债券数据库部分内容相同，在操作时也能实现"跳转"，期货部分不再一一赘述。

查询方式：【债券】→【深度数据】→【期限结构】。

（4）套期保值计算。

套期保值计算根据期货代码和行情来计算国债套利保值所需国债期货手数并跟踪套利收益，可根据 CTD 券和需要套保的债券的利率曲线差异进行 beta 修正，如图 5 - 12 所示。

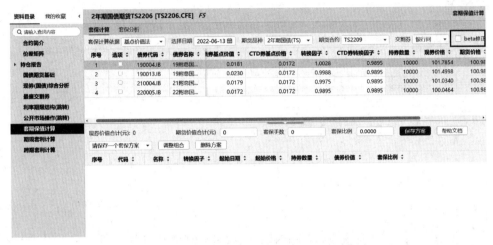

图 5 - 12　国债期货套保计算及分析

资料来源：同花顺 iFinD 金融数据终端。

操作步骤：

① ![导入债券] 选择需要套保的债券；

② ![数据修改] 修改持仓数量；

③ ![价格调整] 修改持仓价格；

④ ![beta修正] 选择是否 beta 修正；

⑤ ![保存方案] 查看计算结果并选择是否保存方案进行套保跟踪；

⑥ ![套保分析] 查看和跟踪套保方案的最新收益。

查询方式：【期货】→【研究分析】→【深度资料】→【国债期货】→【套期保值计算】。

（5）期现套利计算。

期现套利计算根据期货最新价格确定国债期货可交割债券的最新隐含回购利率以及定义无风险利率等参数来确定净基差，以此来判断期现套利存在的空间和机会，如图 5 - 13 所示。

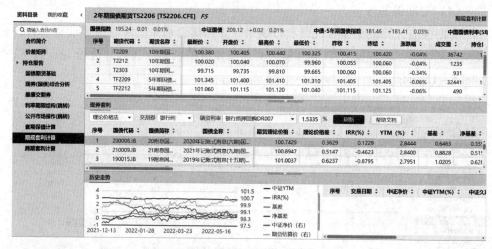

图 5 – 13　国债期货期限套利计算

资料来源：同花顺 iFinD 金融数据终端。

操作步骤：

①

序号	期货代码	期货名称
1	TF1403	5年期国债…

点击代码，获取可交割债券列表；

② 理论价格法 ▼ 选择计算方法；

③ 参数设置及试算 参数设置及试算，可保留试算参数或取消；

④

序号	国债代码	国债简称	债券全称	净基差	对应期理论价格
1	010512.SH	05国债(12)	2005年记账式(十二期)国债	-2.1350	89.737

查看全部可交割债券的列表及计算结果；

⑤ 历史走势 查看基差和计算结果的历史值。

查询方式：【期货】→【研究分析】→【深度资料】→【国债期货】→【期限套利计算】。

5.2.3　期货专题报表

1. 商品期货。

期货专题报表集中研究期货市场中商品期货、股指期货和期货公司情况。其中，商品期货主要侧重基础分析、持仓分析和成交统计研究，股指期货则侧重基本资料、合约市场表现、持仓分析、沪深 300 指数成分股和沪深 300 行业等研究，期货公司情况则对目前 161 家期货公司的基本资料和财务数据进行详细研究。

在商品期货数据库中，包括基础分析、持仓分析和成交统计的数据。

查询方式：【期货】→【数据分析】→【期货专题】→【商品期货报表】（如图 5 – 14 所示）。

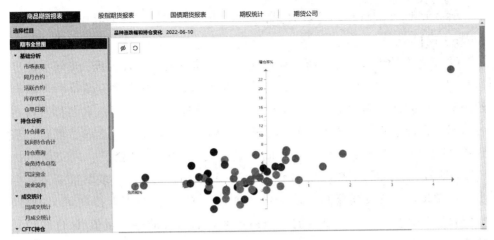

图 5-14 期市全景图界面

资料来源：同花顺 iFinD 金融数据终端。

（1）基础分析。

① 市场表现。基础分析研究中的市场表现分析主要分析期货品种市场行情表现，从上市开始到最近时期内常用行情指标的综合市场表现，可根据所选定条件制定市场表现明细表。常用指标包括代码、名称、交易日期、前结算价、开盘价、最高价、最低价、收盘价、平均价、涨跌（今收盘价 – 前结算价）、涨跌 2（今结算价 – 前结算价）、涨跌幅、持仓量、日增仓、成交量、成交金额、成交金额变化率等，可根据侧重点对相应指标进行排序。图 5-15 为 2020 年 2 月 24 日~2021 年 2 月 24 日这一年鲜苹果连续合约市场行情。

序号	代码	名称	交易日期	前结算价	开盘价	最高价
1	AP00.CZC	苹果连续	2021-02-24	5,446.00	5,387.00	5
2	AP00.CZC	苹果连续	2021-02-23	5,625.00	5,515.00	5
3	AP00.CZC	苹果连续	2021-02-22	5,824.00	5,761.00	5
4	AP00.CZC	苹果连续	2021-02-19	5,698.00	5,727.00	5
5	AP00.CZC	苹果连续	2021-02-18	5,718.00	5,723.00	5
6	AP00.CZC	苹果连续	2021-02-10	5,665.00	5,657.00	5
7	AP00.CZC	苹果连续	2021-02-09	5,658.00	5,658.00	5
8	AP00.CZC	苹果连续	2021-02-08	5,620.00	5,808.00	5
9	AP00.CZC	苹果连续	2021-02-05	5,617.00	5,607.00	5
10	AP00.CZC	苹果连续	2021-02-04	5,718.00	5,698.00	5
11	AP00.CZC	苹果连续	2021-02-03	5,845.00	5,780.00	5
12	AP00.CZC	苹果连续	2021-02-02	5,909.00	5,900.00	5
13	AP00.CZC	苹果连续	2021-02-01	5,868.00	5,895.00	5
14	AP00.CZC	苹果连续	2021-01-29	5,819.00	5,864.00	5
15	AP00.CZC	苹果连续	2021-01-28	5,836.00	5,819.00	5
16	AP00.CZC	苹果连续	2021-01-27	5,816.00	5,875.00	5
17	AP00.CZC	苹果连续	2021-01-26	5,777.00	5,738.00	5

图 5-15 2020 年 2 月 24 日~2021 年 2 月 24 日鲜苹果连续合约市场行情

资料来源：同花顺 iFinD 金融数据终端。

品种或期货合约进行数据定位查询。如利用数据浏览器提取所要分析的上海期货交易所金属品种铝、白银、黄金、阴极铜、铅和锌的行情数据，如图 5 - 3 所示。

图 5 - 3 上海期货交易所金属品种铝、白银、黄金、阴极铜、铅和锌的行情数据
资料来源：同花顺 iFinD 金融数据终端。

查询方式：【期货】→【数据分析】→【数据浏览器】→【期货数据浏览器】。

5.2.2 深度资料

需要对某一期货品种进行深入分析时，可以利用 iFinD 金融数据库中的深度资料功能来集中研究股指期货、商品期货和国债期货等不同期货品种的合约简介、价差矩阵、跨期套利计算、持仓报告等详细情况。其中，股指期货主要侧重合约简介、价差矩阵、跨期套利计算和持仓报告研究；商品期货除了合约简介、价差矩阵、跨期套利计算和持仓报告研究外，还包括库存报告研究；而国债期货因为其特殊性，深度资料研究包括合约简介、价差矩阵、持仓报告、国债期货基础、现券综合分析、利率期限结构、公开市场操作、套期保值计算、期限套利计算、国债新闻和国债研报等多项内容。

查询方式：【期货】→【研究分析】→【深度资料】→【股指期货】。

以研究沪深 300 股指期货 2206［IF2206］为例，按照图 5 - 4 所示路径进入股指期货【深度资料】数据库，在该板块，可以找到该品种的重要数据，包括合约简介、价差矩阵、跨期套利和持仓报告四大类相关研究数据。

查询方式:【期货】→【数据分析】→【期货专题】→【商品期货报表】→【市场表现】。

② 活跃合约。活跃合约研究商品期货中具体时间内最为活跃、市场关注度最高的合约的相关信息。图5-16展示了2021年2月24日各期货品种活跃合约当天市场表现及成交持仓排名中成交量、多单量、空单量第一名名称及所占各自对应指标的比值。具体指标有代码、名称、交易日期、收盘价、涨跌、涨跌2、涨跌幅、持仓量、日增仓、成交量、成交量第一名会员、成交量占比（成交量第一名会员的成交量值/该合约当天成交量×100）、多单量第一名会员、多单量占比（多单量第一名会员的多单量值/该合约当天持仓量×100）、空单量第一名会员、空单量占比（空单量第一名会员的空单量值/该合约当天持仓量×100）等。

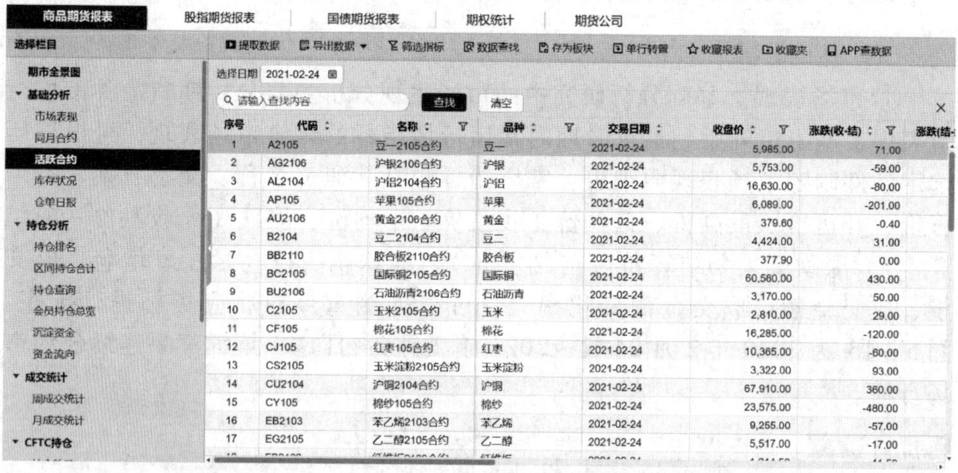

图5-16　2021年2月24日各期货品种活跃合约当天市场表现

资料来源:同花顺 iFinD 金融数据终端。

查询方式:【期货】→【数据分析】→【期货专题】→【商品期货报表】→【活跃合约】。

③ 库存状况。库存状况研究期货品种的库存状况及持仓量变化的对比走势。图5-17是2020年2月24日至2021年2月24日20号胶库存状况,显示了2020年库存指标中的库存小计、库存小计增减、注册仓单、注册仓单增减量、可用库容量、可用库容量增减及近月持仓量、全部持仓量等指标的详细情况。

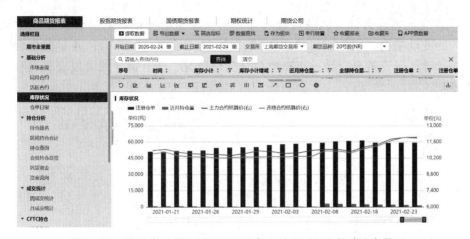

图 5－17　2020 年 2 月 24 日至 2021 年 2 月 24 日 20 号胶库存状况

资料来源：同花顺 iFinD 金融数据终端。

查询方式：【期货】→【数据分析】→【期货专题】→【商品期货报表】→【库存状况】。

（2）持仓分析。

① 持仓排名。持仓排名分析指定期货品种在指定日期的持仓排名及变动情况。图 5－18 是 2022 年 1 月 24 日黄金全部合约持仓排名，详细显示了 2022 年 1 月 24 日黄金合约成交量、多头持仓、空头持仓、净多头和净空头的会员持仓排名情况，可以看到海通期货成交量排名第一，银河期货多头持仓排名第一，中信期货空头持仓排名第一，另外，还显示了当日进出榜单、持仓明细表和当日增减仓排名等信息。

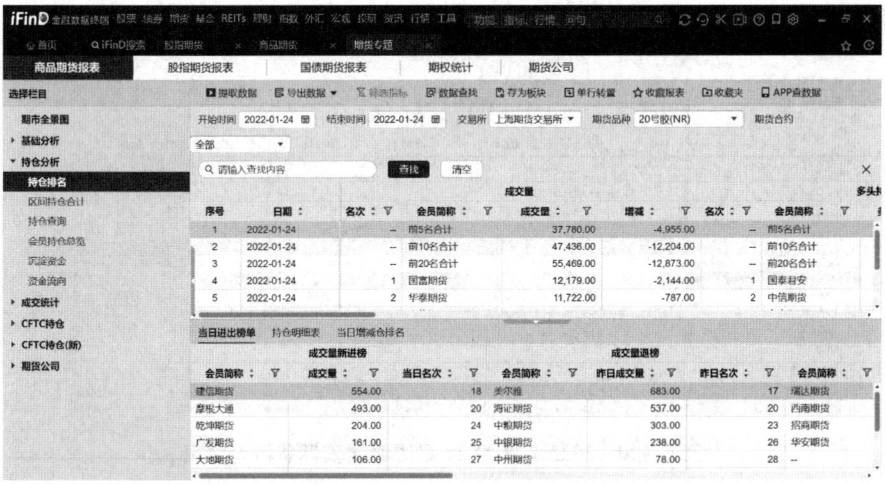

图 5－18　2021 年 1 月 24 日黄金全部合约持仓排名

资料来源：同花顺 iFinD 金融数据终端。

查询方式：【期货】→【数据分析】→【期货专题】→【商品期货报表】→【持仓排名】。

② 区间持仓合计。区间持仓合计分析交易所公布的排名合计在指定时间段内的变动情况。图 5 - 19 是 2020 年 2 月 24 日至 2021 年 2 月 24 日黄金合约持仓合计，研究黄金合约一年来的持仓变化情况，还有持仓图可以直观观察持仓变化。

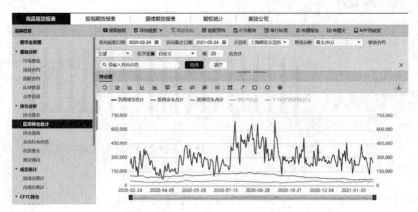

图 5 - 19　2020 年 2 月 24 日至 2021 年 2 月 24 日黄金合约持仓合计
资料来源：同花顺 iFinD 金融数据终端。

查询方式：【期货】→【数据分析】→【期货专题】→【商品期货报表】→【区间持仓合计】。

③ 持仓查询。持仓查询分析指定期货公司在指定期货合约上的持仓情况。图 5 - 20 是 2022 年 2 月 24 日国泰君安期货持仓情况，点击黄金 AU2104 显示出黄金合约的当日成交量、多头持仓、空头持仓和净持仓情况，下面还显示了 2020 年 9 月以来的每日明细持仓情况。

图 5 - 20　2021 年 2 月 24 日国泰君安期货持仓情况
资料来源：同花顺 iFinD 金融数据终端。

查询方式：【期货】→【数据分析】→【期货专题】→【商品期货报表】→【持仓查询】。

④ 品种市场表现热力图。持仓分析中的品种市场表现热力图可直观分析期

货市场所有品种在指定区间内的资金容纳量和涨跌幅表现。图 5－21 是 2021 年 2 月 24 日各品种市场表现热力图，金属板块显示硅铁主力持仓量最高，实力最强。

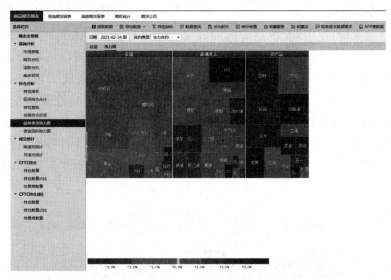

图 5－21　2021 年 2 月 24 日主力合约品种市场表现热力图

资料来源：同花顺 iFinD 金融数据终端。

查询方式：【期货】→【数据分析】→【期货专题】→【商品期货报表】→【品种市场表现热力图】。

⑤ 资金流向热力图。资金流向热力图则可直观分析全市场品种资金流向和涨跌幅情况。图 5－22 是 2021 年 2 月 24 日资金流向热力图，金属板块显示硅铁主力资金流入比率最高，实力最强。

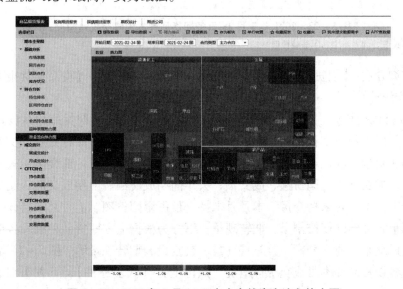

图 5－22　2021 年 2 月 24 日主力合约资金流向热力图

资料来源：同花顺 iFinD 金融数据终端。

查询方式：【期货】→【数据分析】→【期货专题】→【商品期货报表】→【资金流向热力图】。

（3）成交统计。

① 周成交统计。成交统计中的周成交统计分析三大商品期货交易所期货品种周成交统计，及与以往数值变化对比状况。界面上方为对应周单个品种周成交量、上周成交量、环比增减、周成交量占全国份额、周成交额、上周成交额、环比增减、周交易额占全国份额、周末持仓量、周末持仓量占全国份额、上周周末持仓量、环比增减。下方为根据上方期货品种触发各明细合约周成交量、成交金额、周末持仓量等。图 5-23 是 2021 年 2 月 25 日各期货品种本周成交统计情况，点击上方【黄金】，下方明细表显示了 8 个黄金合约的具体成交情况。

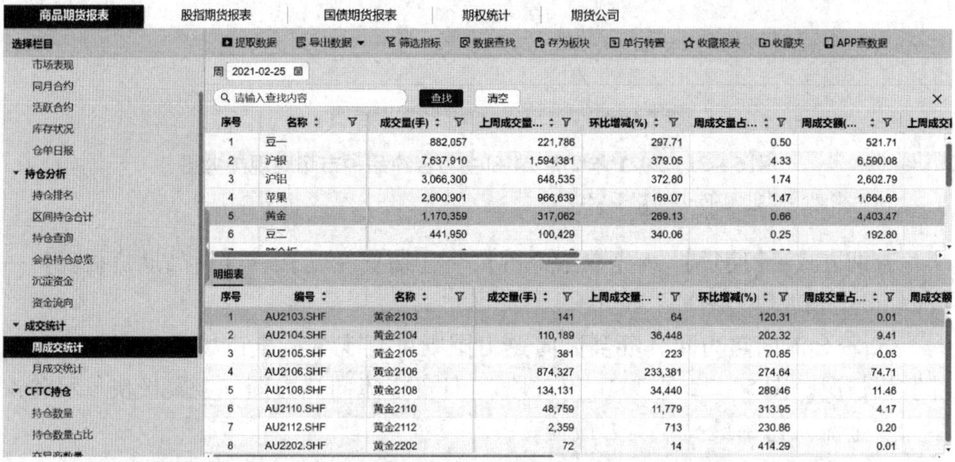

图 5-23　2021 年 2 月 25 日各期货品种本周成交统计情况

资料来源：同花顺 iFinD 金融数据终端。

查询方式：【期货】→【数据分析】→【期货专题】→【商品期货报表】→【周成交统计】。

② 月成交统计。月成交统计分析三大商品期货交易所期货品种月度成交统计，及与以往数值变化对比状况。界面上方为对应月份单个品种月度成交量、去年同期成交量、同比增减、上期成交量、环比增减、当年累计成交量、去年累计成交量、成交量占全国份额、成交额、去年同期成交额、上期成交额、交易额占全国份额、本月月末持仓量、本月月末持仓量占全国份额、上月月末持仓量、当月交割量、去年同期交割量、期转现量。下方为根据上方期货品种触发各明细合约月度成交量、成交金额、月末持仓量、交割量、期转现量等。图 5-24 是 2021 年 1 月各期货品种本月成交统计情况，点击上方【大豆原油】，下方明细表显示了 9 个豆油合约的具体成交情况。

图 5-24 2021 年 1 月各期货品种本月成交统计情况

资料来源: 同花顺 iFinD 金融数据终端。

查询方式:【期货】→【数据分析】→【期货专题】→【商品期货报表】→
【月成交统计】。

2. 股指期货。

iFinD 金融数据库期货专题报表中的股指期货数据库包括基本资料、合约市场表现、持仓分析、沪深 300 指数成分股和沪深 300 行业等诸多数据(如图 5-25 所示)。

图 5-25 股指期货月合约

资料来源: 同花顺 iFinD 金融数据终端。

沪深 300 行业统计是沪深 300 股票按所选行业标准(证监会、申万、同花顺)分类展示其市场表现以及基本财务数据的综合行业统计表。界面上方展示沪深 300 根据不同的行业分类标准归属于不同行业的流通市值、总市值、净利润、涨跌幅、成交量、成交额、换手率、市盈率、市净率等值;下方明细表展示根据上方汇总表选中单条行业触发的明细成分股数据，明细图根据上方汇总表的沪深 300 指数各行业占指数比重流通市值/总市值/净利润以及沪深 300 指数各行业占全 A 对应行业比重流通市值/总市值/净利润指标绘制而成。图 5-26 显示按证监会行业标准分类的沪深 300 行业统计，下方明细表显示了上方点中的金融、保险业的股票情况。

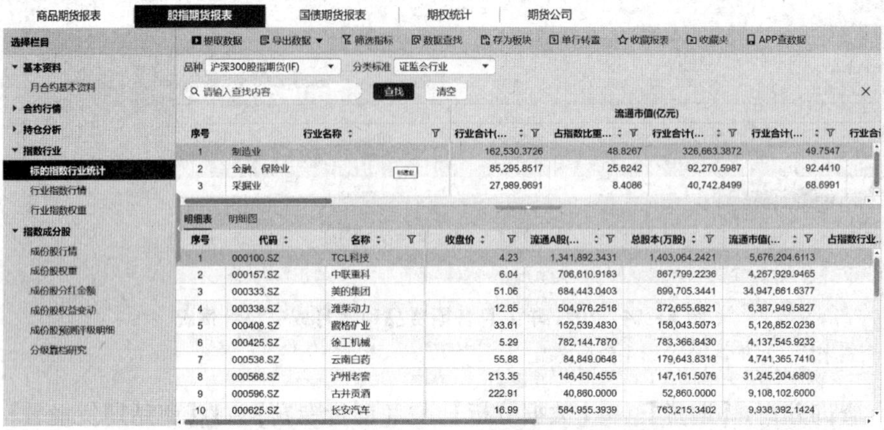

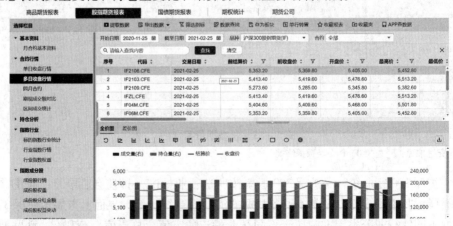

图 5-26　按证监会行业标准分类的沪深 300 行业统计
资料来源：同花顺 iFinD 金融数据终端。

查询方式：【期货】→【数据分析】→【期货专题】→【股指期货报表】→【标的指数行业统计】→【沪深 300 股指期货】。

合约市场表现多日行情支持股指期货沪深 300 单个合约及全部合约在一段时间内市场综合表现。图 5-27 显示了 2020 年 11 月 25 日~2021 年 2 月 25 日全部合约多日行情，上方展示了沪深 300 合约市场表现结算价、开盘价、最高价、最低价、收盘价、持仓量、成交量、成交金额及与前交易日对比的数据，下方全价图根据上方汇总表成交量、持仓量、结算价、收盘价绘制而成，差价图根据上方汇总表成交量变化、持仓量变化、结算价、收盘价绘制而成。

图 5-27　2020 年 11 月 25 日~2021 年 2 月 25 日全部合约多日行情
资料来源：同花顺 iFinD 金融数据终端。

查询方式:【期货】→【数据分析】→【期货专题】→【股指期货报表】→【多日收盘行情】。

期货现货比较研究股指期货沪深 300 合约及沪深 300 指数成交金额对比,展示其期货现货成交统计比较。图 5 – 28 显示了 2020 年 8 月 25 日 ~ 2021 年 2 月 25 日沪深 300 期货现货比较情况,上方展示沪深 300 及沪深 300 合约成交金额、增减、增减幅度。下方比较图用图形的形式展示上方汇总沪深 300 指数成交金额、沪深 300 主力合约及沪深 300 全部合约成交金额走势。

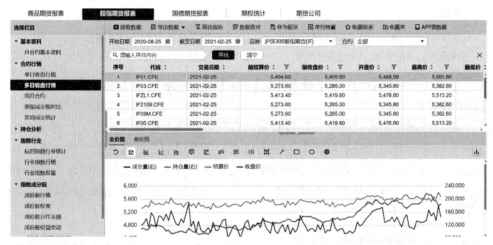

图 5 – 28 2020 年 8 月 25 日 ~ 2021 年 2 月 25 日沪深 300 期货现货比较情况

资料来源:同花顺 iFinD 金融数据终端。

查询方式:【期货】→【数据分析】→【期货专题】→【股指期货报表】→【期货成交额比较】。

持仓排名根据中金所公布的基础成交量、多头持仓、空头持仓排名,进一步挖掘数据的延伸性,使客户能在该报表中很清晰地看见当天的持仓明细以及持仓变化对比情况。界面上方展示所选交易日成交量、多头持仓、空头持仓、净多头、净空头以及相应指标增减。下方展示以上方交易日数据对比变化得出成交量新进榜、成交量退榜、多头新进榜、多头新退榜、空头新进榜、空头新退榜、持仓明细表以及当日多头、空头增减排名。图 5 – 29 显示了 2021 年 2 月 25 日沪深 300 股指期货全部合约持仓排名情况,可以看到国泰君安成交量第一且多头持仓第一,中信期货则空头持仓第一。

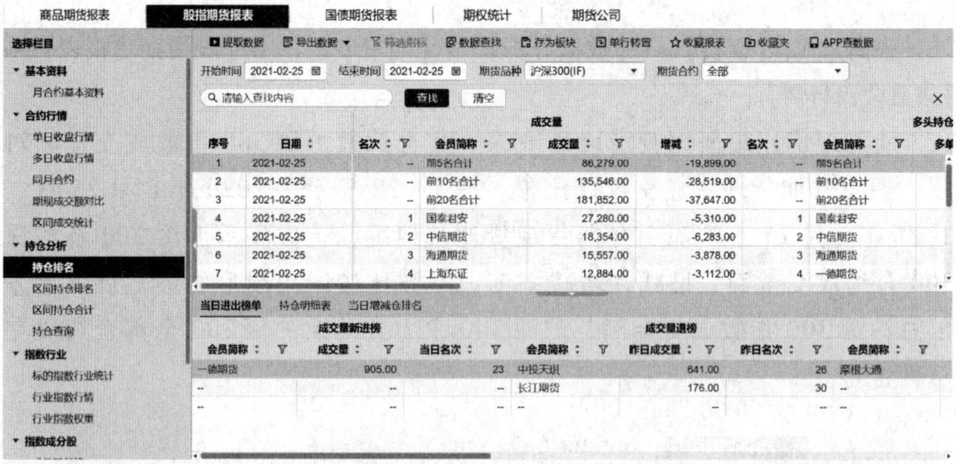

图 5-29　2021 年 2 月 25 日沪深 300 期货全部合约持仓排名
资料来源：同花顺 iFinD 金融数据终端。

查询方式：【期货】→【数据分析】→【期货专题】→【股指期货报表】→【持仓排名】。

持仓查询主要追踪经纪公司持仓动向以及历史持仓明细。界面上方展示经纪公司在所选定时间所持有的所有合约的持仓。下方明细表根据在上方选中单个合约触发，展示该经纪公司持仓该合约历史的明细，持仓明细图根据明细表净持仓净多单、净持仓净空单的数据绘制而成。图 5-30 显示了 2021 年 2 月 24 日多头持仓第一的国泰君安的历史持仓明细。

图 5-30　2021 年 2 月 24 日国泰君安历史持仓明细
资料来源：同花顺 iFinD 金融数据终端。

查询方式：【期货】→【数据分析】→【期货专题】→【股指期货报表】→【持仓查询】。

沪深 300 指数成分股行情展示沪深 300 指数成分股行情综合表现，图 5-31

显示 2021 年 2 月 24 日沪深 300 指数成分股行情，包括沪深 300 指数成分股收盘价、开盘价、最高价、最低价、涨跌幅、换手率、市盈率、市净率、流通市值、总市值、成交量、成交额、所属行业等信息。

图 5－31　2021 年 2 月 24 日沪深 300 指数成分股行情

资料来源：同花顺 iFinD 金融数据终端。

查询方式：【期货】→【数据分析】→【期货专题】→【股指期货报表】→【沪深 300 指数成分股行情】。

沪深 300 行业权重展示沪深 300 十大行业权重时间序列表。图 5－32 显示了截至 2021 年 2 月 25 日沪深 300 行业权重及历史变化，上方展示近半年沪深 300 十大行业按日显示的权重列表，下方展示根据上方单条权重触发显示的其历史权重列表，事件序列图根据历史权重列表数据绘制而成。

图 5－32　2021 年 2 月 25 日沪深 300 行业权重及历史变化

资料来源：同花顺 iFinD 金融数据终端金融数据库。

查询方式：【期货】→【数据分析】→【期货专题】→【股指期货报表】→

【行业指数权重】→【沪深 300 股指期货】。

3. 期货公司。

期货公司数据库分基本资料和财务数据两大子数据库。如图 5-33 所示，可进入期货公司数据库查询我国期货公司基本资料，包括公司名称、是否上市、省份、城市、注册地址、注册资本等详细资料，方便用户查阅。

序号	公司名称	证监会评级	成立日期	省份	注册资本（万元）	营业部数量	是否上市
1	中泰期货股份有限公司	A	2012-12-10	山东省	100,190.00	26	是
2	中银国际期货有限责任公司	A	2008-01-21	上海市	35,000.00	6	否
3	中银万国期货有限公司	AA	2007-04-04	上海市	144,158.83	28	否
4	银河期货有限公司	AA	2006-12-25	北京市	450,000.00	52	否
5	方正中期期货有限公司	AA	2005-08-09	北京市	100,500.00	39	否
6	财信期货有限公司	BBB	2005-08-01	湖南省	75,000.00	14	否
7	东方汇金期货有限公司	D	2004-12-28	吉林省	15,330.00	12	否
8	中金期货有限公司	A	2004-07-22	青海省	35,000.00	1	否
9	津投期货经纪有限公司	B	2004-05-31	天津市	20,000.00	5	否
10	广州期货股份有限公司	BBB	2003-08-22	广东省	165,000.00	25	是
11	瑞达期货有限公司	BB	2003-07-07	浙江省	30,000.00	7	否
12	广州金控期货有限公司	B	2003-06-13	广东省	80,000.00	18	是

图 5-33　我国期货公司概览

资料来源：同花顺 iFinD 金融数据终端。

查询方式：【期货】→【数据分析】→【期货专题】→【期货公司】→【公司概览】。

期货公司财务数据分析期货公司在指定时间的净资本、净资产、权益总额、手续费收入、净利润等数据，数据主要来自中国期货业协会，同时提供期货公司近三年的明细数据和走势图。图 5-34 显示了 2021 年期货公司财务数据。

序号	公司名称	净资本（万元）	净资产（万元）	权益总额	客户权益	手续费收入（万元）
1	新纪元期货股份有限公司	22,775.18	18,295.87	--	--	32,452.40
2	上海大陆期货有限公司	--	25,998.00	--	--	--
3	建信期货有限责任公司	--	115,200.00	--	--	--
4	华创期货有限责任公司	15,780.82	21,925.43	--	--	10,693.54
5	东兴期货有限责任公司	--	71,163.64	--	--	--
6	瑞达期货股份有限公司	102,969.51	236,397.63	--	--	94,712.75
7	海航期货股份有限公司	14,639.22	13,089.00	--	--	3,953.83
8	深圳市中金岭南期货有限公司	--	66,516.89	--	--	--
9	中电投先融期货股份有限公司	53,077.46	147,792.64	--	--	6,638.96
10	中金期货有限公司	--	65,784.56	--	--	--
11	广州期货股份有限公司	--	176,234.00	--	--	--
12	江西瑞奇期货有限公司	--	63,746.97	--	--	--

图 5-34　2021 年期货公司财务数据

资料来源：同花顺 iFinD 金融数据终端。

查询方式：【期货】→【数据分析】→【期货专题】→【期货公司】→【期货公司财务数据】。

5.2.4　期货行业数据

在期货分析方法中，基本分析法十分重要，主要通过产量、消费量、库存量来进行分析，分析的是价格的中长期趋势，是价格变动的根本原因，主要是分析行情处于牛市还是熊市，但是基本分析法必须依赖期货行业数据。iFinD 金融数据库提供丰富的期货行业数据库，包括待选指标和期货品种数据两大子数据库，可用于制作期货专题研究个性化数据报表，并可支持对相应数据的统计、排序以及作图等操作的专业数据工具。

待选指标数据库涵盖农产品、能源、石油化工、钢铁、有色金属和其他数据六大部分基本面数据。例如选中有色金属中的库存和储备指标中世界黄金储备，选择报表类型和起始终止时间，点击【提取数据】即可查看目前世界黄金储备数据，如图 5－35 所示，2020 年 9 月世界黄金储备 35 171. 34 吨，并且较去年以来逐季增加。储备增加，需求增加，有利于黄金价格上涨。

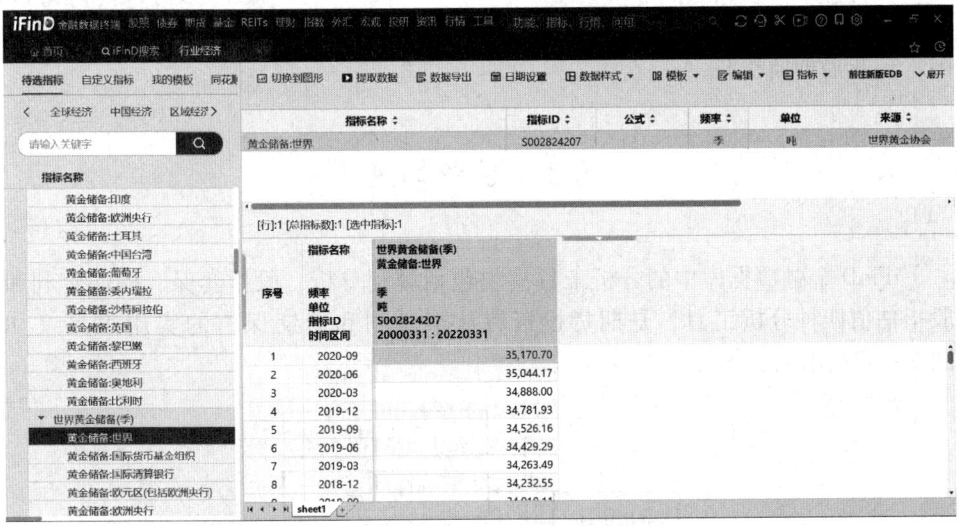

图 5－35　近年来世界黄金储备情况

资料来源：同花顺 iFinD 金融数据终端。

查询方式：【期货】→【数据分析】→【行业经济】→【待选指标】→【有色金属】→【库存和储备】→【世界黄金储备】。

期货品种数据库涵盖全球宏观、中国宏观、农产品品种产业数据链和金属期货产业数据链四大部分基本面数据。例如选中农产品品种产业数据链中农作物播种面积（年）中棉花播种面积，选择报表类型和起始终止时间，点击【提取数据】即可查看目前棉花播种面积数据，由图 5－36 历年棉花播种面积可知，2019 年国内棉花播种面积是 3 339. 29 千公顷，较 2018 年 3 354. 41 千公顷显著下降，降幅为 0. 45%。

播种面积是影响现货供给和价格的重要因素，播种面积下降将支撑价格上涨。

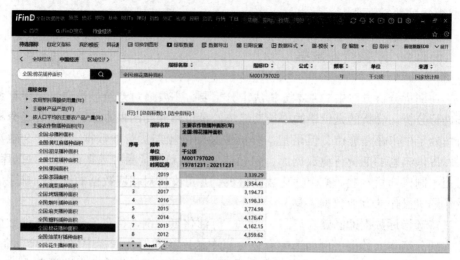

图 5 - 36　历年国内棉花播种面积

资料来源：同花顺 iFinD 金融数据终端。

查询方式：【期货】→【数据分析】→【产业数据库】→【待选指标】→
【农产品_ 棉花】→【上游_ 种植】→【国内棉花播种面积（分省市）】→【全
国：棉花播种面积】。

5.3　分析工具

iFinD 金融数据库中的分析工具模块包括套利分析、股指套保、提油套利和
股指估值四种分析工具，是期货投资者从事套利和套期保值的实用工具（如
图 5 - 37 所示）。

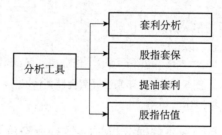

图 5 - 37　分析工具内容结构

资料来源：同花顺 iFinD 金融数据终端。

5.3.1　套利分析

套利是指利用相关市场或者相关合约之间的价差变化，在相关市场或者相关

合约上进行交易方向相反的交易，以期因价差发生有利变化而获利的交易行为。iFinD 金融数据库套利分析可构建两个或者三个期货品种、期货合约、股票、指数的自由组合，并查看历史价差价比分析状况、标准差、均值、相关系数等常用分析参考数值。如图 5-38 所示，先设置套利边数，各边对应的合约名称及手数配比，以及选择计算价差或价比进行计算和展示。

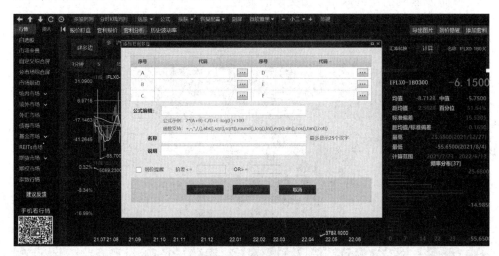

图 5-38 套利设置

资料来源：同花顺 iFinD 金融数据终端。

查询方式：【期货】→【分析工具】→【套利分析】→【添加套利】。

套利列表可以查看已经设置的套利组合的最新价差详情，以便同时观测多个套利组合。如图 5-39 所示，在此列表中点击相应套利组合可进入套利价差图查看该套利组合的价差历史信息。

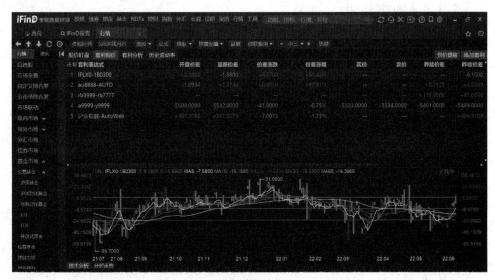

图 5-39 套利列表

资料来源：同花顺 iFinD 金融数据终端。

查询方式:【期货】→【分析工具】→【套利报价】。

套利价差图可查看价差价比历史走势,以及均值和相应的标准差边界。如图 5-40 所示,右上角可以查看相关系数,以及修改时间段来计算指定时间段内的相关系数。点击"套利展示形式"可以完成价差价比切换,标准差倍数和计算方式以及套利引用的原始数值类型的设置。

图 5-40 套利价差

资料来源:同花顺 iFinD 金融数据终端。

查询方式:【期货】→【分析工具】→【套利分析】。

5.3.2 股指套保

股指期货套期保值是指以沪深 300 股票指数为标的的期货合约的套期保值行为。主要操作方法与商品期货套期保值相同,即在股票现货与期货两个市场进行反向操作。iFinD 金融数据库股指套保支持选择一批股票组合,并根据股票的 beta 系数来计算应该对冲的股指期货的手数配比,完成基础的套期保值分析。

如图 5-41 所示,先进行 beta 计算,导入所需的股票组合和手数配置,以及设置 beta 值的计算方法,以计算相应的 beta 系数。再计算套保手数,根据 beta 系数和自定义的套期保值比例计算需要对冲的股指期货的手数,并可以在本步骤中对计算的套保手数进行微调。最后进行套保追踪,在"套保跟踪"界面中查看套期保值组合中股票和期货的最新盈亏,点击【历史走势】可查看该套利组合从设立到近期的市值变动并支持导出 Excel。

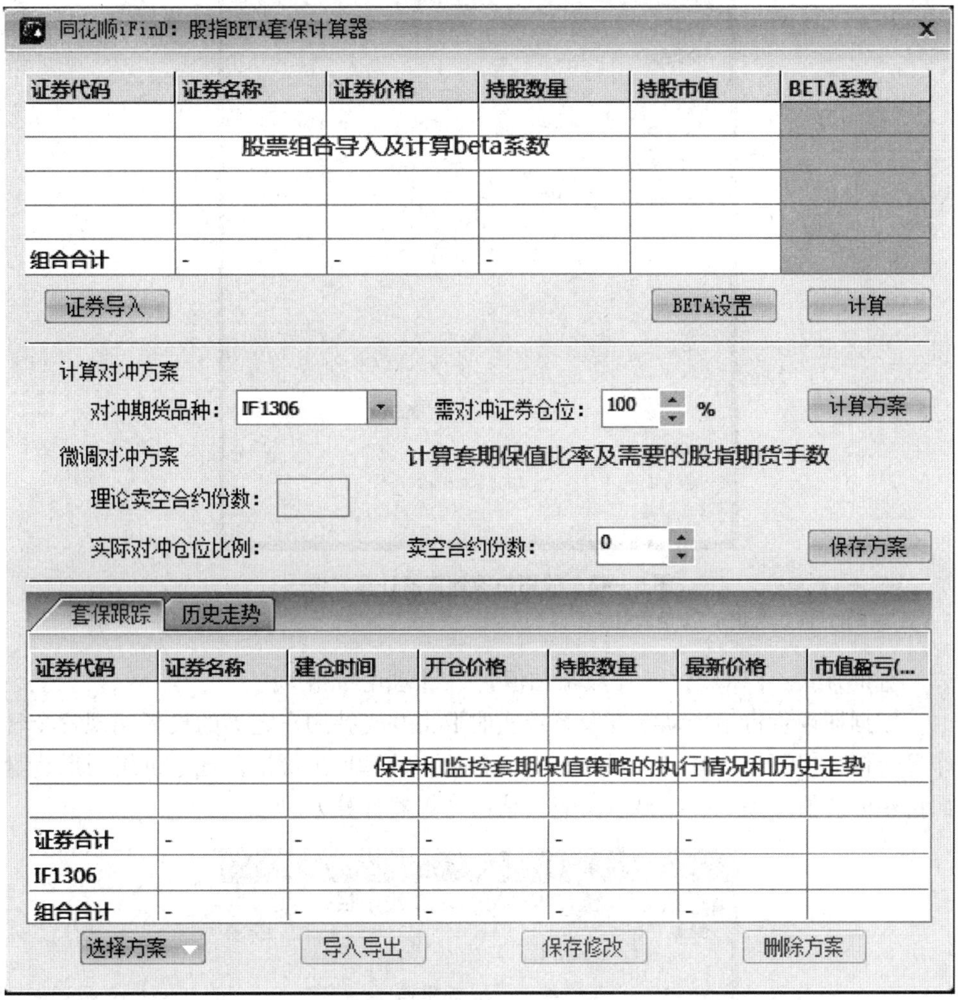

图 5 - 41 股指 beta 套保计算器

资料来源：同花顺 iFinD 金融数据终端。

查询方式：【期货】→【股指套保】。

5.3.3 股指估值

iFinD 金融数据库中的股指估值根据系统实时取到并支持用户修改的分析日期、期现货价格、无风险利率等参数，计算合约的时间价值预估期货的理论价格。图 5 - 42 显示了股指估值计算器计算方法一。

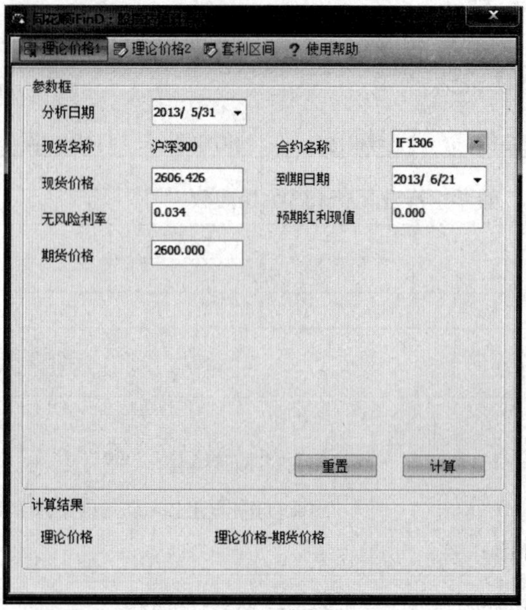

图 5-42　股指估值计算器计算方法一

资料来源：同花顺 iFinD 金融数据终端。

查询方式：【期货】→【股指估值】→【理论价格 1】。

根据期现货价格变动幅度及系统实时取得并支持用户定义的最新期现货今日昨日价格、保证金比率、无风险利率等参数，计算理论价格及理论价格与期货盘面价格的差值。图 5-43 显示了股指估值计算器计算方法二。

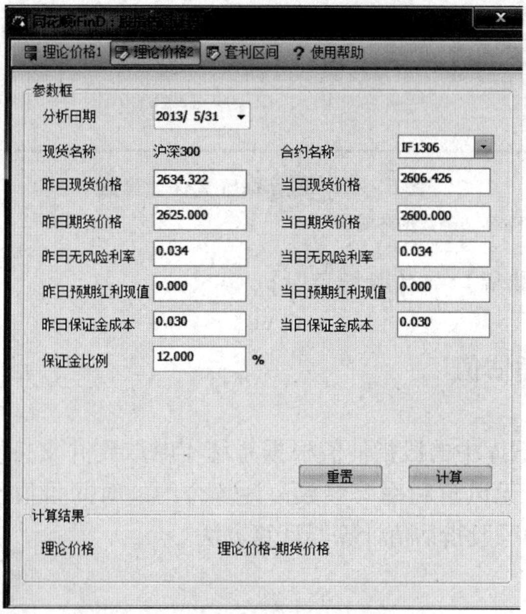

图 5-43　股指估值计算器计算方法二

资料来源：同花顺 iFinD 金融数据终端。

查询方式:【期货】→【股指估值】→【理论价格2】。

根据套利所采取的方法计算不同情况下的套利成本来估测套利上下限,在修改系统默认取得的参数的基础上即可分析在指定成本水平上的套利上下限。图 5－44 显示了股指估值计算器套利区间。

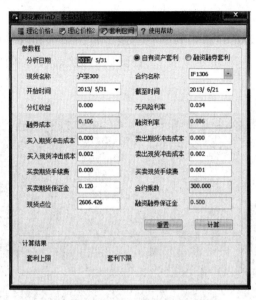

图 5－44 股指估值计算器套利区间

资料来源:同花顺 iFinD 金融数据终端。

查询方式:【期货】→【股指估值】→【套利区间】。

5.4 行情资讯

同花顺 iFinD 期货行情资讯模块包括国债期货综合屏、股指期货综合屏、商品期货综合屏、期货日历和行业新闻研报,是期货投资者观测行情和获取资讯的得力工具(如图 5－45 所示)。

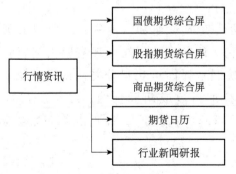

图 5－45 行情资讯内容结构

资料来源:同花顺 iFinD 金融数据终端。

5.4.1　国债期货综合屏

国债期货综合屏可完成对国债、国债回购、Shibor 报价、国债期货的观测。其中左上角屏幕置顶处可观察国债期货和债期指数的价格走势对比。在行情展示界面可观察国债的隐含回购利率、基差、转换因子和现价以及分时、K 线走势。图 5 – 46 显示了 2021 年 2 月 25 日国债期货综合屏，国债期货投资者可方便观测。

图 5 – 46　2021 年 2 月 25 日国债期货综合屏

资料来源：同花顺 iFinD 金融数据终端。

查询方式：【期货】→【行情报价】→【期货综合屏】→【国债期货综合屏】。

5.4.2　股指期货综合屏

股指期货综合屏可完成对期货、现货、现货成分股、重要指数、实时资讯的观测。其中左上角屏幕置顶处可观察股指期货指数和沪深 300 的价格走势对比。在行情展示界面可观察分时、K 线以及期现差、收盘预算线等常用观测指标。叠加指数或期货合约、股票后在右上角展示其相关系数。图 5 – 47 显示了 2021 年 2 月 25 日股指期货综合屏，股指期货投资者可方便观测。

图 5 - 47　2021 年 2 月 25 日股指期货综合屏

资料来源：同花顺 iFinD 金融数据终端。

查询方式：【期货】→【行情报价】→【期货综合屏】→【股指期货综合屏】。

5.4.3　商品期货综合屏

商品期货综合屏可查看国内外期货合约价格变动，并自带分窗功能，可根据需要观测多个期货品种行情走势，以及查看建立的套利合约组合列表最新价格变动情况和最新实时资讯。图 5 - 48 显示了 2021 年 2 月 25 日商品期货综合屏，商品期货投资者可方便观测。

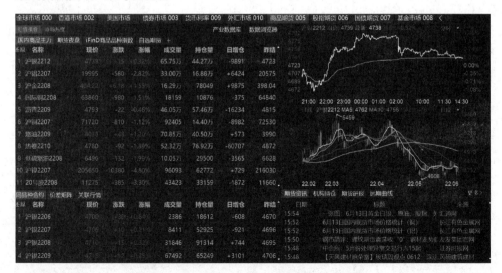

图 5 - 48　2021 年 2 月 25 日商品期货综合屏

资料来源：同花顺 iFinD 金融数据终端。

查询方式：【期货】→【行情报价】→【期货综合屏】→【商品期货综合屏】。

5.4.4　期货日历

期货日历收录了期货分析常用的需监测的宏观指标公布日期，并可按照不同维度进行查看，以及展示宏观指标和前值的对比。图 5 - 49 显示了 2022 年 6 月 13 日期货日历，内容中显示当天发生的事件。

时间	事件	国家/地区	重要性	前值	预测值	公布值	报告期
06:45	新西兰净流入移民人数(人)	新西兰	低	926		-80	2022-06-13
06:45	新西兰外部移民和游客同比(%)	新西兰	低	517.00		70.10	2022-06-13
07:50	日本BSI大型制造业信心指数	日本	中	-7.6		-9.9	2022-06-13
10:30	菲律宾外商直接投资(美元)	菲律宾	低	0.89B			2022-06-13
12:00	印度尼西亚零售销售同比(%)	印度尼西亚	低	9.3			2022-06-13
14:00	英国3个月滚动GDP环比(%)	英国	高	0.8			2022-06-13
14:00	英国GDP当季环比(%)	英国	高	0.8			2022-06-13
14:00	英国GDP同比(%)	英国	高	8.7			2022-06-13
14:00	英国GDP环比(%)	英国	高	-0.1			2022-06-13
14:00	英国工业产出同比(%)	英国	低	0.7	1.7		2022-06-13
14:00	英国工业产出环比(%)	英国	中	-0.2	0.2		2022-06-13
14:00	英国季调后对非欧盟贸易易帐(英镑)	英国	中	-13.80B			2022-06-13
14:00	英国季调后建筑业产出环比(%)	英国	低	1.7	-0.5		2022-06-13
14:00	英国建筑业产出同比(%)	英国	低	4.7	3.8		2022-06-13
14:00	英国贸易帐(英镑)	英国	中	-23.90B	-22.50B		2022-06-13

图 5 - 49　2022 年 6 月 13 日财经日历

资料来源：同花顺 iFinD 金融数据终端。

查询方式：【期货】→【新闻资讯】→【财经日历】。

5.4.5　行业新闻研报（期货资讯）

行业新闻研报收录期货主要交易品种的相关新闻资讯以及研究报告，并按品类进行分类，便于查看。其中新闻资讯包括宏观经济、国际经济、农产品新闻、化工新闻、钢铁新闻、有色新闻、股指新闻及国债新闻，对相关研究报告也做了归类展示。图 5 - 50 显示了 2020 年 8 月 25 日 ~ 2021 年 2 月 25 日来自《21 世纪经济报道》《第一财经日报》等多家媒体的数条行业新闻研报。

查询方式：【期货】→【新闻资讯】→【期货资讯】。

图 5－50　2021 年 2 月 25 日期货资讯

资料来源：同花顺 iFinD 金融数据终端。

本章小结

iFinD 金融数据库中的期货数据库包含深度数据、分析工具和行情资讯三大模块。深度数据主要有数据浏览器、深度资料、期货专题报表、期货行业数据四个子数据库。

关键术语

期货；数据浏览器

思 考 题

1. 近年来期货市场发展很快，目前期货市场上有哪些期货种类、哪些期货品种及其活跃合约？

2. 持仓情况是影响价格的重要因素。试利用 iFinD 金融数据库中期货的深度资料功能深入研究黄金活跃合约的持仓情况。

3. 股指期货对现货指数走势会产生一定影响。请利用 iFinD 金融数据库分析股指期货持仓情况，判断大盘短期走向。

4. 库存和价格基本存在负相关关系。请利用 iFinD 金融数据库研究铜的库存情况，据此初步判断铜的价格走势。

5. 因为商品可以全球流通，影响期货行情的因素既有国内因素也有国际因素，因此，随时关注各种信息变动对于期货投资至关重要。试阅读 iFinD 金融数据库中期货日历的相关信息，分析这些数据的公布会对何种期货品种产生何种影响。

6. 供给和需求关系是期货品种的基本面。详细研究期货铜的行业数据，分析供给和需求情况，得出铜期货的基本面概况。

第6章 基 金

基金（fund）有广义和狭义之分，从广义上来说，基金是指为了某种目的而设立的具有一定数量的资金。例如，信托投资基金、公积金、保险基金、退休基金以及各种基金会的基金。人们平常所说的基金主要是指证券投资基金。

6.1 基金数据库概况

iFinD 金融数据库在基金模块的应用主要包括三大模块：深度数据、分析工具和行情资讯（如图6-1所示）。

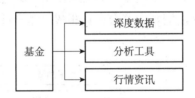

图6-1 基金数据库结构

资料来源：同花顺 iFinD 金融数据终端。

深度数据主要有数据浏览器、深度资料、基金统计报表、基金筛选和基金比较五个数据库。数据浏览器的分类树从各种角度进行分类，以满足用户比较各种数据的需要；深度资料主要提供单个基金的基本资料、市场表现、投资组合分析、财务数据和发行与分配等详细数据；基金统计报表集中提供市场概况、业绩评价、资产配置、基金公司和机构研究方面的详细数据；基金筛选操作方法及功能与"智能选股"相似，用户可对基金指标进行参数设置，筛选出符合条件的基金品种；基金比较可对所关注基金进行各项指标的对比，优选出优秀基金。

分析工具的作用是帮助用户分析特种基金。基金分析数据库主要包括分级基金综合分析和 ETF[①] 基金综合分析两个子数据库。其中，分级基金综合分析主要

---

① ETF 是指交易型开放式指数基金。

对分级基金进行专门研究，包括分级基金的行情、净值、市场总览、套利分析、份额与资产净值分析、收益分析、基金公告和基金新闻等；ETF 基金综合分析模块主要对 ETF 基金进行专门研究，包括 ETF 基金的行情、净值、标的跟踪分析、成分股信息、套利分析、申购与赎回清单、份额与资产净值分析、基金公告和基金新闻等。

行情资讯方面包括基金综合屏、基金日历、基金市场总览、基金仓位估算和基金业绩排行五个数据库。基金综合屏主要展示了当前交易的基金的行情数据；基金日历则主要展示了选定日期的基金市场发生的重要事件；通过基金市场总览模块，用户可以知道基金类型、基金公司、个基收益、基金评级、新基金发行和新闻公告等详细数据；基金仓位估算分仓位估算总览、分类基金仓位和个基仓位一览对基金仓位情况进行估算，是证券市场参与者有关基金仓位方面研究的重要参考；基金业绩排行按时间分类型对基金进行业绩排行以便市场各方查询。

6.2　深度数据

数据资料的研究是基金分析与研究的基础，iFinD 金融数据库中的基金深度数据含有数据浏览器、深度资料、基金统计报表、基金筛选和基金比较共五个功能模块（如图 6 - 2 所示）。

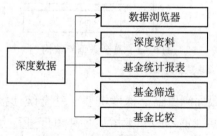

图 6 - 2　深度数据内容结构

资料来源：同花顺 iFinD 金融数据终端。

6.2.1　数据浏览器

iFinD 金融数据库中的基金数据浏览器包括所有基金的基本资料、财务数据等各方面相关指标。本功能的查看范围提供不同分类体系的基金范围选择。

通过如图 6 - 3 所示路径进入数据浏览器，在该界面，可以找到基金市场的重要数据。

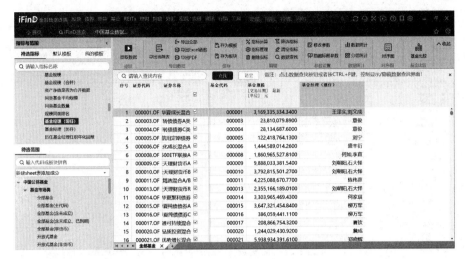

图6-3　数据浏览器功能界面

资料来源：同花顺 iFinD 金融数据终端。

查询方式：【基金】→【数据浏览器】→【中国基金数据浏览器】。

本模块的指标包含三个层级，其中一级指标13个，如表6-1所示。

表6-1　　　　　　　　　　　　　一级指标列示

序号	一级指标
1	基本资料
2	发行指标
3	基金份额
4	持有人结构
5	行情指标
6	财务报表（新准则）
7	财务指标（新准则）
8	分红指标
9	货币市场基金收益
10	净值指标
11	绩效评估
12	投资组合
13	券商佣金

如对于货币市场基金而言，万份单位收益和7日平均收益率是投资者主要关注的指标，属于指标体系中一级指标"货币市场基金收益"下的指标。万份单位收益是指把货币基金每天运作的收益平均摊到每1份额上，然后以1万份为标准进行衡量和比较的一个数据。7日平均收益率是指货币基金7个自然日每万份基金份额平均收益折算出来的年收益率。图6-4展示的是2021年2月25日中国货币基金万份单位收益和7日平均收益率，反映当天我国货币基金市场的收益情况。

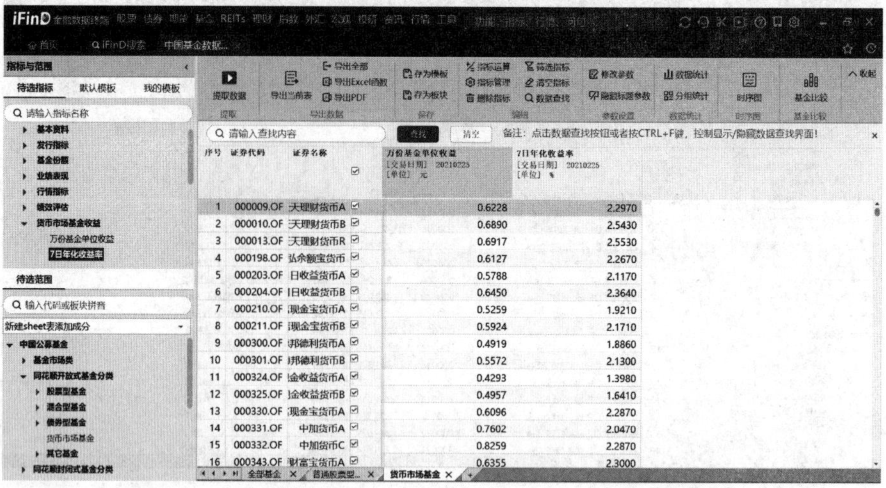

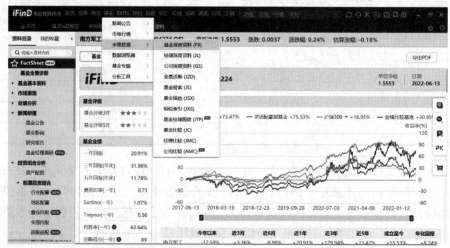

图 6 - 4 中国货币市场基金万份单位收益和 7 日平均收益率
资料来源：同花顺 iFinD 金融数据终端。

查询方式：【基金】→【数据浏览器】→【中国基金数据浏览器】→【货币市场基金收益】。

6.2.2 深度资料

微视频 6 - 1
基金深度资料

iFinD 金融数据库中的深度资料依据基金所公示的各项公告，集中展示某一只基金的各项指标数据。

深度资料包含基金速览、基金基本资料、市场表现、投资组合分析、财务数据、发行与分配、基金分席位交易及佣金、新闻研报和相关证券共 9 个部分。图 6 - 5 展示的是南方军工混合 A ［004224］深度资料的相关信息。

图 6 - 5 南方军工混合 A ［004224］深度资料界面
资料来源：同花顺 iFinD 金融数据终端。

查询方式：【基金】→【多维数据】→【深度资料】。

该模块具有导航目录、切换证券和范围选择等功能。如要查询南方高增长混合（LOF）［160106］近三年年报中的股票投资组合，首先，点击深度资料界面左边的"导航目录"，选择要查看的指标：投资组合分析——股票投资组合（如图6-6所示）。

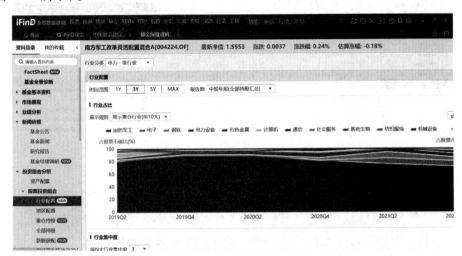

图6-6　南方高增长混合（LOF）［160106］近三年年报中的股票投资组合

资料来源：同花顺 iFinD 金融数据终端。

其次，通过"切换证券种类"功能键灵活选择要切换的证券代码，查找到南方高增长混合（LOF）［160106］；也可以直接输入基金代码，通过"键盘精灵"功能选择南方高增长混合（LOF）［160106］（如图6-7所示）。

（a）

(b)

图 6 - 7 通过"切换证券种类"和"键盘精灵"
功能选择南方高增长混合（LOF）[160106] 的深度资料

资料来源：同花顺 iFinD 金融数据终端。

最后，点击"范围选择"功能键，选择所要查看的时间区间：近三年年报。即可查看到南方高增长混合（LOF）[160106] 近三年年报中的股票投资组合（如图 6 - 8 所示）。

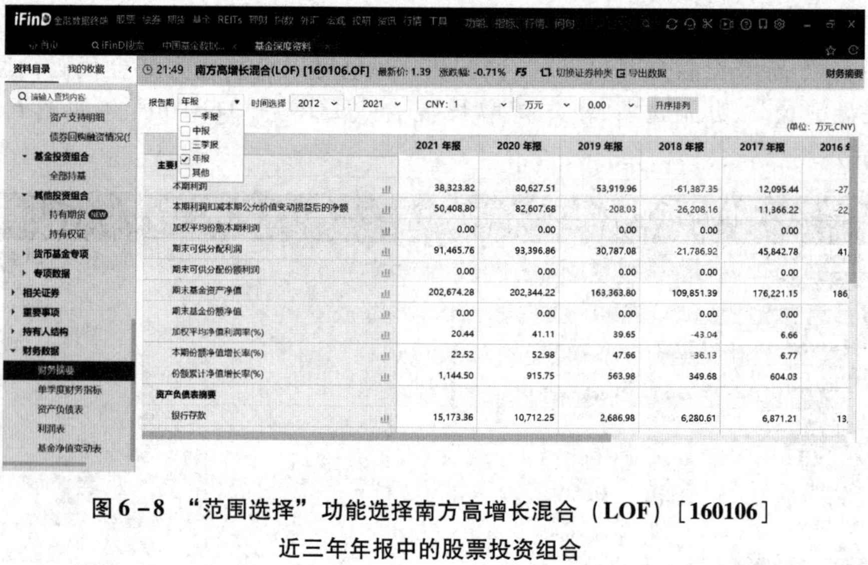

图 6 - 8 "范围选择"功能选择南方高增长混合（LOF）[160106]
近三年年报中的股票投资组合

资料来源：同花顺 iFinD 金融数据终端。

6.2.3 基金统计报表

iFinD 金融数据库中的基金统计报表可以查询统计所需要的各种信息，并统一制作成表。经如图 6-9 所示进入基金统计报表，基金统计报表包括市场概况、业绩评价、资产配置、基金公司、机构研究以及报表收藏夹六个部分。

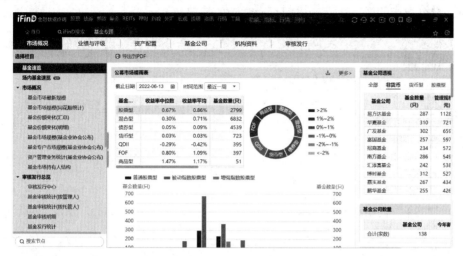

图 6-9　进入途径

资料来源：同花顺 iFinD 金融数据终端。

查询方式：【基金】→【基金专题】。

1. 数据分类说明。

（1）市场概况。

市场概况总领介绍了整个基金市场的发行情况、份额、费率等各方面的指标。

（2）业绩评价。

业绩评价介绍了基金净值表现、基金各项评级、依据不同指标进行的基金绩效评估、基金收益的归因分析、基金各项财务数据以及基金的分红情况。

（3）统计报表。

资产配置部分展示了基金所持有股票、债券等资产的配比情况，其中将货币市场基金、QDII 的部分配置特性单独列出。

（4）基金公司。

基金公司部分以基金公司为主体介绍了基金公司基本资料、管理费用、基金经理、资产组合以及绩效评估等方面的指标。

（5）机构研究。

机构研究包括与基金相关的代销机构、托管银行、交易券商及持有人的相关统计信息。

2. 应用案例。

（1）基金市场概况。

近年来中国基金市场发展很快，进行基金研究时经常需要查询市场概况以总体把握。图 6-10 展示了中国基金市场总体情况。截至 2021 年 2 月 25 日，中国基金市场共有基金 7 629 只，其中股票型基金 1 333 只，债券型基金 2 390 只，混合型基金 3 229 只，货币市场基金 332 只，FOF 基金 145 只，其他基金 200 只。

点击【市场概况】→【基金市场概况】进入该界面，在该界面，下方的"基金明细"与上方可实现联动，展示上方所选中范围内的基金情况。在基金统计报表中，多个指标的展示界面会出现页面联动的情况。

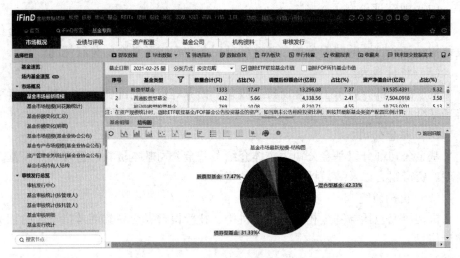

图 6 – 10　中国基金市场概况界面

资料来源：同花顺 iFinD 金融数据终端。

查询方式：【基金】→【基金专题】→【市场概况】。

在该界面还可通过点击"结构图"进入绘图界面，此界面可以选择展示数据的图形方式（如图 6 – 11 所示）。

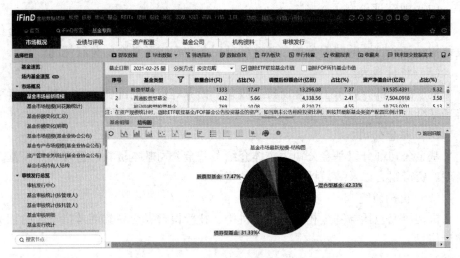

图 6 – 11　中国基金市场概况"结构图"

资料来源：同花顺 iFinD 金融数据终端。

（2）基金评级查询。

基金评级体系在基金业的发展中起着不可或缺的作用，它对业绩评价、指导投资和促进市场优胜劣汰都有重要的意义。国内经常见到的基金评级机构有中国银河证券基金研究中心、海通证券、上海证券、招商证券等，评级结果对基金投资具有举足轻重的作用。根据华尔街日报近期做的调查可知，投资者的投资主要集中在拥有 4 星、5 星评级的基金。基金统计报表可进行这方面的研究，图 6 – 12 是通过 iF-inD 金融数据库中的基金统计报表功能查询的中国基金市场所有基金的券商评级。

图 6 – 12 中国基金市场所有基金的评级汇总

资料来源：同花顺 iFinD 金融数据终端。

查询方式：【基金】→【基金专题】→【业绩与评级】→【基金评级】。

在选择栏目选择所要查看的指标之后，点击【提取数据】按钮，在界面中显示相应的数据。在提取数据的过程中，【提取数据】按钮变化为【停止提取】，此时点击此按钮，则停止提取所选指标数据。

提取出了所需要的数据之后，还可点击【导出数据】按钮，将数据导出至 Excel 或 PDF（如图 6 – 13 所示）。

图 6 – 13 基金统计报表的导出数据功能

资料来源：同花顺 iFinD 金融数据终端。

6.2.4　基金筛选

iFinD 金融数据库中的基金筛选功能可以实现对基金按指标按范围进行筛选，界面整体可分为两大部分：左边为工具栏界面，工具栏上部分选择查找的指标，展示在右边条件列表部分，下部分选择基金所属分类范围；右边上部分为条件列表，下部分为选股结果。图 6－14 至图 6－17 展示的是按年度分红次数和单位累计分红指标筛选出的基金情况，截至 2020 年 12 月 31 日，2020 年度分红次数大于 5 次，最新单位累计分红大于 0.1000 元的基金有 33 家。

筛选过程如下：

第一步，在"工具栏"中选择待选指标——分红指标下的年度分红次数和单位累计分红，待选范围——同花顺基金分类，设定条件后，可通过【重置选择范围】功能键重新选择待选范围（如图 6－14 所示）。

图 6－14　选定指标研究中国基金分红情况

资料来源：同花顺 iFinD 金融数据终端。

第二步，在"条件列表"中设定条件。选定的待选指标在条件列表中将会显示，双击指标所对应的"参数"单元格，弹出参数设定框，也可以在条件列表中单击选定指标后，通过【编辑条件参数】功能键设定参数；双击指标所对应的"运算符""数值""单位"单元格输入设定的条件（如图 6－15 所示）。

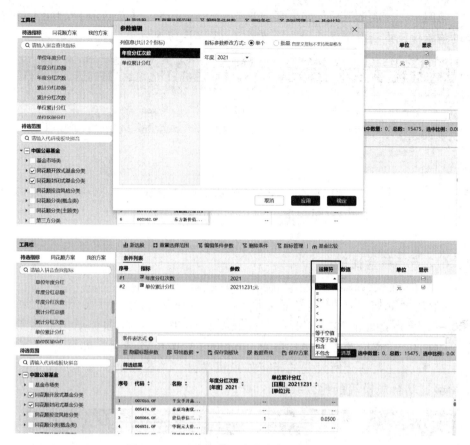

图6-15 设定条件研究中国基金分红情况

资料来源：同花顺 iFinD 金融数据终端。

第三步，在条件设定完成后，点击【执行选股】，在"选股结果"列表中展示选股结果。此时可以通过【导出数据】、【保存方案】等功能键实现导出数据、保存选股方案等功能（如图6-16所示）。

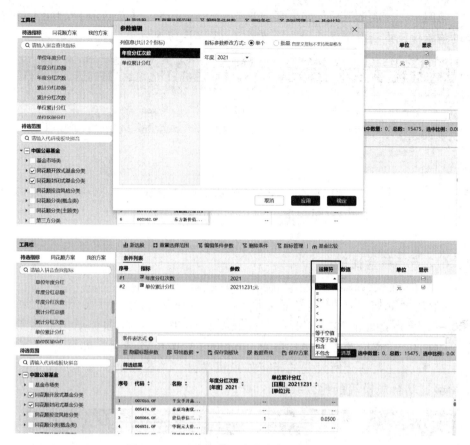

图6-16 研究中国基金分红情况显示结果

资料来源：同花顺 iFinD 金融数据终端。

第四步，完成选股后，如果要重新选股，可以通过【新选股】功能实现界面的初始化，重新设定条件和选择范围（如图 6-17 所示）。

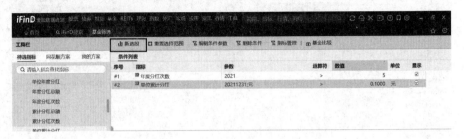

图 6-17　点击"新选股"功能重新研究

资料来源：同花顺 iFinD 金融数据终端。

6.2.5　基金比较

iFinD 金融数据库中的"基金比较"可对所选基金进行集中比较研究。图 6-18 展示的是长盛电子信息产业股票（080012）、景顺长城内需增长股票（260104）和华商主题精选股票（630011）的比较情况，即截至 2021 年 2 月 25 日，三大基金所设置的指标如投资类型、单位净值、基金成立日、最新份额、基金规模等的比较结果。

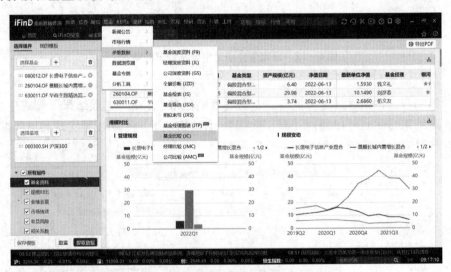

图 6-18　所选三大基金比较结果

资料来源：同花顺 iFinD 金融数据终端。

查询方式：【基金】→【多维数据】→【基金比较】→【选择基金】。

"指标设置"功能键可勾选所要查看的指标，如果不通过"指标设置"选择要查看的指标，则展示默认所选择基金的指标。图 6-19 显示了使用"指标设置"进行基金具体指标对比情况。

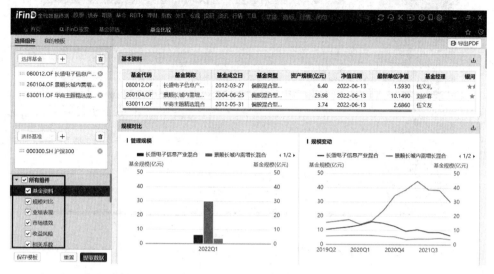

图 6 - 19 使用 "指标设置" 进行基金具体指标对比

资料来源：同花顺 iFinD 金融数据终端。

6.3 基金分析

在基金分析方面，iFinD 金融数据库为用户提供分级基金综合分析和 ETF 基金综合分析两套分析工具（如图 6 - 20 所示）。

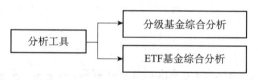

图 6 - 20 基金分析工具内容结构

资料来源：同花顺 iFinD 金融数据终端。

ETF 基金即交易型开放式指数基金。交易型开放式指数基金，通常又被称为交易所交易基金（exchange traded funds，ETF），是一种在交易所上市交易的、基金份额可变的开放式基金。从统计数据来看，指数型基金在长期收益方面优于主动管理基金，ETF 作为指数基金最伟大的创新还在于不断地推出各类新型产品，ETF 基金在个人资产配置领域发挥着越来越重要的作用。经图 6 - 21 所示路径进入 ETF 基金综合分析界面，iFinD 金融数据库中的 ETF 基金综合分析功能既包括 ETF 基金的行情走势、净值业绩、标的跟踪分析等基础数据，也包括 ETF 基金的成分股信息、套利分析、申购与赎回清单及份额与资产净值分析等特色数据。

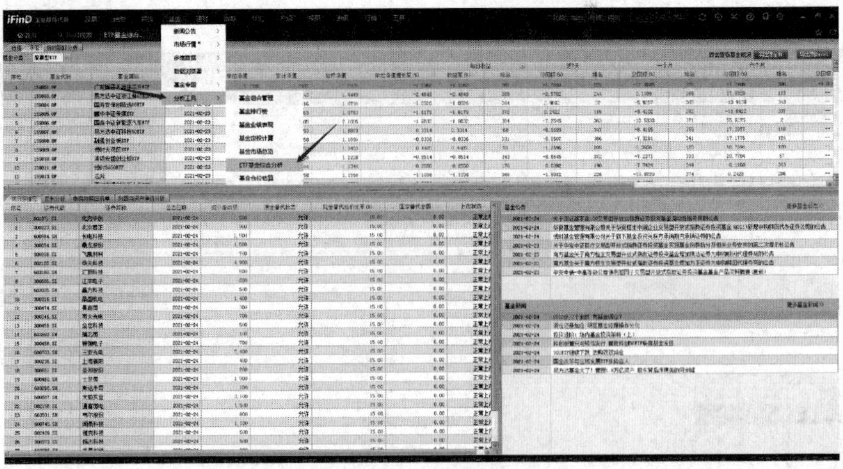

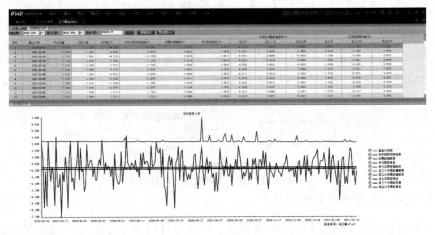

图6-21 进入途径

资料来源：同花顺 iFinD 金融数据终端。

评价 ETF 业绩的主要标准是跟踪误差，iFinD 金融数据库中的标的跟踪分析可以对一段时间的某一个具体 ETF 分析跟踪指数情况，图 6 - 22 显示的是 2020 年 2 月 24 日至 2021 年 2 月 24 日招商深证 TMT50ETF ［159909］标的跟踪分析情况，界面下面部分以图形形式直观显示。

图 6 - 22 2020 年 2 月 24 日至 2021 年 2 月 24 日
招商深圳 TMT50ETF ［159909］标的跟踪分析情况

资料来源：同花顺 iFinD 金融数据终端。

查询方式：【基金】→【分析工具】→【ETF 基金综合分析】→【标的跟踪分析】。

6.4 行情资讯

基金行情资讯主要提供基金综合屏（行情）、基金日历、基金市场总览、基金仓位估算和基金业绩排行五类数据（如图6-23所示），帮助用户及时查阅实时行情、基金资讯、市场数据。

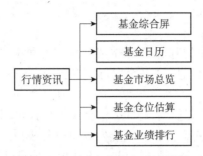

图6-23 基金行情资讯内容结构

资料来源：同花顺iFinD金融数据终端。

6.4.1 基金综合屏

iFinD金融数据库中基金综合屏一屏展示多项信息，可分为六屏：

第一屏，基金指数报价列表，可分为交易所基金指数和中证基金指数，其中交易所基金指数有实时行情，与第四屏联动；

第二屏，封闭式基金报价列表，与第四屏、第三屏联动，在第二屏中单击选择某只基金；

第三屏，展示重仓证券信息；

第四屏，展示实时行情信息；

第五屏，开放式基金净值列表界面，与第三屏联动，在第五屏中单击选择某只基金；

第六屏，展示整体基金市场的重要事项提醒、基金新闻和基金研报。

图6-24显示的是2021年2月24日基金综合屏。

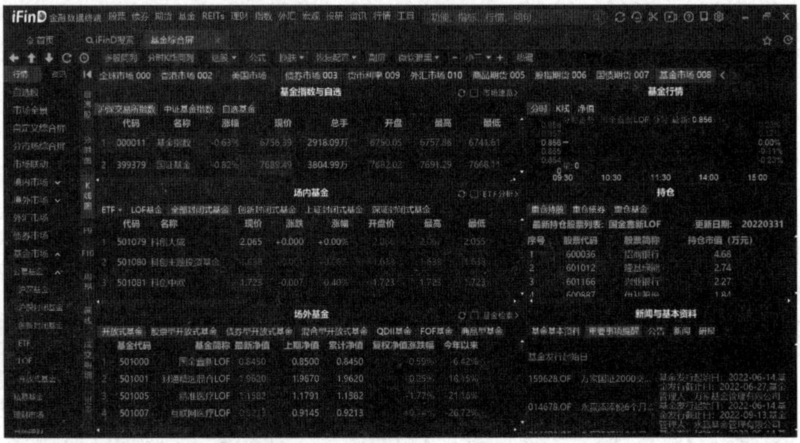

图6-24 2021年2月24日基金综合屏

资料来源：同花顺iFinD金融数据终端。

查询方式：【基金】→【市场行情】→【基金综合屏】。

6.4.2 基金日历

iFinD 金融数据库中的基金日历能帮助用户全面把握基金市场动态，包括"每日特别信息""公告信息""基金发行""分红拆分折算""基金交易""重要事项"等板块。

经图 6-25 所示路径进入基金日历，在该板块，可以找到"每日特别提示"这一个汇总栏目，包括基金公告、基金发行、分红拆分、财报预披等都会展示。除了展示当天的特别提示外，还保留前 2 天的提示信息，同时展示未来 5 天的提示信息。在此部分，将基金分为开放式和封闭式分开展示。点击"选择日期"功能按钮，灵活查看历史信息提示。如 2021 年 2 月 24 日新发基金数量为 21 只。

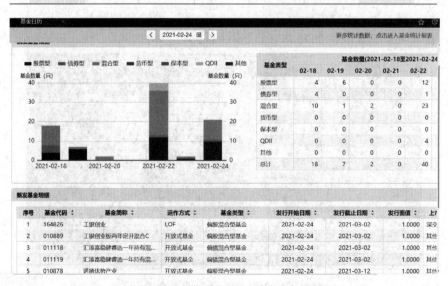

图 6-25 2021 年 2 月 24 日的每日特别提示

资料来源：同花顺 iFinD 金融数据终端。

查询方式：【基金】→【行情资讯】→【基金日历】→【每日特别提示】。

"公告信息"展示各基金当日所公布的公告。此部分也将基金分为开放式和封闭式两类进行展示。图 6 – 26 展示的是基金日历中的公告信息，即 2021 年 2 月 24 日的各类公告信息。

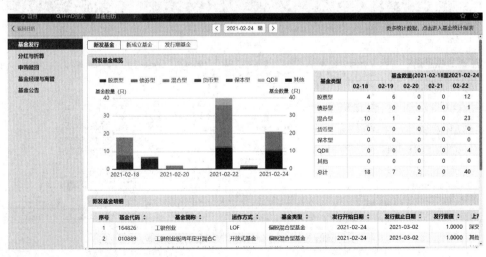

图 6 – 26　2021 年 2 月 24 日的公告信息

资料来源：同花顺 iFinD 金融数据终端。

查询方式：【基金】→【行情资讯】→【基金日历】→【公告信息】。

"基金发行"以当天日期为基准，将基金分为开放式和封闭式来展示正处于发行期的基金、已发布公告即将发行的基金以及近期结束发行的新基金。图 6 – 27 展示的是 2021 年 2 月 24 日基金日历中的基金发行情况。

图 6 – 27　2021 年 2 月 24 日的基金发行

资料来源：同花顺 iFinD 金融数据终端。

查询方式：【基金】→【行情资讯】→【基金日历】→【基金发行】。

"分红拆分折算"将基金分为开放式和封闭式两类来展示基金的分红、拆分和折算的相关信息。图 6-28 展示的是 2021 年 2 月 24 日基金日历中的基金分红拆分折算情况。

图 6-28 2021 年 2 月 24 日的分红拆分折算

资料来源：同花顺 iFinD 金融数据终端。

查询方式：【基金】→【行情资讯】→【基金日历】→【分红拆分折算】。

"基金交易"主要展示开放式基金申购赎回状态、费率优惠信息、定投信息。图 6-29 展示的是 2021 年 2 月 24 日基金日历中的基金交易情况。

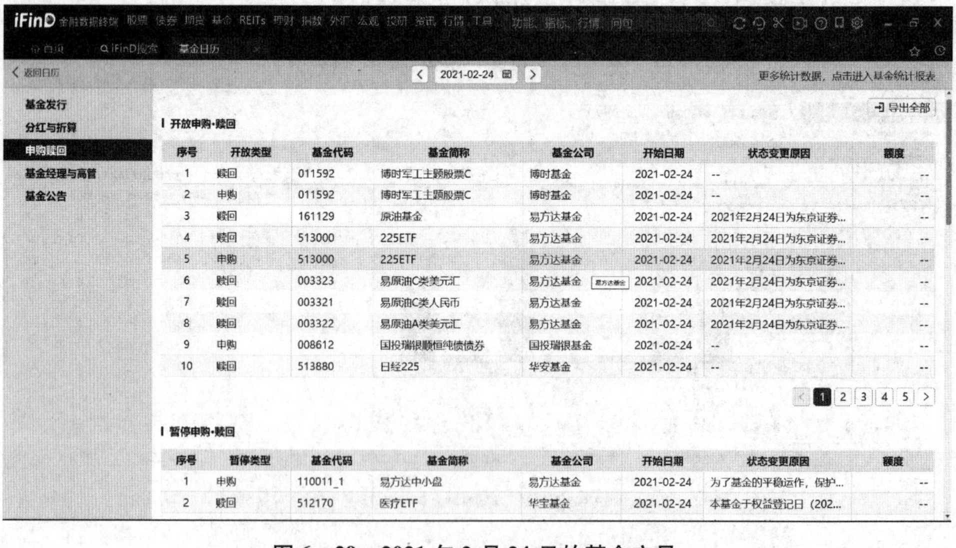

图 6-29 2021 年 2 月 24 日的基金交易

资料来源：同花顺 iFinD 金融数据终端。

查询方式：【基金】→【行情资讯】→【基金日历】→【申购赎回】。

"重要事项"展示基金经理、基金评级、基金转型以及基金名称等的变动情况。其中，"基金经理"展示前 2 个交易日及当前交易日的数据；"基金评级"展示当前最近发布的基金评级信息相较于上一期的评级数据变动，直到下一期发布时更新；"基金转型"展示前 2 个交易日及未来 5 个交易日信息；"基金名称"展示前 2 个交易日及未来 5 个交易日信息。图 6 – 30 展示的是基金日历中的重要事项，2021 年 2 月 24 日显示最近有 7 家自选基金公布了基金经理变动情况。

图 6 – 30 2013 年 12 月 23 日的重要事项

资料来源：同花顺 iFinD 金融数据终端。

查询方式：【基金】→【行情资讯】→【基金日历】→【基金经理与高管】。

在基金日历的每个界面右上角，会出现"导出到 word""复制到剪贴板""打印"以及调节字体大小的功能键。

6.4.3 基金市场总览

iFinD 金融数据库中基金市场总览显示基金市场总体情况，所展示的内容可分为四个部分：基金的收益及费用比、基金规模走势、新基金的发行以及基金新闻公告。

如图 6 – 31 所示，在研究某一只具体基金嘉实货币 B［070088］时，可以先在点击收益及费用比部分上方"基金类型"或"基金公司"以缩小范围总体研究股票型基金或长盛基金管理有限公司情况，再在下方单击该基金，弹出该基金"基金速览"界面进行详细具体分析。

图 6 – 31 嘉实基金及其旗下的嘉实货币 B ［070088］
资料来源：同花顺 iFinD 金融数据终端。

查询方式：【基金】→【分析工具】→【基金市场总览】。

6.4.4 基金仓位估算

基金仓位是市场各方关注的焦点。iFinD 金融数据库中的基金仓位估算按照由总至分的原则可分为仓位估算总览、分类基金仓位以及个基仓位一览。"仓位估算总览"从不同角度展示了基金市场总体的仓位信息；"分类基金仓位"则将基金按照"基金公司""投资类型""城市"分类展示不同类别基金的仓位情况；"个基仓位一览"集中展示某一只特定基金的仓位情况。

要查询 2011 年 1 月 1 日至 2022 年 6 月 13 日市场整体基金仓位情况，可进入基金市场总览中的仓位估算总览。设置好日期后，查看该时期基金仓位趋势表现、基金仓位分布图、基金仓位区间统计、仓位估算成分列表，如图 6 – 32 所示。

查询方式：【基金】→【行情资讯】→【基金仓位估算】。

6.4.5 基金业绩排行

基金业绩排行是各家基金公司和基金经理努力的成果，也被整个市场所关注。iFinD 金融数据库中的基金业绩排行除了全部排名之外，又按照基金类型分为股票型、债券型、混合型、货币型、其他基金和概念型六大类，因为除了普通投资者需要关心哪些基金收益较高之外，不同类型基金在一起做排名研究实际上是毫无意义的，不同类型基金在不同年份的、不同行情下的收益本身是不一样的。行情好的时候投资股票型基金收益较高，但是行情差的时候债券型、货币型

图 6 - 32　2011 年 1 月 1 日至 2022 年 6 月 13 日市场整体基金仓位情况

资料来源：同花顺 iFinD 金融数据终端。

基金收益良好。在数据库中其中一级分类如股票型又可分为普通股票型、被动指数型和增强指数型三大子类以进一步细分研究。

　　要查询 2021 年 1 月 1 日至 2021 年 2 月 24 日期间股票型基金业绩排名情况，可进入行情资讯中的基金业绩排行。设置好日期后，查看股票型基金全部子类别的排行情况，点击【今年以来】观察今年以来股票型基金业绩排行，如图 6 - 33 所示。

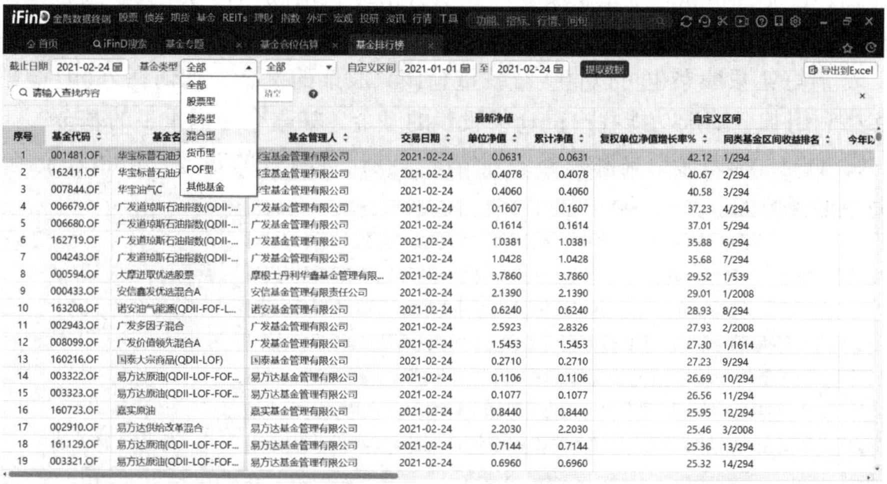

图 6 - 33　2021 年 1 月 1 日至 2021 年 2 月 24 日股票型基金业绩排名情况

资料来源：同花顺 iFinD 金融数据终端。

查询方式：【基金】→【行情资讯】→【基金业绩排行】。

本章小结

iFinD 金融数据库在基金的应用方面主要包括三大模块：深度数据、基金分析和行情资讯。深度数据主要有数据浏览器、深度资料、基金统计报表、基金筛选和基金比较五个数据库。

关键术语

基金；数据浏览器

思 考 题

1. 当股票行情不是很理想时，货币基金进入了黄金期。利用 iFinD 金融数据库查询货币市场基金收益情况，制定投资策略。

2. 基金评级是投资者投资基金的重要参考。利用 iFinD 金融数据库研究基金评级情况，找出若干长期优质基金重点关注。

3. 新基金是投资者关注的对象，自己购买的基金也要时时关注是否有公告出来、是否有分红，请利用 iFinD 金融数据库查询最近有哪些新基金上市以及自己关注的基金的公告信息。

4. 很多投资者看好某一只基金的原因是看好基金的投资构成，包括基金资产配置、行业分布和基金重仓股等投资组合信息，请问如何在 iFinD 金融数据库中查找这些信息？

5. 看好某只股票也可以直接查找重仓该只股票的基金，如何在 iFinD 金融数据库中利用基金筛选功能找出重仓某股票的基金，如重仓中国重工的基金？

6. 研究优秀基金公司和优秀经理情况，找出你看好的基金公司和基金经理，并简单谈谈原因。

第7章 应用案例分析

本章结合相关案例，详细阐述同花顺 iFinD 金融数据库在实际证券投资活动中的具体应用。

7.1 上市公司分析

在实际证券投资活动中，投资者对上市公司的了解十分必要。投资者不参与上市公司的经营管理活动，可能不会影响其投资收益。但如果投资者对上市公司经营管理方面的情况和问题一无所知或知之甚少，那么其投资收益将面临很大的风险。要了解上市公司，考察公司财务、经营和技术状况最为重要。这是因为投资者关心的是证券的市场价格，而证券的市场价格在很大程度上取决于公司的盈利水平，公司的盈利水平是通过公司的财务、经营和技术状况来反映的。公司的经营管理状况是投资者把实物经济与虚拟经济连接起来的桥梁。

下面以万科 A（000002.SZ）为例，深入了解公司资料与历年发展状况。

7.1.1 基本资料

打开同花顺 iFinD 金融数据库软件，英文状态下输入代码 000002，右下角即出现万科 A（000002.SZ）（如图 7-1 所示）。

图 7-1 数据库首页界面

资料来源：同花顺 iFinD 金融数据终端。

选中万科 A 按 Enter 键，即可进入该股票的行情界面（如图 7 - 2 所示）。

图 7 - 2　行情界面

资料来源：同花顺 iFinD 金融数据终端。

随后按键盘上的 F9，即可查看招商地产的深度资料（如图 7 - 3 所示）。

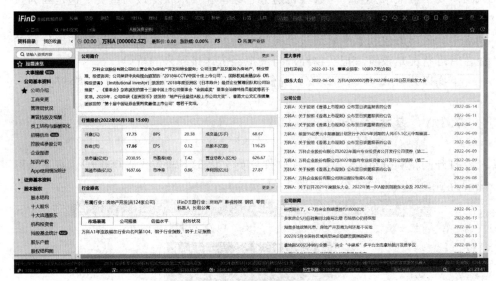

图 7 - 3　深度资料界面

资料来源：同花顺 iFinD 金融数据终端。

点击左侧公司介绍，可查看万科 A 简介：万科企业股份有限公司的主营业务为房地产开发和物业服务；公司主要产品及服务为房地产、物业管理、投资咨询；公司荣获中央电视台颁发的"2018 年 CCTV 中国十佳上市公司"、国际权威金融杂志《机构投资者》（*Institutional Investor*）颁发的"2018 年度亚洲区（日本除外）最佳企业管理团队和公司治理奖"、《董事会》杂志颁发的第十三届中国上市公司董事会"金圆桌奖"董事会治理特殊贡献奖等若干奖项。2020 年，公司荣获《亚洲货币》颁发的"地产行业最佳 A 股上市公司大奖"、香港大公文汇传媒集团颁发的"第十届中国证券金紫荆奖最佳上市公司"等若干奖项。

7.1.2　公司治理

公司治理是指诸多利益相关者的关系，主要包括股东、董事会、经理层的关系，这些利益关系决定企业的发展方向和业绩。

点击左侧【股东状况】→【十大股东】，可查看最新一期报告中万科 A 前十大股东情况（如图 7-4 所示）。

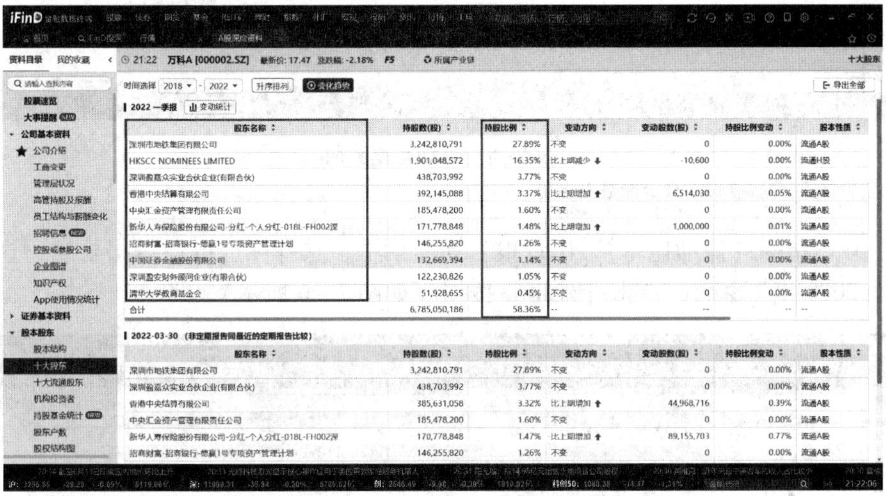

图 7-4　十大股东界面

资料来源：同花顺 iFinD 金融数据终端。

另外，点击左侧【股东及管理层状况】→【管理层状况】，可查看管理层持股及报酬、高级管理人员及董事会成员相关资料等。

7.1.3　财务比率

本部分以流动比率为例。流动比率代表的是上市公司短期偿债能力。短期偿债能力是指企业偿还短期债务的能力。短期偿债能力不足，不仅会影响企业的资信，增加今后筹集资金的成本与难度，还可能使企业陷入财务危机，甚至破产。一般来说，企业应该以流动资产偿还流动负债，而不应靠变卖长期资产，所以用流动资产与流动负债的数量关系（流动比率）来衡量短期偿债能力。

查询方式：【股票】→【数据浏览器】→【A 股数据浏览器】，然后点击搜索框，出现对话框，输入首字母缩写 ldbl 或者中文，即可出现相应的指标【流动比率】（如图 7-5 所示）。

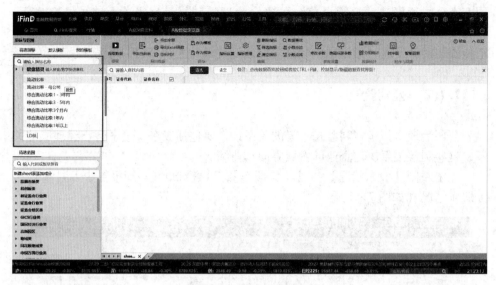

图 7 - 5 流动比率界面

资料来源：同花顺 iFinD 金融数据终端。

双击指标【流动比率】，出现报告期对话框，选择相应的所需报告期，这里选择 2020 年三季后，点击【确定】按钮（如图 7 - 6 所示）。

图 7 - 6 报告期界面

资料来源：同花顺 iFinD 金融数据终端。

点击【确定】后，接着点击【范围选择】，指标选择好后，接着选择相应的股票或者板块。

对话框中可以选择上市公司的代码或者首字母缩写，如输入"wk"（如图 7 - 7 所示）。

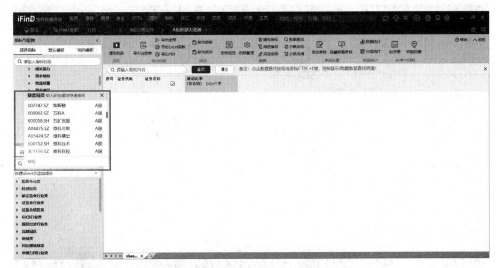

图 7 - 7　指标选择 - F1 范围选择对话框界面

资料来源：同花顺 iFinD 金融数据终端。

弹出所需的公司后，双击该上市公司，此时该只股票出现在已选范围中（如图 7 - 8 所示）。

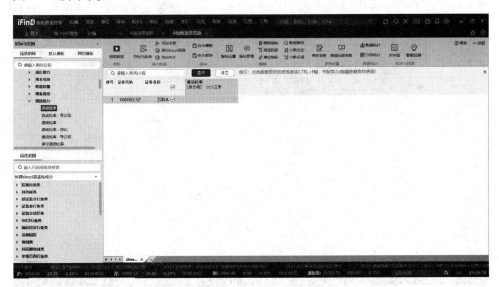

图 7 - 8　范围选择已选范围界面

资料来源：同花顺 iFinD 金融数据终端。

接着点击【提取数据】即可查看，2020 年三季万科 A 流动比率为 1.1414（如图 7 - 9 所示）。

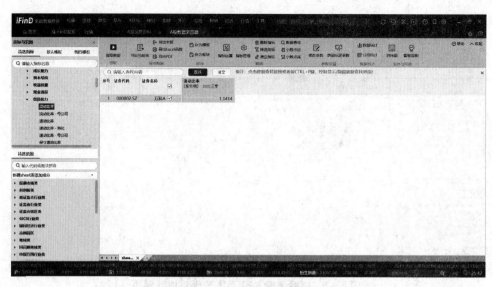

图 7 - 9　流动比例界面

资料来源：同花顺 iFinD 金融数据终端。

接下来，比较万科 A 在房地产开发子行业中的排名情况，重新点击范围选择，左下侧删除旧范围（如图 7 - 10 所示）。

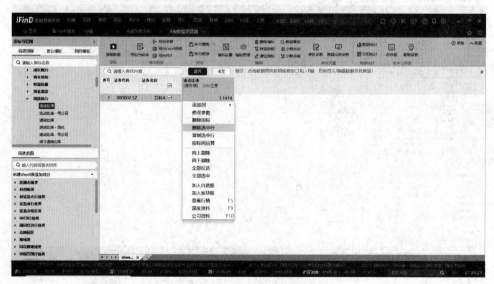

图 7 - 10　删除旧范围界面

资料来源：同花顺 iFinD 金融数据终端。

然后重新选择范围，路径为：【待选范围】→【申银万国行业类】→【房地产】→【房地产开发Ⅱ】→【房地产开发Ⅲ】（如图 7 - 11 所示）。

图7-11 行业范围界面

资料来源：同花顺 iFinD 金融数据终端。

双击【房地产开发Ⅲ】，等【房地产开发Ⅲ】出现在左下角已选范围中后，点击【提取数据】（如图7-12所示）。

图7-12 房地产开发Ⅲ界面

资料来源：同花顺 iFinD 金融数据终端。

点击【提取数据】后，可以看到房地产开发三级子行业所有上市公司的流动比率情况（如图7-13所示）。

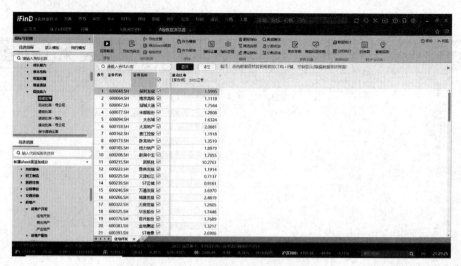

图 7 - 13　房企流动比例数据界面

资料来源：同花顺 iFinD 金融数据终端。

7.1.4　公司重大事项

重大事件是指"可能对上市公司股票的市场价格产生较大影响，而投资人尚未得知的"事件。发生此类重大事件时，上市公司应当立即将有关该重大事件的报告提交证券交易所和证监会，并向社会公布，说明事件的实质。重大事项包括资产重组公告、重大合同公告、诉讼仲裁公告、项目投资公告等。

查询方式：【资讯】→【新闻公告】→【公司公告】，例如点击【资产重组公告】，然后右侧代码输入000002，通过右上角【筛选】，即可查看万科最近及历史所有资产重组相关公告（如图 7 - 14 所示）。

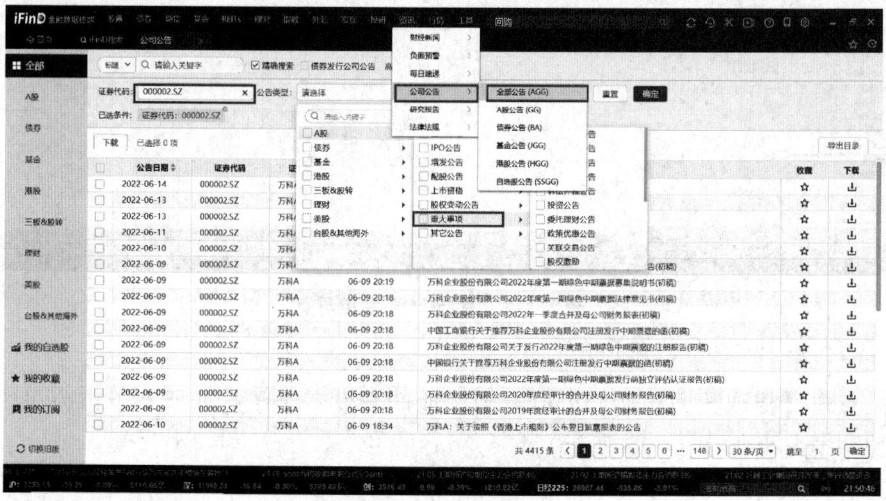

图 7 - 14　重大事件界面

资料来源：同花顺 iFinD 金融数据终端。

7.2　固定收益投资分析

固定收益证券是金融市场的重要组成部分，在成熟的金融市场中，固定收益证券市场所占的份额远远大于股票市场。

iFinD 金融数据库在固定收益的应用主要包括宏观数据、交易数据、指数等。

7.2.1　宏观数据分析

宏观数据的研究是固定收益证券研究的基础，iFinD 金融数据库中债券市场、货币市场和利率数据为固定收益证券研究提供重要的数据基础。

经图 7-15 所示路径进入利率走势，在该板块，可以找到债券市场的重要数据，包括债券市场、货币市场、债券发行利率和其他利率四大类相关研究数据。

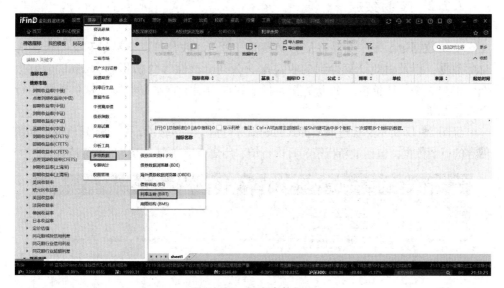

图 7-15　利率走势界面

资料来源：同花顺 iFinD 金融数据终端。

查询方式：【债券】→【多维数据】→【利率走势】。

国债到期收益率是债券市场重要的风向标。图 7-16 展示的是中国固定利率国债到期收益率 1 年到 50 年各个周期的收益率数据，截至 2021 年 1 月 20 日，中国固定利率国债 1 年期到期收益率为 2.4613%。

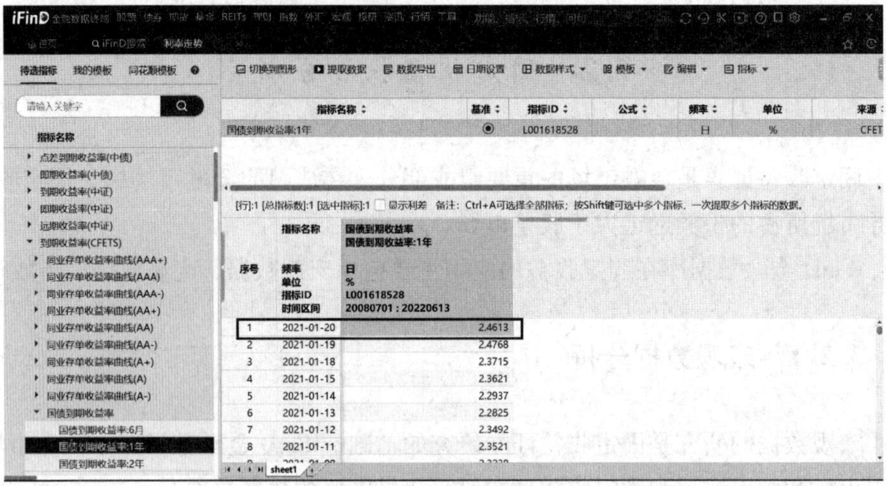

图 7 – 16　中国固定利率国债到期收益率界面

资料来源：同花顺 iFinD 金融数据终端。

7.2.2　交易数据

交易数据记录每个交易日债券交易的开盘价、收盘价、交易量和交易金额等时序数据，以及由此计算得到的收益率、久期、凸性等分析指标，iFinD 金融数据库中沪深交易所债券、回购的交易行情数据为固定收益证券研究提供重要的行情数据基础。

经图 7 – 17 所示路径进入质押式回购债券行情，在该板块，可以找到质押式回购债券的行情数据，包括最新行情、日内行情、历史行情查询、历史日内行情查询。

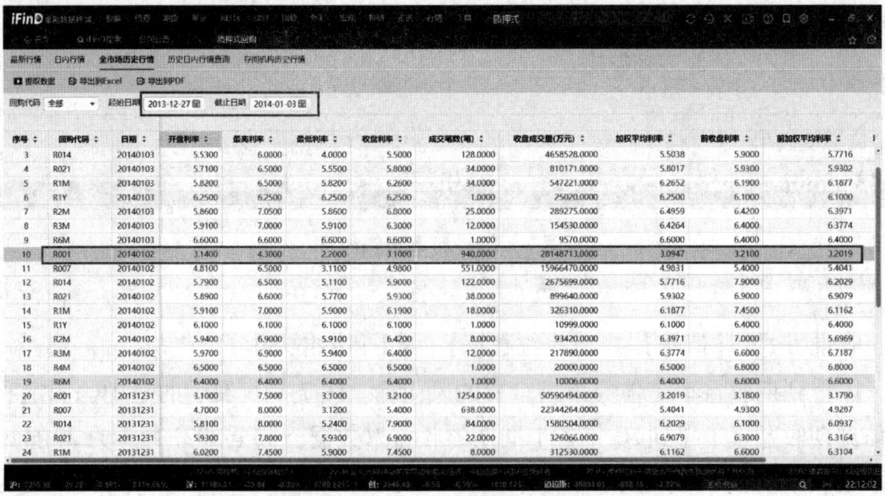

图 7 – 17　质押式回购数据界面

资料来源：同花顺 iFinD 金融数据终端。

查询方式:【债券】→【资金市场】→【银行间回购历史行情】→【质押式回购】,由图 7 - 17 可知,R001(深市 1 天期国债逆回购)2014 年 1 月 2 日开盘利率为 3.14%,收盘利率为 3.10%,当日成交量为 28 148 713.00 万元。

7.2.3　指数

债券指数是反映债券市场价格总体走势的指标体系。与股票指数一样,债券指数是一个比值,其数值反映了当前市场的平均价格相对于基期市场平均价格的位置。投资人可以通过债券指数及时掌握债券市场的整体信息,也可以通过债券指数走势图进行一定的技术分析,预测未来债券市场整体的变化趋势。

经如图 7 - 18 所示路径进入债券指数,在该板块,可以找到各类债券指数,包括交易所债券指数、中证债券指数、中债指数、中信标普债券指数。

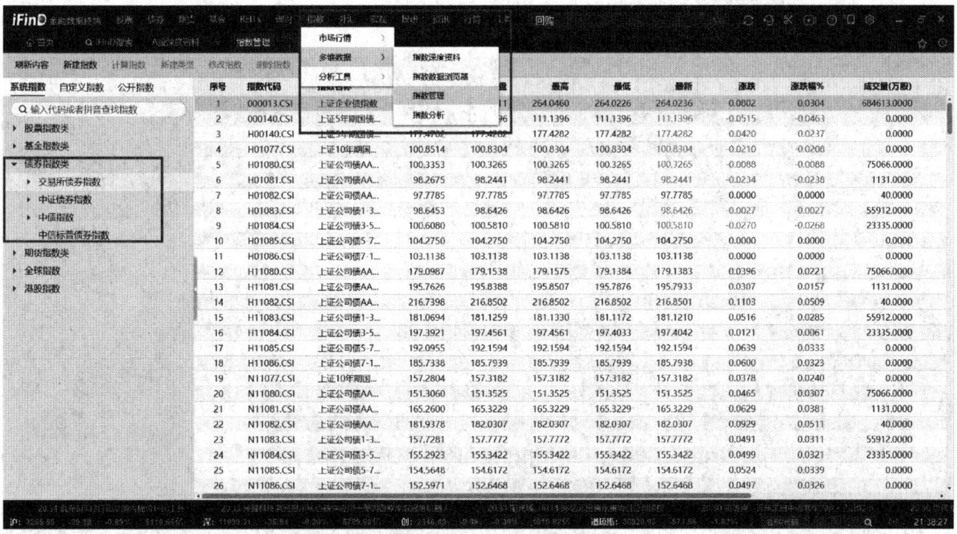

图 7 - 18　债券指数数据界面

资料来源:同花顺 iFinD 金融数据终端。

查询方式:【指数】→【市场行情】→【基金债券期货指数】,如图 7 - 19 所示,可查看当日沪深交易所债券指数的行情情况。例如,国债指数当日开盘 195.28 点,总交易金额 8 770 万元。

选中【国债指数】,按 Enter 键,还可以看到该债券指数的历史行情走势图(如图 7 - 20 所示)。

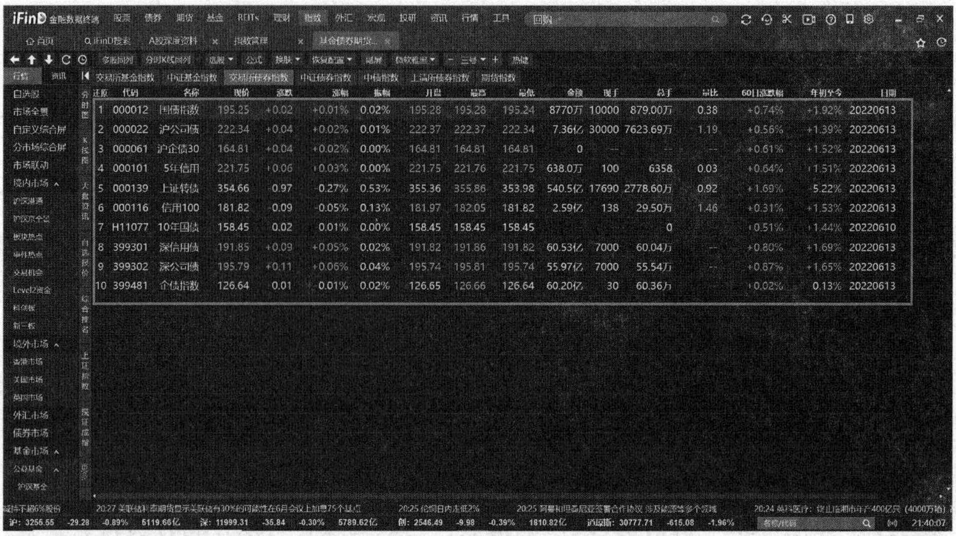

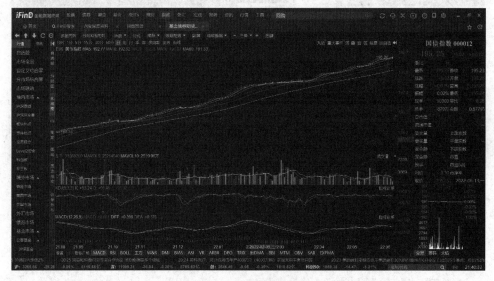

图 7-19　交易所债券指数界面

资料来源：同花顺 iFinD 金融数据终端。

图 7-20　国债指数界面

资料来源：同花顺 iFinD 金融数据终端。

思　考　题

1. 利用数据浏览器和板块数据浏览器，分析浙江省上市公司 2021 年中期营业收入及净利润总额、同比增长率，并与全国上市公司的数据做比较。

2. 2021 年杭州市实际再融资总额是多少？（其中增发、配股、发行企业债各多少）？统计 2021 年 1 月再融资预案中通过董事会预案公司的融资总额，并对 2020 年同期数据进行比较得出结果。

3. 请计算 2021 年杭州市再融资总额在浙江省地级市中的排名。

4. 在软件的理财板块查找正在发行的人民币理财产品有哪些？其中预期年化收益率最高的是哪款产品？具体预期年化收益率是多少？

5. 寻找 2021 年 12 月累计收益大于上证指数的基金，并说明哪种基金类型收益最高。

附　录

附录 1　iFinD 金融数据终端快捷键

快捷键	功能
F1	分时走势界面按 F1，切换 Level-2 成交明细；K 线界面按 F1，切换历史成交界面
F2	分时走势界面按 F2，切换到加量分布界面
F3	上证指数行情
F4	深证成指行情
F6	自选股报价表
F7	个股全景
F8	历史走势图日、周、月、年线切换
F9	深度资料
F10	基本资料
1	上海 A 股
2	上海 B 股
3	深圳 A 股
4	深圳 B 股
5	上海债券
6	深圳债券
7	上海基金
8	深圳基金
19	AH 股列表
300	创业板报价

附录2　PMS 使用说明

1. 简介。

同花顺 PMS 组合管理是一套集多资产组合配置、组合概览、实时监控、交易流水、组合分析、组合对比、报表输出等核心功能为一体的投研工具，支持股票、期货、债券、基金、多种资产类型分析。支持创建截面和交易组合，提升组合持仓的录入效率，为基金经理/投资研究/投资顾问等人员在多人协作的场景下提供及时、准确、完整的组合管理业务解决方案。

2. 我的组合。

组合列表涵盖了组合的复制、删除、分享、移动等组合管理功能，同时支持新建组合、新建分组功能。

（1）新建组合。首次进入组合管理面板后，看到的是由系统默认提供的演示组合，无管理员权限用户无法对演示组合进行调整修改，仅提供展示学习使用。

对用户来说，要完成一次组合的创建需进行如下步骤：

① 在"组合列表"中点击首行"新建组合"或者点击 PMS 置顶项"新建组合"进入创建组合流程。会弹窗出新建组合的类型，选择相应的组合类型之后，会进入组合信息填写界面。"新建组合"里支持创建基于持仓和权重的截面组合和基于交易的组合。基于持仓截面的组合，是一种面向投研的组合，不考虑持仓的成本差异（成本均默认为截面日期当天收盘价），同时简化组合持仓的录入手续，忽略组合持仓变动过程中的费用，专注于持有仓位带来的收益及分析；交易组合，是一种模拟真实交易环境的组合，考虑到组合持仓变动过程中的各类费用，用户可以创建基于实盘的组合（如附图1所示）。

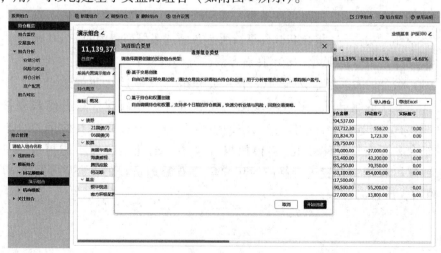

附图1　新建组合界面

② 在跳出的提示框填写完相应的信息，点击"下一步"可直接进入组合数据录入步骤。

（2）组合设置。打开组合列表，选中相应的组合，右击鼠标出现选项点击"打开"，即进入组合设置界面，也可以直接点击 PMS 置顶项"组合设置"进入设置界面（如附图 2 所示）。

附图 2　组合设置界面

（3）组合分享。组合分享功能可以将用户当前创建的组合分享给部分特定用户，可以用于机构内部研究员组合互相分享，亦可对外分享给特定用户。

备注：该用户同时也需为 iFinD 用户。

① 用户可以在搜索框里输入完整的 iFinD 账号名称，点击"搜索账号"后，对应账号会被添加到已选账号列表中。

② 点击"分享"，组合会被分享给所有在已选账号列表中的 iFinD 账号。

③ 对于已分享的账号，显示在右方的已分享账号中。

（4）组合列表。组合列表有三个一级分组，分别是"我的组合""模板组合""关注的组合"。用户可以在"我的组合"中新建二级分组或直接将组合新建在"我的组合"中。"关注的组合"是用户接受的其他用户分享过来的组合，不支持新建分组。"模板组合"中，同花顺模板不能更改，机构模板的编写和相关设置进行修改时用户需要有管理员权限，否则也不能更改（如附图 3 所示）。

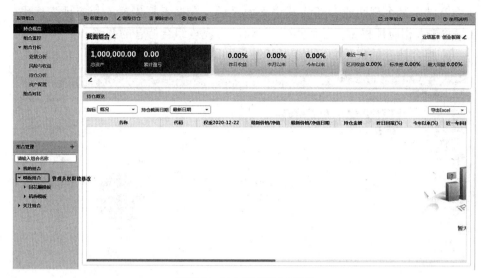

附图3　组合管理设置截面

3. 数据录入

（1）手动调整持仓。交易组合：手工录入可以直接进行现金操作和录入标的的交易流水，操作步骤如下：

① 用户对某组合点击首行的"调整持仓"，进入持仓调整面板；

② 通过"现金存取""交易录入""资产划转"完成组合持仓的调整；

③ 在对应面板中输入相应信息，如证券代码、方向、价格、数量等参数；

④ 点击确认—保存修改，完成组合持仓的调整（如附图4所示）。

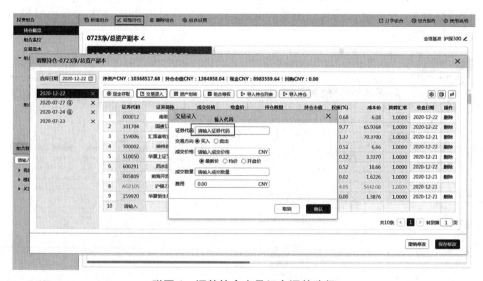

附图4　调整持仓交易组合调整路径

截面组合：手工录入截面组合的持仓标的和权重，操作步骤如下：

① 用户对某组合点击首行的"调整持仓"，进入持仓调整面板；

② 选中某个截面或者新建某个截面之后，在搜索框中输入相应证券代码信息，并输入相应标权重，然后点击"保存"，完成组合持仓的调整；

③ 组合持仓的权重必须保持100%（如附图5所示）。

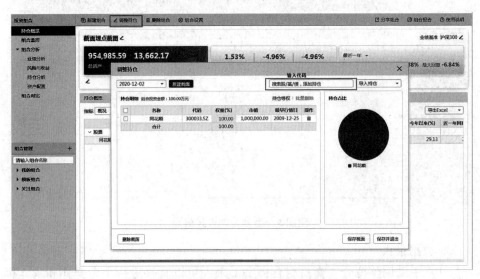

附图5　调整持仓截面组合调整路径

（2）导入持仓列表。交易组合：导入 IFinD 自选股和"我的组合"列表中的持仓，点击"调整持仓"，进入"调整持仓"面板，点击"导入持仓列表"进入"导入持仓列表"面板，选中相应的自选股或者相应的组合的持仓，移动到右侧已选列表，点击"确定"，选中标的即录入在"调整持仓"面板中，维护相应的持仓数量后，完成组合持仓的调整，交易组合的导入持仓列表还支持自由粘贴导入（如附图6所示）。

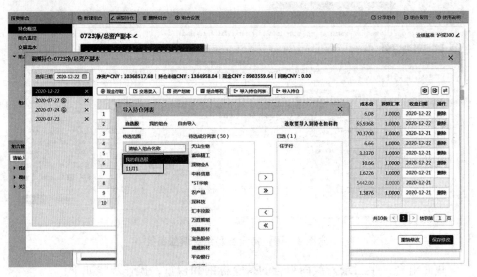

附图6　交易组合导入持仓列表路径

截面组合：导入 iFinD 自选股和"我的组合"列表中的持仓，点击"调整持仓"，进入"调整持仓"面板，点击"导入持仓"，下拉选择"导入持仓列表"。选中相应的自选股或者相应的组合的持仓，移动到右侧已选列表，点击"确定"，选中标的即录入在"调整持仓"面板中，维护相应的权重后，完成组合持仓的调整（如附图 7 所示）。

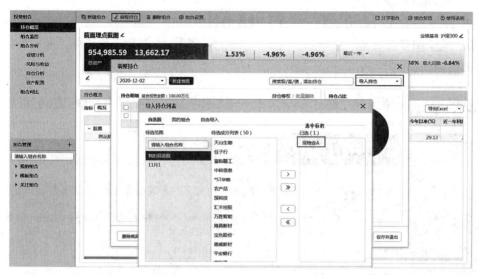

附图 7　截面组合导入持仓列表路径

（3）导入文件调整持仓。交易组合：打开"持仓概览"，点击"导入持仓"，进入"导入持仓"面板。点击"文件导入"可以直接将交易流水、持仓数量或持仓权重等文件按照特定格式导入 PMS 中，完成组合的构建。在"导入持仓"中支持数据粘贴导入或者对文件进行导入。下载模板中提供交易流水、持仓数量或持仓权重三种方式（如附图 8 所示）。

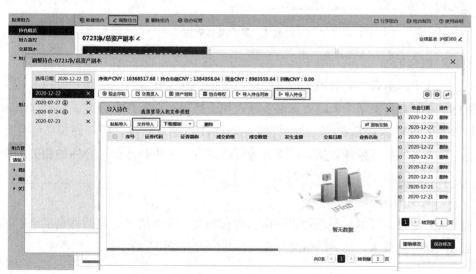

附图 8　交易组合导入文件调整持仓路径

截面组合：打开"调整持仓"，进入"调整持仓"面板，点击"导入持仓"，下拉选择"导入权重模板"。截面组合的导入持仓仅支持权重模板的导入，多日权重模板需保证每一日持仓的权重之和为100%，单日权重模板无限制。

4. 组合概览

展示组合中持有的股票、债券、基金的指标详情，包含有"概况、收益、风险、风险调整后收益、股票、债券"六个指标，切换不同类型的指标，展示的内容不一样（如附图9所示）。

附图9　演示组合界面

5. 组合监控

对选中的组合实时监控其持有的资产市值，计算其盈亏、涨跌、收益等相关指标。左下方可根据个人需要选取业绩表现走势图、总资产走势图或组合净值走势图。中间为业绩指标，根据持有组合周期计算绝对回报、相对回报、年化收益、胜率、回撤等指标数据。右下方为资讯信息，采集和当前组合标的相关的新闻、公告、研报等信息（如附图10所示）。

6. 交易流水

交易组合：展示交易组合成立以来所有的交易流水情况，包括持仓股票、基金的除权除息流水，债券的付息、兑付流水（如附图11所示）。

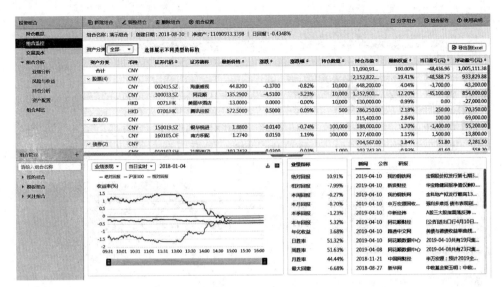

附图10　组合监控界面

附图11　交易流水界面

7. 组合分析

（1）业绩分析。多方向地展示组合的收益情况，提供关于组合收益的五个指标，包含净资产、总收益、历史收益、区间收益、收益分解，同时详细拆解个券对组合的贡献。

净资产：自定义区间展示组合的净资产变动情况，可以勾选不同的频率（如附图 12 所示）。

附图 12　组合净资产变动情况截面

总收益：自定义区间展示组合的累计收益情况，可以勾选不同的频率（如附图 13 所示）。

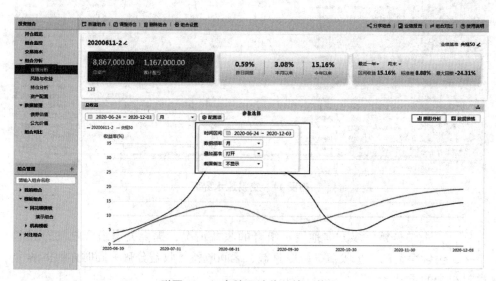

附图 13　组合的累计收益情况截面

历史收益：自定义区间长度内展示组合的单位区间收益情况，可以勾选不同的频率（如附图 14 所示）。

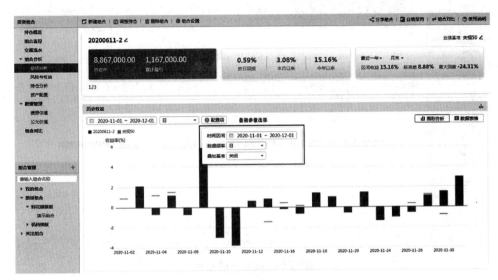

附图 14　组合的单位区间收益情况截面

区间收益：展示组合特定区间内的收益情况（如附图 15 所示）。

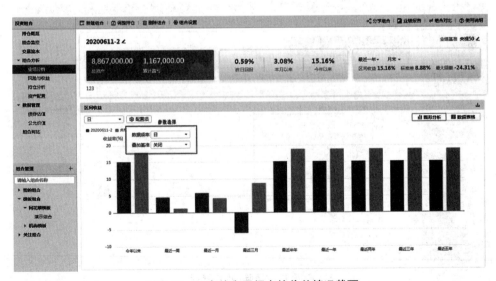

附图 15　组合特定区间内的收益情况截面

收益分解：展示组合持有的个券的收益（如附图 16 所示）。

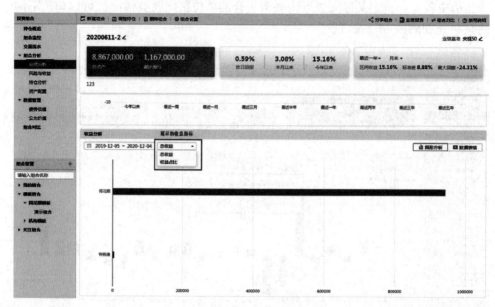

附图 16　收益分解截面

（2）风险与收益分析。风险与收益分析展示组合的风险与收益情况。

风险/收益：展示自定义时点组合或其持仓标的的风险与收益情况，支持展示业绩基准及其持仓的风险收益情况（如附图 17 所示）。

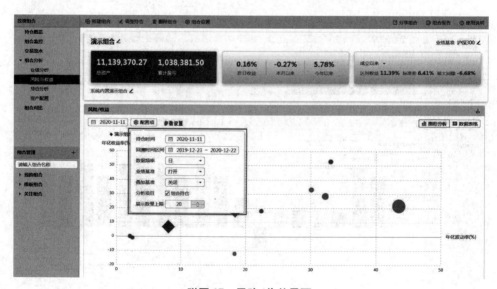

附图 17　风险/收益界面

风险收益指标：组合及其业绩基准具体的风险与收益指标的值（如附图 18 所示）。

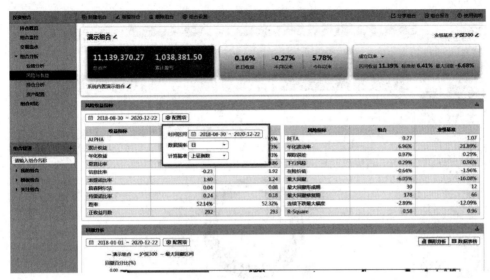

附图 18　风险收益指标界面

回撤分析：展示自定义区间内组合或其业绩基准的回撤情况（如附图 19 所示）。

附图 19　回撤分析界面

（3）持仓分析。

组合持仓：展示任一时点组合持有的标的情况及每一个标的的占比（如附图20 所示）。

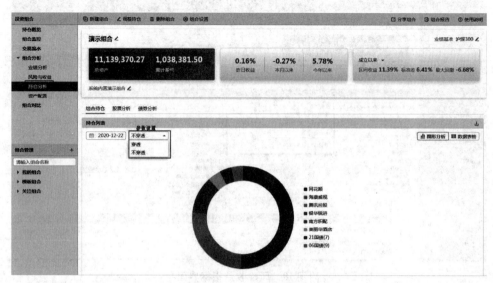

附图20　组合持仓界面

持仓相关性：展示标的之间的相关性（如附图21 所示）。

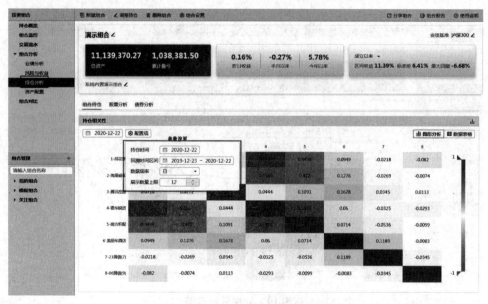

附图21　持仓相关性界面

　　股票风格分析：展示组合及其持仓的风格，提供不同的风格尺度（如附图22 所示）。

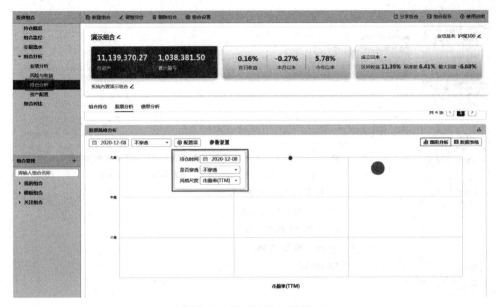

附图22　股票风格分析界面

　　债券风格分析：展示组合持有的债券的风格，提供不同的风格尺度（如附图23 所示）。

附图23　债券风格分析界面

债券类型分布：展示组合持有的债券的类型，包含债券评级、主体评级、债券类型三个分类（如附图 24 所示）。

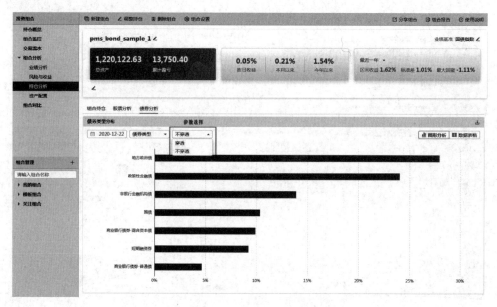

附图 24　债券类型分布界面

债券现金流分析：展示组合持有债券的现金流，包含每日应计利息金额和债券兑付金额（如附图 25 所示）。

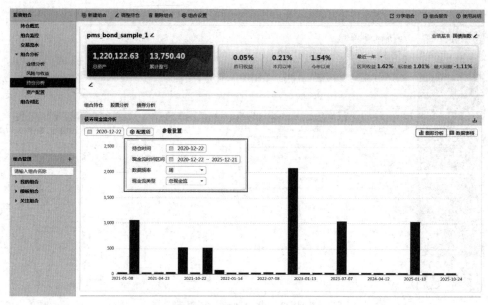

附图 25　债券现金流分析界面

债券 VAR 值分析：展示组合持有的债券的 VAR 值，用户可以选择不同的置信水平（如附图 26 所示）。

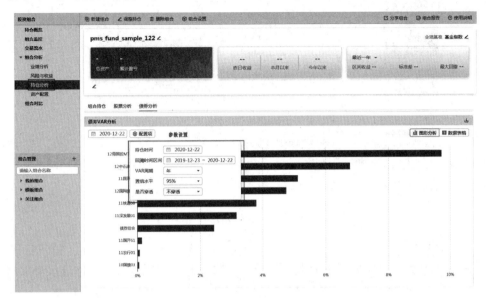

附图 26　债券 VAR 分析界面

（4）资产配置。资产配置：展示组合的资产构成情况，可以选择资产配置或大类资产配置（如附图 27 所示）。

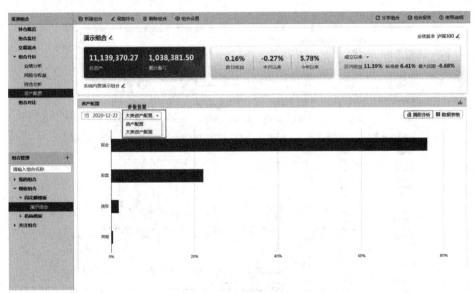

附图 27　资产配置界面

8. 组合对比

组合对比：展示多个组合的对比情况，提供多个对比指标，包括风险、收益、配置等对比情况（如附图 28 所示）。

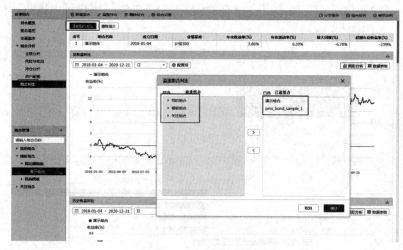

附图28　组合对比界面

9. 组合报告

组合报告：展示组合的收益、风险、配置等情况（如附图29所示）。

附图29　iFinD 投资组合报表截面

10. 指标算法

（1）实时监控。

持仓数量 = 对应的持仓数量，取截止到收盘时持有的数量。

利息分红 = $\sum$ 分红付息金额。

成本价格 = 持仓成本/股份余额。

个券持仓成本 = $\sum$（买入成交金额 + 买入手续费）−（卖出数量 × 前一笔流水平均成本）。

保本价格 =（持仓成本 − 利息收入 − 已实现盈亏）/ 股份余额。

持仓市值 = 期末市值 = 期末市价 × 期末持仓。

手续费 = 发生金额 − 成交金额。

浮动盈亏 = 持仓市值 − 持仓成本。

已实现盈亏 = $\sum$ {[（每笔卖出价格 − 平均成本）× 卖出数量] − 卖出手续费}。

累计盈亏 = 浮动盈亏 + 已实现盈亏 + 利息收入。

个券当日盈亏 = 个券当日市值 − $\sum$ 个券当日买入金额 + $\sum$ 个券当日卖出金额 + $\sum$ 个券当日分红金额 − 前一日个券市值。

（2）业绩指标。

绝对回报 = $\prod$（每日回报 + 1）− 1，日回报 = 每日盈亏 /（昨日总资产 + 当日资金转入）。

相对回报 =（区间总回报 − 区间基准总回报），基准区间回报 = $\prod$（每日涨跌幅 + 1）− 1，总回报计算即为绝对回报计算，累乘区间为选取区间范围。

本周回报 = $\prod$（每日回报 + 1）− 1（时间区间为一周），以区间截止日为基点，取当周回报（不满一周也取当周）。

本月回报 = $\prod$（每日回报 + 1）− 1（时间区间为一个月），以区间截止日为基点，取当月回报（不满一月也取当年）。

本年回报 = $\prod$（每日回报 + 1）− 1（时间区间为一年），以区间截止日为基点，取当年回报（不满一年也取当年）。

年化收益 =（绝对回报 + 1）^（252/ 区间交易日）− 1，区间交易日可以大于小于 252。

日胜率 = 每日收益率大于 0 的天数/总天数。

周胜率 = 每周收益率大于 0 的次数/总周数，不满一周也计算在内。

月胜率 = 每月收益率大于 0 的次数/总月数，不满一月也计算在内。

最大回撤 = drawdown = max（Di − Dj）/Di D 为某一天的净值，i 为某一天，j 为 i 后的某一天，Di 为第 i 天的产品净值，Dj 则是 Di 后面某一天的净值，净值 = 1 + 绝对回报。